一生中非讀不可
智慧5堂課——
《孫子兵法》《韓非子》
《史記》《三國演義》
《曾國藩家書》

5品智慧堂課

盧志丹一著

【前言】

當今時代，是一個智贏天下的時代。有智者興，無智者亡；多智者成，少智者敗。只有智慧之水，才能哺育成功之大樹；只有智慧之海，才能托起成功之航船。

作為一個忙碌的現代人，不必「讀書破萬卷」，但不可不讀傳世的智慧經典。這些智慧原典，既有從成書年代背景、到作者生平思想，從主要內容結構、到其在歷史上的地位，及海外流播的全景式的俯瞰，更有對其智慧精髓的縱深挖掘和橫向歸納；既有對其中最具代表性的名篇的智品和智語的賞析，又有對歷史上和現實中智者運用其中的智慧創造奇蹟的精彩重播。在本書的引導下，你將對每一部智典有一個三維的透視和立體的掌握。

魏武帝曹操、唐太宗李世民向人們大力推薦過《孫子兵法》，認為「孫武所著深矣」，「朕觀兵書，無出孫武」。

秦始皇嬴政、漢武帝劉徹、明太祖朱元璋等雄才大略的帝王，無一不把《韓非子》

作為案頭祕笈。千古一帝秦始皇讀了韓非的文章後歎道：「嗟乎，寡人得見此人與之遊，死不恨矣！」日本學者蒲阪圓認為──「諸子中，唯韓非書最切世用。」

宋代史學家鄭樵、現代文學巨匠魯迅先生，都讚譽並向人們推薦過《史記》，認為「六經之後，惟有此作」，該經典乃「史家之絕唱，無韻之離騷」。

清太宗皇太極、開國領袖毛澤東，均一生酷愛、並多次將《三國演義》指定為下屬們的必讀書。

毛澤東年輕時「獨服曾文正」，近代思想巨擘梁啟超以及蔣介石和蔡鍔等，都認為《曾國藩家書》──「不可不一日而三復之」。

孔子、董仲舒、惠能、王陽明、朱熹、梁啟超等，這些在中華民族歷史的天空上，曾經綻放過絢麗光芒的先哲聖賢們，以他們的俊才和慧目，推薦給世人的典籍，怎能不是中華文化的根源！

目錄

《孫子兵法》——兵家智慧的「聖典」

乙 智慧精華……044

丙 智者妙用……074

丁 智語集萃……094

目錄

《韓非子》——法家智慧的總代表

《史記》——秦漢前三千年的智慧結晶

目 錄

《三國演義》——古代民間文學的奇葩

《曾國藩家書》——近代世人修身的典範

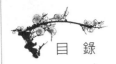

《孫子兵法》——兵家智慧的「聖典」

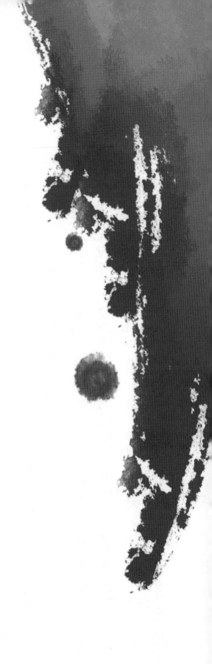

甲 智典概貌

【成書背景】

《孫子兵法》集中了中國古代輝煌的軍事智慧。孫子的軍事智慧是他對當時和過去戰爭經驗的總結，既表現了軍事家個人的卓越的才智，又是他所處的時代的產物，受到時代的制約。

孫武生活在春秋後期（西元前五四五年～西元前四七五年），正是社會大動盪、大變革的時代，在這個時期，在生產工具上，除青銅器的製造大有進步外，出現了兩個積極因素：一是鐵器出現，二是耕牛的使用。

這就使當時農業生產的深度、廣度大大向前推進，效率大大提高。在這種條件下，「私田」的大量開墾，便成了這一時期的經濟特別是農業生產發展的主要特徵。社會生產迅速發展了，必然會給戰爭提供較為充足的糧草供應，這就大大加強了戰爭的物質基礎，為較大規模戰爭提供了必要的物質條件。社會生產力的發展，必然引起社會經濟制度的變革，這又成了這一時期政治鬥爭的推動力量。政治鬥爭的最高形式便是戰爭。政治上的奪權鬥爭，多發生在各諸侯國之內，延伸開來，各諸侯國爭當霸主的鬥爭，又形成了諸侯國之間的頻繁戰爭。

因此這個時期，戰爭極為頻繁，外交鬥爭也十分劇烈。「據魯史《春秋》的記載——僅僅記載魯史的——二百四十二年裏面，列國間軍事行動，凡483次，朝聘盟會凡450次，總計933次」（范文瀾《中國通史》第130頁）。無論外交鬥爭，或是戰爭行動，都是大國對小國的欺凌與掠奪。戰爭頻仍不絕，遭殃的則是平民百姓：「受伐的國家，井被填塞，樹被砍斷，禾麥被收割，人民不分男女老小，逃不脫的都當俘虜。」（同上書，第130頁）

在劇烈的戰爭中，單憑經濟力量與軍事力量是不能獲勝的，而要注重力、智並用，重視將帥的選擇和兵法的研究。智謀運用於戰爭，是春秋以來戰爭的一個重要特色。班固《漢書．藝文志》說「自春秋至於戰國，出奇設伏，變詐之兵並作」，這就促使人們不得不進行以謀略為核心的兵法。《孫子兵法》就是這種研究的探索的集大成者。

在孫武以前，歷史上早有過成文的兵書。《漢書．藝文志》裏著錄有《黃帝》十六篇、《神農兵法》一篇。可見，漢人認為黃帝創立了兵法。但前代傳說的這些書，今已不傳，不足為信。今天可見最早關於兵法記載的文字當數甲骨文，是一種萌芽狀態的兵書。西周時的兵書，已見不到。《左傳》、《孫子》中提到的《軍政》、《軍志》二書，應是西周時的兩部兵書。這些兵書也不同程度地給予了孫武軍事思想方面的啟發。

毛澤東曾說：「人的正確思想從哪裡來的？是從天上掉下來的嗎？不是。是自己頭腦裏固有的嗎？不是。人的正確思想，只能從社會實踐中來，只能從社會的生產鬥爭，階級鬥爭和科學實驗這三項實踐中來。」

《孫子兵法》中所反映的高超的軍事智慧，也是這樣，不是從天上掉下來的，也不是孫武的頭腦裏固有的。而是孫武從他所處的春秋時期，非常豐富的戰爭實踐中總結提煉出來的。《孫子兵法》是總結春秋時期的戰爭經驗的產物，不是孫子憑自己想像力主觀杜撰出來的，也不是抄襲前人的原理原則，加以引伸發揮出來的。

【孫子其人】

《孫子兵法》，顧名思義，就是孫子所撰寫的兵法，或者說是孫子所總結出來的兵法要略。所以，要讀懂《孫子兵法》，就不能不對孫子其人其事有一個大致的了解。

孫子，姓孫，名武，孫子是後世對他的尊稱。今天，所有折服於《孫子兵法》絕世智慧和謀略的人，都想搞清楚孫武的人生經歷和事功立蹟。遺憾的是，這似乎是一件很困難的事。

西漢學者劉向在他的《新序》中說：「孫武、樂毅之徒，皆前世之賢將也，久遠深奧，其事難知。」（見《太平御覽》卷二百七十六）由於歷史的久遠，原始材料的稀少，今天考察孫子的生平事蹟，只能依據後人的著述，如漢代司馬遷《史記》、後漢趙曄《吳越春秋》及《越絕書》、《新唐書·宰相世系表》、鄧名世《古今姓氏書辨證》等等。

《史記·孫子吳起列傳》、《史記·伍子胥列傳》、《史記·吳太伯世家》對孫武生平事蹟有所敍述。《吳越春秋》、《越絕書》、《新唐書·宰相世系表》、《古今姓氏書辨證》等書對孫武生平事蹟有所補充。依據這些零碎的材料，只能對孫武的人生歷程做一個大致的、粗線的勾勒。

孫武，字長卿，春秋末期齊國樂安（舊說山東博興北，今人大都認定在惠民）人，其祖父陳書，是春秋陳國厲公之子陳完的後世子孫。

陳厲公是殺兄與侄而取得公位的，後又被其小侄子所殺，所以其子陳完不得立為陳國之公，而降為大夫。據史載，陳宣公在位時，陳完和太子禦寇相好，宣公二十一年（西元前六七二年）太子禦寇被殺。陳完害怕禍患株連自身，便逃奔到了齊國。齊桓公對陳完十分器重，想封他為客卿，但陳完不敢承當，便屈身為工正（工匠頭領），並且改姓田氏，所以又稱「田完」。

陳完死後，謚號為敬仲，其後代子孫在齊國世世為官，如田乞（田厘子）、田常（田成子），都是能廢立齊公的重臣。到田和（田太公）時，又請魏文侯代奏周天子，被正式立為齊侯。這就是田齊政權。孫武的祖父陳書是陳完五世孫，約與田乞（田匣子）同輩。孫武的父親名叫孫馮（又作「憑」）。

孫武出生的具體年代，已不得而知。根據歐陽修與鄧名世之說推論，其出生年代大約與孔子同時而稍晚。

孫武是田完後代。田完世代為官，戰國時奪取了齊國政權，建立了田齊。顯然，孫武出身於貴族世家。

後來，由於齊國發生了內亂，孫武「奔吳」，即，離開齊國，來到吳國尋找建功立業的機會。

孫武的軍事活動與著述，根據現存史料，均在春秋末期的吳國。因此，歷史上稱孫武為「吳孫子」，稱孫臏為「齊孫子」（見《漢書．藝文志》）。孫武的一生與吳國緊密關聯，與同樣「奔吳」的伍員及吳王闔閭，息息相關。

伍員字子胥，楚國人。其祖父伍舉是楚國的重臣，「以直諫事楚莊王，有顯」；父親伍奢是楚平王太子建的老師，由於奸臣費無忌的讒害，伍奢與長子伍尚均被楚平王殺害。伍員為了報父兄之仇，逃亡而出走，先至宋國，後奔鄭國，最後輾轉乞食，來到吳國。

吳王僚五年（西元前五二二年），伍員至吳，當時孫武早已到了吳國，但很少為世人所知。史載：「孫子者，吳人也，善為兵法，避隱深居，世人莫知其能。」（《吳越春秋》卷二《闔閭內傳》）大但不知其能，反而被誤認為是吳國人，足以表明孫武隱居之深。

伍員報仇心切，勸吳王僚伐楚，由於公子光（即後來的吳王闔閭）阻止，未成。沒有辦法，伍員只好隱耕鄉野，等待時機。正是在這隱耕期間，伍員結識了孫武。

伍員胸懷壯志，又頗有慧眼，他看到了孫武的非凡軍事才能。當時，公子光想推翻兄長王僚自己當吳王。伍員深察了公子光的內志，便把勇士專諸推薦給了公子光。後來專諸刺殺王僚，公子光自立為吳王，這便是吳王闔閭。

闔閭三年，想攻伐楚國，又怕伍員不惜兵力專報私仇。正在舉棋不定之時，伍員向闔閭推薦了孫武。《吳越春秋．闔閭內傳》記載：吳王登臺，「向南風而嘯，有頃而歎，群臣莫有曉王意者。子胥深知王之不定，乃薦孫子於王。」伍員急於成事，不遺餘力推薦孫武，曾在一個早上「七薦孫子」。

為了檢驗孫武的軍事才能，一見面，闔閭就要求孫武演練兵法。

一開始，孫武見闔閭的出發點在於對兵法的喜好，並且多少有些玩遊戲的性質，就很嚴肅地說：「兵法之事，直接關係到人們的利害安危，它既不是個人的愛好，更不是兒戲；如果君王以喜好或遊戲的目的來談論兵法，我無法對答。」

闔閭聽了這話，一面表示自己不懂，一面再次要求操練試兵，並且提出用自己宮中的嬪妃宮女來試練。孫武怕闔閭反悔，再次陳述道：「婦人多不嚴肅，恐君王後悔。」闔閭一心要以婦女作戲耍，根本沒有想到會有什麼嚴重後果，隨口答道：「有什麼可後悔的呢？」當即下令將宮中一百八十名美女叫出來（一說為三百人），讓孫武勒兵操演。

孫武按照兵法規定的程式，指定了司馬、司空，共同監行軍法。軍紀的基本要求是：官長申明法令，士卒要絕對服從。孫武對於約法禁令三令五申，婦女們口中應答，內心裏都只覺得新奇、好玩。所以，令鼓一響，她們非但忘了禁令約法，反而前翻後仰，捧腹大笑不止，毫無軍紀。

孫武又再三說明，反覆申令，再次行令，那些覺得新鮮好玩的宮人們還是連笑不止。這時，孫武表情非常威嚴，要按軍法行事，斬隊長王姬以明軍紀。

此時吳王方知事態嚴重，急忙阻止，但為時已晚。孫武態度堅決地說：「將在軍，君命有所不受。」依照軍法殺了吳王最寵愛的妃姬。接著練兵，宮人們立即變得令行禁止，不論向左向右、前進後退、跪倒立起，婦女們都能嚴格循規蹈矩了。

經過這場實際操練，吳王闔閭相信孫武的治軍用兵才能，依允了伍員建議，任命孫武為吳國的將軍。

伍員、孫武為吳將，攻伐楚國，屢戰屢勝。闔閭三年，伐楚，奪取舒城，殺死吳國之亡將王僚的兩個胞弟。闔閭六年，楚使公子囊瓦伐吳，「吳使伍員、孫武擊之」，獲得勝利（《吳越春秋》卷二）。闔閭九年，吳使伍員、孫武伐楚，深入千里奇襲，「以三萬破楚二十萬」（劉向《新序》），五戰五勝，攻佔了楚國郢都（今湖北江陵西北）。

吳楚之戰是春秋以來規模最大的一次戰爭，吳能取勝，是與孫武的策劃和指揮分不開的。這種以奇制敵、以少勝多的著名戰役。戰國中期的尉繚子在《制談》中說：「有提三萬之眾，而天下莫能當者誰？武子也。」荀子《議兵》也說：「善用兵法，感忽悠暗，莫知其所以，孫子用之無敵於天下。」這些都是對孫武在吳楚之戰取得以少勝多大勝利的讚譽。

闔閭十年，吳南伐越，亦以伍員、孫武為將，取得勝利（《吳越春秋》卷二）。西元前四八二年諸侯會盟黃池（今河南封丘西），吳國威震中原，「北威齊晉」，一時取得霸主地位。孫武和伍員一起，成了吳王闔閭在軍事上的決策人物，對吳國「名聲顯赫於諸侯」，起到了決定性的作用。

孫武的人生結局是怎樣的呢？這也是一個歷史未解之謎。《曲品校錄．能品．哭吳》中的吳於東說：「孫子十三篇興吳，吳幾霸矣。功成身隱，蓋不欲為胥江之怒濤耳。」據此可知，孫武為了避免伍員功成身死的下場，功成身隱，應該是盡其天年而善終的。

孫武憑藉他異乎尋常的智慧，為吳國稱霸中原立下了汗馬功勞。然而使他名垂千古、流芳百世、揚名四海的業績，在於他給人類文化史上留下了光輝不朽寶典——兵學巨著《孫子兵法》十三篇。字數不到六千的《孫子兵法》，給後人的智慧啟迪卻是無窮無盡的。

【內容結構】

目前流傳的《孫子兵法》全書共約五千九百字，分為十三篇，依次為《計篇》、《作戰篇》、《謀攻篇》、《形篇》、《勢篇》、《虛實篇》、《軍爭篇》、《九變篇》、《行軍篇》、《地形篇》、《九地篇》、《火攻篇》和《用間篇》。

《計篇》第一，又稱《始計》，該篇乃是全書的綱領，主要講的是戰爭的指導性原則、綱領，和全盤計畫。

孫子在此篇中提出了戰爭以及研究和謀劃戰爭的重要性，強調了戰爭上的自保全勝對於整個國家的意義，初步總領性地提出了戰爭中臨機應變等各種所謂「詭道」。這一篇中，孫子提出了「廟算」的重要概念。所謂「廟算」，即出兵前在廟堂上比較敵我的各種條件，分析各種可能性和利弊，估算戰事勝負的幾率，並為戰爭做出儘量全面的準備和制訂作戰計畫。

《孫子兵法》中的「五事」、「七計」、「兵者，詭道也」、「攻其無備，出其不意」等著名的軍事原則，都是在這一篇中提出的。

《作戰篇》第二，主要講的是戰爭的動員和準備。孫武主張給養從根本上孫武認為，戰爭應以速戰速決為主，貴速勝而戒「久暴」。孫武主張給養從根本上影響著軍隊的戰鬥能力，必須重視。要使軍隊給養充足，又要注意不要引起物價上漲、財政困難和百姓的貧困，否則將會影響整個戰爭的局勢。要注意協調好各國的關係，防止「諸侯乘其弊而起」。要激勵士兵的戰鬥力，通過賞罰等手段，鼓勵他們奮勇爭先。戰利品要妥為分配，對於俘虜也要善待。

在該篇中，孫子全面論述了人力、財力、物力對戰爭勝負的重要作用，提出了「兵貴勝，不貴久」和「因糧於敵」等著名的論斷。

《謀攻篇》第三，主要講的是智謀在軍事鬥爭中的重要性。三國時的大軍事家曹操對此篇的篇題解釋說：「欲攻敵，必先謀」，可以說是一語切中要旨。孫子主張用兵貴以「全」取勝，而不在於殺伐攻取，攻取期於無戰，戰期於無殺，不動用武力而使敵人甘心屈服，達到鬥爭的目的，才是戰爭的最高境界。為了達到這一目的，首先必須在戰前做一切相關的準備，除了「知己知彼」之外，還要運用外交、經濟、文化等一切手段，與敵人周旋。這就是「謀」的深意之所在。

孫子在該篇中還談到了集中兵力和將帥如何用兵等問題，「全勝」、「上兵伐謀」等思想和「知己知彼，百戰不殆」等軍事規律，都在該篇中給予了充分論述。

《形篇》第四，「形」指具有客觀、確定的因素，如戰鬥力的強弱、戰爭的物資準備等。「先為不可勝，以待敵之可勝」是該篇主旨。

孫子認為，戰爭的結果是可以預見的，戰爭的勝利有其物質基礎，如土地、人口、物資等條件，戰爭中無論進攻還是防禦，這些都是要認真考察的軍「形」。通過對這些物質基礎的考察，考察者可以做出戰爭形勢的基本判斷，以求充分發揮自己的優勢，創造打擊敵人的有利條件，並不失時機地攻擊敵人的薄弱環節，以使自己立於不敗之地。

《勢篇》第五，該篇緊承《形篇》，論述了客觀條件具備之後如何通過高超的指揮藝術，通過靈活的戰術變化和正確的兵力使用而贏得戰爭。「戰勢不過奇正」，是該篇的核心。

孫子詳細地剖析了「奇」與「正」在戰爭中的應用，他認為，「奇」與「正」變化無窮，誰如果善於把握和運用其中的規律，誰就會贏得戰爭的主動權。戰爭中的形勢並不是固定不變的，有利和不利的形勢總是處於不斷的轉化之中，戰爭的指揮也要根據實際情況靈活變化，以在敵我對比中創造出有利於我方的優勢。同時，由於戰爭的形勢瞬息萬變，所以孫子強調進攻的突發性和爆發性，要像爆發的山洪、張滿的弓弦、離弦的箭頭一樣，具有勢不可擋的氣勢和力量。

《虛實篇》第六，趙本學說：「此篇語意雜出，約而言之，不過教人變敵之實為虛，變己之虛為實」，對於本篇篇旨的概括可謂一語中的。

「奇正」和「虛實」是戰爭中兩個最主要的「詭道」，上一篇講了「奇正」，這一篇主要講的是戰爭中如何利用「虛實」，通過分散集結、包圍迂迴等手段，造成預定會戰地點上的我強敵弱；如何通過示「形」欺騙敵人，調動敵人而不被敵人所調動，最後取得戰爭的勝利。

在該篇中，孫子強調要始終掌控戰爭的主動權，「善戰者，致人而不致於人」，「致人」，就是掌握主動權。主動權是決定戰爭勝負的主要因素，誰贏得了戰爭的主動權，誰就會進退自如，取得戰爭的勝利。為了奪取戰爭的主動權，孫子認為，在作戰原則上要用「我專敵分」的辦法，通過迷惑敵人、擾亂敵人，分散敵人的力量，集中自己的優勢兵力打擊敵人；要善於調動敵人，使敵人就我之範，以掌握戰爭的主動；還要「形人而我無形」，善於隱藏己方的意圖和戰略部署，使敵人「深間不能窺，智者不能謀」，完全落入我方的掌控之中。

《軍爭篇》第七，主要講戰爭的主動權應如何爭取的問題。

孫子認為，「軍爭」是一件非常不容易的事情，將帥從接受命令開始，到動員民眾組織軍隊，再到兩軍對壘，都需要認真地調度、組織和籌畫。孫子特別強調「軍爭」是一件很危險的事情：攜帶全部輜重去「爭」，就不能及時到達，需要拋棄輜重；拋棄輜重，輕裝前進，晝夜兼程，將帥就有被俘的危險。因此，「軍爭」必須要慎之又慎，精心籌畫。

孫子主張為了爭得戰爭的主動權，應當採用靈活多變的戰略戰術，迷惑敵人，欺騙敵人，以造成敵人的錯覺，抓住有利戰機，爭取自由和主動。

在該篇中，孫子提出了「治氣」、「治心」、「治力」、「治變」等軍爭的方法，提出了「兵以詐立，以利動，以分合為變」和「避其銳氣，擊其惰歸」等軍事原則。因該篇中詳述了用兵的一些具體原則和方法，所以茅元儀說：「真實用兵，盡此一篇。」（《武備志》卷十一，《孫武子兵訣評．軍爭第七》）

《九變篇》第八，主要講的是將帥如何根據不同情況採取不同的戰略戰術，靈活運用各種軍事原則。

孫子認為，要靈活地運用和變化戰術，首先，要對各種條件權衡利弊，分別對待，根據實際情況決定自己的行動部署，要做到有所為有所不為，即「途有所不由，軍有所不擊，城有所不攻，地有所不爭，君命有所不受」。其次，在不同的條件下，要能夠靈活地利用地形的優勢，因地制宜，採取不同的戰術。

在該篇中，孫子特別強調為將者要避免「五危」，即：魯莽拼命，會被殺死；貪生怕死，會被俘虜；暴躁易怒，會被輕視而發怒上當；過度潔身自好，會因別人的侮辱而上當；過度愛護人民，會因保護百姓而使軍隊疲敝。因此，將領必須全面地考慮問題，思考問題時「必雜於利害」，努力克服自身性格上的缺點，以權衡輕重，化險為夷。

《行軍篇》第九，內容包括如何行軍、宿營、作戰的組織與指揮，如何利用地形與外在條件，以及觀察敵情等問題。

該篇重點論述的問題有三：一是「處軍」。軍隊行軍宿營時，會遇到山嶽、川澤、平原等不同的地形，經過的道路也有水路、險易等區別，對於這些不同地理條件的判斷和選擇是重要的，以力爭借「地之助」，取「兵之利」。二是「相敵」。軍隊所遇到的敵人，有動靜、進退等不同的狀態，有障蔽、疑似等詭計的使用，還有治亂、虛實等各種不同情形，對於這些，要注意偵查，以採取不同的應對措施，做好應敵迎戰的準備。三是「令之以文，齊之以武」，即治理軍隊要賞罰得當、軍紀嚴明，將帥要愛護兵卒，嚴明紀律，平時要有教育，戰時要有威信，強調要用法令統一軍隊的行動。

《地形篇》第十，主要論述不同種類的地形與作戰的關係，以及不同地形下的行動原則，和相應的戰術要求。

該篇中，孫子主要分析了六種地形地貌，即「通者」（我可以駐，敵也可以來的地形）、「掛者」（容易前往而難以返回的地形）、「支者」（我出擊不利，敵出擊亦不利，敵我相持難下的地形）、「隘者」（兩山間的峽谷地帶）、「險者」（地形險要狹窄的地方）和「遠者」（敵我相隔遙遠，運輸和行軍都不便的地形），並提出了不同地形的不同作戰原則。

該篇中，根據官兵的不同素質和狀態，孫子還提出了「六敗」：一是「走」（以一擊十），二是「弛」（兵強將弱），三是「陷」（將強兵弱），四是「崩」（小頭目被主帥激怒，不服從指揮，遭遇敵人時，因心存怨憤而擅自為戰，將領不了解他們的本領又不能加以控制），五是「亂」（將帥軟弱，治軍不嚴，教導不明，軍隊沒有紀律，部署雜亂無意），六是「北」（將帥不能判斷情況，以寡敵眾，以弱擊強，指揮作戰不會組織突擊力量）。孫子認為，造成這些軍事上不利局面的原因，並不是「天之災」，而是為將者的過錯，因此提出要善待士兵，「視卒如嬰兒」，「視卒如愛子」。

《九地篇》第十一，孫子將依「主客」形勢和深入敵方的程度等的不同，將作戰環境劃分為九種，並主張在不同作戰環境下要相應採取不同的戰術。

這九種地理環境是：一、「散地」（諸侯在自己的國境內作戰），二、「輕地」（進入別國境內不深的地區），三、「爭地」（我軍佔據它有利敵軍佔據它也有利的地區），四、「交地」（我軍可以去敵軍也可以去的地區），五、「衢地」（先到達並且能夠得到他國援助的地區），六、「重地」（深入敵人國境，背後又有許多敵人城鎮的地區），七、「圮地」（行軍在高山、森林、險阻、潮濕低窪等難以通過的地區），八、「圍地」（進軍道路狹窄，返回道路繞遠，敵人用少數兵力即可擊敗我大部隊的地區），九、「死地」（迅速奮勇作戰就能生存，不迅速奮勇作戰就會死亡的地區）。

在該篇中，孫子提出了「始如處女」，「後如脫兔」，「攻其無備，出其不意」的戰略原則；「並敵一向」，集中兵力，攻敵弱點，改變敵我態勢的戰術方法；主動靈活，「踐墨隨敵」，根據敵情變化「以決戰事」的指揮技巧；「順佯敵之意」，誘使敵人進入我軍圈套的誘敵計謀；「能愚士卒之耳目，使之無知」的統帥權術，等等。

《火攻篇》第十二，講的是以火助攻的種類、條件及實施方法等。

孫子說，凡是打算用兵者必須懂得「五火之變」，認為作戰時可以根據不同情況靈活地運用火燒營寨、火燒積蓄、火燒輜重、火燒倉庫、火燒糧道等火攻戰法。孫子還論述了時日、風力、風向的利用，以及實行火攻和預防火攻的各種方法和原則。在該篇中，孫子特別提出了「主不可以怒而興師，將不可以慍而致戰」的原則，告誡統治者和軍事將領發動戰爭要慎重，不能妄動干戈，窮兵黷武。

《用間篇》第十三，該篇論述了軍事鬥爭中間諜使用的重要性，以及各種間諜的使用方法。

孫子認為，事先了解敵情，是取得戰爭勝利的前提；而要取得敵人的情報，就必須使用間諜，否則就會勞民傷財，耗費巨大。孫子認為，間諜可分為五種：一、「鄉間」（借助敵國百姓為我所用），二、「內間」（借助敵方官吏為我所用），三、「反間」（借助敵方間諜為我所用），四、「死間」（散佈假消息故意讓敵方間諜知道，以將假情報傳給敵人），五、「生間」（我方派出的能夠回來報告敵情的間諜）。

《孫子兵法》是一個非常全面完整的體系，它從哲學理念的層面來觀察戰爭現象，揭示和探討戰爭的一般規律，提出了一系列指導戰爭的原則和具體而科學的戰術方法。

有學者認為，在理論結構上，孫子十三篇大體可以分為兩部分——

第一部分為「先勝理論」，包括《計篇》、《作戰篇》、《謀攻篇》和《形篇》四篇，重點闡述了戰前準備的問題，提出了重戰慎戰、未戰先算、伐謀伐交、有備無患、五事七計、修道保法等一系列理論觀點，努力造成軍事實力及佈勢運兵上的絕對優勢，最佳理想境界是——「不戰而屈人之兵」。

第二部分「戰勝理論」，包括《勢篇》以下的九篇，主要論述戰爭實施方面的原則和方法，如「奇正」、「虛實」、「致人」、「因敵制勝」、利用地形地勢、火攻和用間等。顯然，這種總體劃分是有一定道理的。這從一個側面說明了孫武在撰寫這部兵法時，就如同他調兵佈陣一樣，是進行了精心的結構佈局的。

【歷代推崇】

《孫子兵法》十三篇，是我國和世界軍事理論史上，最早形成戰略思想體系的一部兵書專著。問世二千五百多年來，歷代的軍事家、有遠見的政治家、著名的學者，無不重視這部著作，無不學習這部書，無不推崇這部書。它不但奠定了中國古代軍事理論的基礎，而且影響世界，蜚聲世界軍事理論界。《四庫全書目錄提要》譽之為「兵經」，「百代談兵之祖」，絕非虛語。

《孫子兵法》，早在戰國時代就已廣為流傳，韓非子說：「境內皆言兵，藏孫、吳之書者家有之（孫、吳，指《孫子》、《吳子》。《吳子》即《吳起兵法》）。」（《韓非子．五蠹》）漢代則將其作為軍官的教科書，隋唐即稱之為「兵經」。歷代對《孫子兵法》評價極高。茅以儀《武備志》說：「前《孫子》者，《孫子》不能遺；後《孫子》者，不能遺《孫子》。」這種評價雖有溢美之處，但並不過分，確實道出了《孫子兵法》在中國軍事史上的作用和地位。

《孫子兵法》十三篇雖然不足六千字，但卻成為歷代兵家極為推崇之書。三國時著名的軍事家、政治家曹操刪定了「十三篇」，成為《孫子兵法》第一個編定人和第一個注釋者。他在《孫子序》中說：「吾觀兵書戰策多矣，孫子所著深矣。」蜀相諸葛亮說：「戰非孫武之謀，無以出其計遠。」《李衛公問對》載，唐太宗李世民讚歎說：

「深乎，孫武之言！」「朕觀諸兵書，無出孫武！」他尤為賞識孫子的「凡戰者，以正合，以奇勝」這一戰略思想，把孫子「不戰而屈人之兵」推崇為「至精至微，聰明睿智，神武不殺」的最高軍事準則。

到了宋代，仁宗、神宗年間國勢衰弱，因防邊患需要，設立了「武學」培養將才，官方組織人力編撰兵力，編訂了以《孫子兵法》為首的《武經七書》以作為教材，號召人們學習「武學」——學習兵書和熟悉用兵之道。從此，《孫子兵法》成為我國軍事理論思想著作之「冠冕」，被認定為「武經之首」，一直沿襲至明清而不衰。

《孫子兵法》作為兵學經典之冠，對後世的兵學發展的影響不可估量。從戰國以來，學習、研究、運用《孫子兵法》逐漸成為一種時尚。曹魏以降，注釋《孫子兵法》的注家蜂起，各種版本廣為印行，擴大了它的影響。

曹操之後，據不完全統計，國內注家有一百八十多人，注本流傳有五十餘種，其中著名的注家，有唐代的李筌、杜佑、杜牧、王晳，宋代的張預、賈林、梅堯臣、陳皞、孟氏、何氏、鄭友賢，明代的趙本學、李贄，清代的孫星衍等。

《孫子兵法》作為現存第一部比較系統的兵學要籍，無愧為中國古代兵學殿堂的奠基石、數千年兵學沿革發展歷程中的第一塊里程碑。《孫子兵法》的問世，是我國古代軍事思想成熟的標誌。《孫子兵法》既有對前人戰爭經驗的概括總結，又對後世兵學起了不可估量的理論奠基作用。我國古代最著名的一些兵書如《吳子兵法》、《孫臏兵法》、《尉繚子》、《鶡冠子》、《李衛公問對》、《武經總要》、《虎鈐經》、《百戰奇略》、《陣紀》、《投筆膚談》、《紀效新書》等，均不同程度得益於《孫子兵法》，並在此基礎上推陳出新，有所發展。

有學者統計，宋代兵書《百戰奇略》「描述的一百條軍事原則，其中五十六條是對孫武提出的概念的解釋；三十四條包含孫武提出的概念的成分，用其他材料中的思想加以發展和補充；只有十條所包含的思想是《孫子兵法》中找不到的。」（義大利K・高利考斯基：《孫武的思想和中國的軍事傳統》）

在實踐上，《孫子兵法》哺育了中國歷朝歷代為數眾多的軍事將領，其中包括一些以武功著稱的有作為的帝王。見諸史書最著名的有：先秦的孫臏，楚漢時的項羽、張良、韓信，三國時代的諸葛亮、曹操，唐初的李世民、李靖，宋代的嶽飛，元代的耶律楚材，明代的劉伯溫、戚繼光，清代的曾國藩、左宗棠。此外還有趙奢、黥布、霍去病、趙充國、李廣、馮異、司馬懿、鄧艾、孫權、呂蒙、蔣欽、韓擒虎、李剛、辛棄疾、劉琦、俞大猷等。

史籍記載：秦末項梁曾以《孫子兵法》等兵書教習其侄項羽，項羽因學得此種「萬人敵」的本領，才於後來破釜沉舟，在巨鹿大戰中殲滅秦軍主力。他那個破釜沉舟之戰的決策，正是在孫子的「置之死地而後生」的辯證思想指導下做出的。漢武帝也曾以孫子、吳起兵法教習其愛將霍去病。霍去病勤學古兵法卻不拘泥於古兵法，為西漢大破匈奴，開闢河西，打通西域，立下了不世之功。

《三國志》更生動詳細記載了吳主孫權勸導其虎將呂蒙學習《孫子兵法》，做個有勇有謀的將軍的史實。呂蒙按吳主的話去做，「始就學，篤志不倦」，果然漸通兵法，學識英博。魯肅稱讚他已「非復吳下阿蒙」，呂蒙答道：「士別三日，即更刮目相待。」後世人於是便以「吳下阿蒙」喻人之學識淺陋，而以「刮目相待」表示不該以老眼光對待新人。呂蒙以自己刻苦自勵、學《孫子兵法》有成的生動事例，為後世軍人樹立了榜樣。

【海外流播】

《孫子兵法》不僅是中華民族的智慧之源，而且也為世界其他國家和民族提供了取之不盡、用之不竭的智慧營養。這從《孫子兵法》在廣泛傳播和深遠影響就可看得出來。

《孫子兵法》最早傳入日本。在日本奈良時代，著名學者吉備真備（六九三～七七五）於七一七（唐玄宗開元五年）年受派為遣唐使，渡海到中國唐朝留學長達18年之久，於七三五年（開元二十三年）回國時，將《孫子兵法》等兵書帶回到日本。

據《續日本記》記載，吉備真備曾於日本天平寶字四年（七六〇年）在太宰府傳授《孫子兵法》的《九地篇》。

《孫子兵法》傳入日本後，一直被作為朝廷與兵家的祕笈祕密傳授。據稱，《孫子兵法》先是存於大江家，傳至大江匡房之手，由匡房傳到源義家，後又傳到甲州武田源氏。從此，《孫子兵法》長期在甲州派中傳承，甲州派後裔武田信玄是其優秀的繼承者，他在日本戰國時代（一四六七～一五七三）的群雄紛爭中充分運用了《孫子兵法》。其中最著名的是他所製作的突擊旗，上印《孫子兵法．軍爭》篇中──「其疾入風，其徐如林，侵掠如火，不動如山」十六個大字。

到日本戰國時代末期，《孫子兵法》研究開始逐漸興起，到德川幕府時期（一六〇三～一八六七），日本的兵家與學者對《孫子兵法》的研究空前活躍，形成了日本孫子兵學的高潮。這一時期先後出現了大大小小幾十個武學流派，出版了一大批優秀的《孫子兵法》研究著作。據不完全統計，截止到一九三六，僅在我國流傳的日本研究《孫子兵法》的專著就有50餘部。

日本各武學流派所撰的《孫子兵法》專著幾乎一致認為，孫子是「偉大的戰爭哲學家」，「兵聖」，「兵家之祖」，「東方兵學的鼻祖」；讚譽《孫子兵法》是「科學的、有生命力的、不朽的名著」，「具有科學體系的優秀著作」、「韜略之神髓」、

「武經之冠冕」、「科學的戰爭理論書」和「戰爭哲學書」……給予孫子和《孫子兵法》以極高的評價。

第二次世界大戰後，日本研究《孫子兵法》的也不乏其人。值得一提的是，日本在將《孫子兵法》運用於市場競爭和企業管理方面取得了顯著成績。例如，軍人出身的企業家大橋武夫著有《用兵法經營》一書，將兵法與經營熔於一爐，內容新穎，獨具一格，暢銷一時。他還創辦了「兵法經營塾」。正由於日本企業界研究和運用《孫子兵法》有理論有實踐，取得了卓越成就，因此在日本已經形成了「兵法經營管理學派」。

由於地理阻隔等原因，歷史上的中西交通遠不如中日交流便捷通暢，因此，《孫子兵法》傳入西方的時間，也比傳往日本晚了千餘年。直到一七七二年（清乾隆三十七年）才由來華的耶穌會傳教士阿米奥譯成法文，並在巴黎出版，開始了《孫子兵法》在西方傳播的歷程。

阿米奧一七五〇年來華，因通曉滿文、漢語，深得乾隆帝信任，居北京42年之久，對漢文化有深刻的了解。他在《孫子兵法》法譯本的扉頁上寫道：「中國兵法，西元前中國將領們撰寫的古代戰爭論文集。凡想成為軍官者都必須接受以本書為主要內容的考試。」《孫子兵法》法譯本一經問世，立即引起了人們的注意，在當時的法國文學刊物上受到好評。有一家刊物評論說：「如果統率法國軍隊的將領能讀到像《孫子兵法》這樣的優秀著作，那是法蘭西王國之福。」有的評論家甚至說，他在《孫子兵法》裏發現了色諾芬、派利比尤斯和德．薩克斯筆下所表現的那一偉大藝術的全部原理。據說，法國大革命後叱吒風雲、威震歐陸的軍事統帥拿破崙就認真研讀過法譯本《孫子兵法》。

在西方世界中，英國對《孫子》的學術研究最深、出版的譯本影響最大。

一九〇五年，在日本學習語言的英國皇家野戰炮兵上尉卡爾思羅普首次把《孫子兵法》「十三篇」譯成英文，在東京出版，一九〇八年又出版了修訂本。一九一〇年，英國著名漢學家賈爾斯的《孫子兵法》譯本由倫敦盧紮克公司出版。賈爾斯的譯本是嚴格按照孫星衍的《十家孫子會注》本翻譯的，由於作者具有很深的漢學造詣並對原著做了深入研究，其譯文準確流暢，注釋詳盡，堪稱《孫子兵法》譯本的上乘之作，對《孫子兵法》在西方世界的傳播產生了深遠的影響。一九四四年，英國學者湯瑪斯．菲力浦斯所著《戰略之根本》一書刊載了賈爾斯譯文。一九四九年，美國賓州軍事出版公司又修訂出版了該譯本，湯瑪斯．菲力浦斯準將為之作序。

《孫子兵法》在俄國的傳播與俄國對《孫子兵法》的研究情況，俄羅斯學者丘耶夫在《孫子兵學在俄國》（《孫子學刊》1993年第2期）一文中做了詳細介紹。他說：一八六〇年，科斯特羅馬團的中校斯列茲涅夫斯基在《軍事集刊》雜誌第6期，發表了題為《中國軍事統帥孫子對待部下的規章》的文章，自稱他把法國的一七七二年譯本縮譯成了俄語。他說：「孫子能夠了解統帥活動的所有的主要的特點，他在作戰藝術裏能夠區分不變的和多變的情況。雖然時間過去了幾個世紀，但是，我們認為，他為我們創造的軍事原理至今仍然是軍事理論的瑰寶。所以，現在如果有一個統帥運用《孫子兵法》，那麼，世界上最天才的統帥也不如他。」

十月革命以後，《孫子兵法》繼續從歐洲語本被譯為俄文。從一九五五年莫斯科出版的《孫子兵法》的前言中可以看到：一九四三年，伏羅希洛夫總參軍事學院的軍事學術歷史教研室決定把L.Giles的英文《孫子兵法》（1910年在倫敦出版）譯成俄文。可見，直到20世紀40年代，蘇聯還在從歐洲語言間接翻譯《孫子兵法》。

一九五〇年，莫斯科、列寧格勒出版了康拉德的《孫子兵法：翻譯與研究》。在這本書中，他對孫子學說世界觀的基礎、《孫子兵法》和《易經》的關係、《孫子兵法》出現的歷史背景及作者和年代等問題，發表了自己的看法。這本書有五個部分，除了前言和譯文以外還有注解以及對原文文字的科學分析，彷彿是一部中國古代軍事的詞典。

當今俄羅斯研究孫子學說最積極的專家是佐托夫。他是研究新疆歷史的專家，在俄國科學院東方學研究所工作。他在《中國與東突厥斯坦兩個國家的關係：從15到18世紀》這本書以及許多文章裏討論到孫子的「不直接的戰爭」，「用策劃的戰爭」思想，並與現代軍事理論家所謂的「戰爭在第五個向度」的思想加以比較。

瑞士勝雅律在《孫子兵法的第一個德譯本》（《孫子學刊》1992年2期）一文中指出：《孫子兵法》的第一個德譯本於一九一〇年出版於柏林，書名為《戰爭之書——中國古代軍事學家》，是由布魯諾・那瓦勒翻譯，獻給當時德軍參謀長封・莫爾特克（V.Moetke）將軍的。他在序言中說：「好幾代以來，日本的士兵均按照孫子及吳子的思想投入戰鬥。」「當然，孫子一書必將為歐洲的作者及其科學著述提供參考。」

在《孫子兵法》的研究和運用方面，西方世界大多集中於軍事領域。自20世紀二三十年代，英國人首開系統研究《孫子兵法》戰略思想之端後，美國軍界遲至二戰結束後才加強了這方面的研究，但卻大有後來者居上的趨勢。70年代後期特別是80年代，美國對《孫子兵法》的研究運用已相當普遍深入，其領域從軍事延伸到政治、經濟、外交、文化、體育諸方面。

現今美國除軍界及專門研究機構外，民間已有近百個研究《孫子兵法》的學會、協會或俱樂部在頻繁活動。一九八七年，中國將軍陶漢章所著《孫子兵法概論》一書英譯本在美出版發行，即被列為20世紀80年代最為暢銷的軍事理論書籍之一。

全美著名的大學中，凡教授戰略學、軍事學課程者，特別是軍事院校如西點陸軍學院、安納波利斯海軍學院、科羅拉多空軍學院、國防指揮參謀學院等均將《孫子兵法》作為必讀教材和必修課。

美國國防大學20世紀80年代初期編著的教材《軍事戰略藝術與實踐》，收錄了古今名家的戰略著述計883頁，其中屬於必讀文獻的古代戰略家原著，全文收錄的僅有《孫子兵法》首篇。編者特別指出，孫子對在戰爭中起作用的思想和對物質、環境等因素的認識之深、闡述之明確精闢，是兩千多年後西方備受推崇的大部分軍事著作不能望其項背的。該校還規定將《孫子兵法》列為將官主修戰略學的第一課，位於克勞塞維茨《戰爭論》之前。戰後美國政府數易其核戰略思想。

20世紀60年代末期，美國尼克森政府以「現實威懾」戰略，取代原「相互確保摧毀」戰略，均借鑒於孫子的戰略思想。

20世紀70年代中期，美國某些戰略理論家乾脆以「孫子」命名其核戰略理論，其實質內容即使用強大的核威懾力量使對方不敢貿然動武，以實現「不戰而勝」的理想境界。一九八二年，雷根政府修訂對蘇核戰略方針時，「孫子核戰略」理論最終為軍界最高當局所採納。

20世紀90年代初發生的以高科技為主要特點的海灣戰爭中，美國在戰略指導上採取了「先勝而後求戰」的戰略方針，使這場戰爭真正成為速戰速決速勝的戰爭。據《洛杉磯時報》記者於戰爭期間對布希總統的採訪報導稱，當時布希辦公桌上擺著兩本書，一本是《凱撒傳》，另一本則是《孫子兵法》。關於海灣戰爭的作戰指導，美國國防部在戰後所寫的報告《海灣戰爭》一書中毫無隱晦地說：「多國聯盟成功地實踐了孫子所說的『上兵伐謀』的戰略思想。」美國海軍陸戰隊官兵在海灣戰場學習《孫子兵法》，研究取勝之道，一時傳為重要新聞。此前，美海軍陸戰隊司令格雷將軍已於一九八九年發布訓令，將《孫子兵法》列為一九九〇年陸戰隊軍官首本必讀軍事書，他於訓令中說：「孫子的作戰思想在今天和兩千五百年前一樣適用，是當今實施運動戰的基礎。」

據統計，到一九九三年為止，《孫子兵法》已經有27種文字的譯本及研究專著問世，孫子兵學已經成為一門世界性的學問。各國學者從不同的角度探討《孫子兵法》的思想精髓及其現實應用問題，使《孫子兵法》得以在更廣闊的領域和更深的層次發揮作用。

正如美國蘭德公司政治學研究部主任喬納森．波拉克於一九八九年在山東舉行的首屆國際《孫子兵法》學術討論會上，發言指出：「美國許多學者和戰略家公認孫子的軍事戰略思想蘊藏著偉大的智慧，深入理解孫子的思想必使美國的軍事思想與戰略工作受益。」

波拉克先生的話其實道出了外國人熱中於翻譯和研究《孫子兵法》的心聲。是的，正是由於《孫子兵法》中「蘊藏著偉大的智慧」，所以它才能顯示出久盛不衰的生命力，風靡全球。毫不誇張地說，《孫子兵法》不僅是中國人的智源，也是全人類的智慧之源。

乙 智慧精華

【修道而保法】

《孫子兵法．計篇》中說：「故經之以五事，校之以計，而索其情。一曰道，二曰天，三曰地，四曰將，五曰法。」意思是可以通過五個方面的衡量、對比、研究，來探索敵我雙方孰勝孰負的可能性，這五個基本要素：一是「道」，二是「天」，三是「地」，四是「將」，五是「法」。

那麼「道」是什麼呢？孫子解釋說：「道者，令民與上同意也，故可以與之死，可以與之生，而不畏危。」「道」就是使民眾順從君主的意志，可以同生共死，而不怕任何危險。顯然，「道」的含義是「政治」。政治因素在孫子眼中是決定戰爭勝負的根本，所以他把「道」放在「五事」的第一位。「七計」的第一條「主孰有道」講的也是政治因素。孫子認為，要想在戰爭中取勝，就要「修道而保法」（《孫子兵法．形篇》），「修道」就是修明政治，爭取民眾支持，創造良好的政治條件。

在中國傳統的政治思想裏，民本思想是一個重要內容，所謂「民本」就是國以民為本、君以民為本。民本思想有著悠久的歷史，《尚書》已有很清楚的表述。《五子之歌》說：「民惟邦本，本固邦寧」，只有百姓才是國家的根本，根本穩固了，國家才能安寧。反映春秋中期思想的《管子．牧民》說：「政之所興，在順民心；政之所廢，在逆民心。」

在戰國之前的歷史上，因失去民心而一敗塗地的例子很多。如儘管在經濟實力、軍事實力等物質力量上遠不如對手，但商湯取代了夏桀，周武王戰勝了商紂王，就是因為夏桀和商紂徹底失去了民心。

歷史上類似的經驗教訓，使古人深刻認識到執政者如果政治腐敗，黑暗無道，那麼再好的險固江山也不能戰守；如果政治清明，得到民眾的擁護與愛戴，那麼就可以戰勝守固。這些政治思想和歷史經驗也正是孫子「修道」的思想淵源。

孫子強調左右戰爭勝負的政治因素，強調戰爭指導者要有「道」、得「道」，主要是從爭取民心的方面來說的。在孫子的定義中，「道」就是指民眾順從君主的意志，與君主同心同德。如果君主無仁德、施暴政，民眾生活於水深火熱之中，又怎麼會順從他的意志呢？怎麼會與他同生共死呢？昏君庸主靠高壓政策能夠驅使民眾一時，最終也只能帶來民眾更強烈的反抗。在《謀攻》中孫子再次指出，「上下同欲者勝」；在《行軍》中要求戰爭指導者們要「與眾相得」，真可謂是苦口婆心。

在山東銀雀山漢墓竹簡《孫子兵法》佚文中，有《黃帝伐赤帝》一篇，這篇佚文很好地反映出孫子的道勝思想。文中說，黃帝在取得南伐赤帝的勝利後，用了幾年時間「休民、藝穀、赦罪」。「休民」也就是與民休息，「藝穀」就是發展農業生產，「赦罪」就是大赦天下，以此來恢復力量，收攬民心，贏得民眾對戰爭的支持。

東伐青帝，北伐黑帝後也是如此行為，直到西伐白帝成功，而「大有天下」。在總結了商湯滅夏桀、武王滅商紂的經驗後，孫子得出結論，進行戰爭必須「得天之道，地之理，民之情」。其中，「得天之道」主要是指利用「天」要滅亡對手的機會，而不僅僅指得天時。古人認為，一個國家政治腐敗了，就是天要滅亡它了。得「民之情」的顯然是指順應民心，得到民眾擁護。

基於「修道而保法」的思想，孫子又特別強調「慎戰」。

戰爭具有暴烈性，所到之處，生靈塗炭，萬物毀折。所以，許多古代哲人反對戰爭。《老子》第三十一章認為——「兵者不祥之器，非君子之器」，不可提倡。孫子重視戰爭，不然就不會疾呼「兵者，國之大事」，也不會寫出一部《孫子兵法》。同時他也認為兵凶戰危，主張慎重對待戰爭，即「慎戰」。最能反映孫子慎戰思想的就是「主不可以怒而興師，將不可以慍而致戰。」（《孫子兵法．火攻篇》）如果以發動戰爭發洩惱怒怨憤，就會陷入窮兵黷武，窮兵黷武的政治不是好的政治，這會給民眾帶來無謂的、無邊無盡的災難。即使戰爭發動者沒有因戰爭而國破身亡，也會因為最終失去民眾的支持而身死國滅。「亡國不可以復存，死者不可以復生」（《孫子兵法．火攻篇》）。君主將帥們對待戰爭的正確態度則應該是「非利不動，非得不用，非危不戰」，不利於國家根本大業，沒有取勝的把握，不到形勢危急狀態，就不要輕易開戰。

孫子看到戰爭會給民眾造成沉重的負擔。一個「馳車千駟，革車千乘，帶甲十萬」規模的軍隊就要「日費千金」，這筆軍費從哪裡來呢？自然是來源於民脂民膏。而且興「十萬之師」，就會使百姓「怠於道路，不得操事者，七十萬家」，這無疑會嚴重影響民眾正常的生產生活。士卒和他們的家屬更要直接面對死亡。民眾承受如此沉重的負擔，面對生命危險，會長期地支持戰爭嗎？因此發動戰爭一定要慎之又慎。即使發動戰爭，也要爭取全勝和速勝，最大限度地減少自己的損失。凡此種種，孫子顯然都是從「修道」，從以民為本的立場出發的。

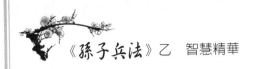

【知彼知己，百戰不殆】

《孫子兵法》一開篇，就開宗明義地提出，用兵打仗必須先「廟算」。廟算的過程就是經之以事，「校之以計」，而「索其情」的過程，從這個過程中可以看出，「知其事」是廟算的先決條件，「知其事」就是既要知彼之事，也要知己之事，實際上這就要求決策者「知彼知己」。

孫武子非常強調「知彼知己」的重要性，他說：

「知彼知己，百戰不殆；不知彼而知己，一勝一負；不知彼，不知己，每戰必殆。」（《謀攻篇》）

事實上，只有知彼知己才能正確決策，只有正確決策才能有勝利的希望。孫武子不僅強調知彼知己的重要性，而且還指明了應該知什麼的問題。他認為，將帥應當知道敵人將會在什麼地方、什麼時間發動戰爭，他說：

「故知戰之地，知戰之日，則可千里而會戰，不知戰地，不知戰日，則左不能救右，右不能救左，前不能救後，後不能救前，而況遠者數十里，近者數里乎？」（《虛實篇》）

孫子還認為，戰爭的指揮者應當知道各諸侯的謀略。

「故不知諸侯之謀者，不能豫交。」（《軍爭篇》）

事實上，在戰爭的發動和進行中，外交工作是非常重要的，只有知道各諸侯的謀略，才能開展必要的伐謀伐交活動，否則就難以準確判定諸侯們的真正動向，而採取有利於自己的謀略。

對戰爭的指揮者來說，知道地勢地形和其他地理特徵是非常要緊的，孫子說：「不知山林、險阻、沮澤之形者，不能行軍。不用嚮導者，不能得地利。」（《軍爭篇》）

「夫地形者，兵之助也。料敵制勝，計險厄遠近，上將之道也。知此而用戰者必勝，不知此而用戰者必敗。」（《地形篇》）

只有知道地形才能選擇正確的行軍線路，要知道前方的地形特點，就必須用熟悉地形特點的人做嚮導。地形是擺兵佈陣的依據，只有熟悉地形，才能「料敵制勝」。

同時，指揮者還應當知道敵我雙方兵士的精神狀態和訓練情況。他說：

「知吾卒之可以擊，而不知敵之不可擊，勝之半也；知敵之可擊，而不知吾卒之不可以擊，勝之半也；知敵之可擊，知吾卒之可以擊，而不知地形之不可以戰，勝之半也。知兵者，動而不迷，舉而不窮。故曰：知彼知己，勝乃不殆；知天知地，勝乃可全。」（《地形篇》）

毛澤東非常強調「知彼知己」的重要性，他在《論持久戰》中寫道：「孫子的規律，『知彼知己，百戰不殆』仍是科學的真理。」他在《中國革命戰爭的戰略問題》的第一章第四節寫道：「中國古代大軍事學家孫武子書『知彼知己，百戰不殆』這句話，是包括學習和使用兩個階段而說的，包括從認識客觀實際中的發展規律，並按照這些規律去確定自己行動克服當前敵人而說的；我們不要看輕這句話。」他還說：「要達到智勇雙全這一點，有一種方法是要學的，學習的時候要用這種方法，使用的時候也要用這種方法。什麼方法呢？那就是熟識敵我雙方各方面的情況，找出其行動的規律，並且應用這些規律於自己的行動。」他還對「知彼知己」的內容做了說明，他說：「假使他是虛心學習的，他摸熟了自己的部隊（指揮員、戰鬥員、武器、給養等等及其總體）的脾氣，又摸熟了敵人的部隊（同樣，指揮員、戰鬥員、武器、給養等等及其總體）的脾氣，摸熟了一切和戰爭有關的其他的條件如政治、經濟、地理、氣候等等，這樣的軍人指導戰爭或作戰，就比較地有把握，比較地能打勝仗。」

在「知己知彼」中，「知己」較容易，「知彼」相對較難，因此孫子重點論述了「知彼」的方法。縱觀《孫子兵法》全書，孫子所主張的「知彼」法，主要有三種——

第一 **「相敵」** 即通過對所觀察到的現象進行由此及彼，由表及裏的思索和判斷，找到引起這些現象的內在原因，從而達到「知彼」的目的。

孫子在《行軍》中總結了三十二種「相敵」之法，大致可以歸為以下三類——

一、是通過自然環境的異常變化，判斷敵軍的行動。

如「林中樹木擺動，可能是敵軍向我襲來；雜草中設置了很多障礙，可能是敵人佈置的疑兵之陣」，這是通過植被的變化判斷敵情。「鳥雀驚起，下面必有伏兵；野獸驚駭奔逃，是敵人潛行偷襲。」這些是敵軍動向與動物的異常行動之間的因果表現。還可以通過揚塵來預測敵情，如「塵土飛揚得高而尖，是敵人戰車馳來；塵土低短而散佈面廣，是敵人步兵在前進。」如此等等。

二、是通過敵軍官兵的活動判斷敵情。

可以推測出敵軍的勞逸，「敵兵依靠著兵器站立，是饑餓的表現；給水兵打水而自己先喝，是乾渴的表現；見到利益而不進兵爭奪，是疲勞的表現。」能夠料知敵軍虛實，如「鳥群在敵寨上棲息，說明敵人已經棄營而去；敵軍夜間恐叫，是軍心惶恐；敵軍紛擾混亂，是將帥沒有威望；旗幟搖動不整，是敵軍陣形已亂。」還能看出敵軍士氣，如「敵軍連連懸賞，說明其處境窘迫；頻頻處罰，說明其陷入困難。」也可以推測敵軍後勤補給狀況，如「敵人殺馬吃肉說明軍中無糧。」

三、是通過敵軍的言行舉動預測其意圖。

從言論方面看，敵人使者「言辭謙卑而又加緊戰備，是準備進攻；措辭強硬而且做出進攻姿態的，是準備撤退；事先沒有約定而突然前來請和，其中必有陰謀。」從行動方面看，敵軍「戰車出動，佔據兩側，是在排斥主力佈陣；調動頻繁展開兵車，是期望與我決戰；半進半退，是企圖引誘我軍。」

現代條件下，孫子有些「相敵」之法已過時了，但他這種通過現象認識本質的思維方法還是值得學習繼承的。

第二「試探」　孫子在《虛實篇》中談到了四種在臨戰狀態下偵察敵情的方法——「策之而知得失之計」，策之即策動驅使敵人，比較敵我作戰方案的利弊得失；「作之而知動靜之理」，作之即挑動激怒敵人，以充分察明敵人的活動規律；「形之而知死生之地」，形之就是示形引誘敵人，進一步驗證敵人部署狀況；「角之而知有餘不足之數」，角之指試探性進攻，進一步摸清敵人的強弱虛實。

這四種方法也是孫子對春秋時期戰爭實踐的總結。如據《左傳．襄公十八年》記載，西元前五五六年的汾之戰中，楚國令尹子庚曾提出試攻的意見，他對楚國君主說：「請讓臣進行試探性進攻。如果有勝利的把握，君再率主力前進；如果沒有把握，我們就班師回朝。」西元前五一六年齊魯炊鼻之戰中，齊國大臣梁丘也有過類似的說法。

第三「用間」　孫子寫了《用間篇》來論述利用間諜達到「知彼」目的的問題。

孫子說要想事先知道敵人的情況，沒有別的辦法，「必取於人」，這裏的「人」就是「知敵之情者也」；又說「此兵之要，三軍所恃而動也」，意謂軍隊要依靠間諜提供的情報而採取行動。不能利用間諜的戰爭指導者，則「不仁之至也，非人之將也，非主之佐也，非勝之主也」，不是一個稱職的將帥。

孫子將間諜分為五類，創立了著名的間諜類別五分法。這五類是：鄉間、內間、反間、死間、生間。

孫子主張「五間俱起」，以便發揮不同類型間諜的特點，取長補短，確保情報來源。孫子將「五間俱起」稱其為「神紀」，意思是神妙之道，並認為是「人君之寶」。

孫子還歸納了用間的三條原則：一是親密原則，就是要把間諜當作自己的心腹，張預的注釋說得十分明白：「……獨於間者以腹心相委，是最為親密。」二是重賞原則，所謂即「賞莫厚於間」，間諜經常要冒著生命危險，所以報酬要高。三是機密原則，所謂「事莫密於間」。只有聰穎睿智、仁義慷慨、心思細密之人，才能做到這三條原則，用孫子的話說就是——「非聖智不能用間，非仁義不能使間，非微妙不能得間之實。」

正因為間諜是君王的心腹，掌握了太多機密，所以孫子對待間諜的手段也近乎殘忍，他說：「間事未發而先聞者，間與所告者皆死」，意思是如果派遣間諜的計畫事先洩漏，則間諜和了解祕密的人都要處死。這的確是由戰爭的殘酷性和諜報工作的特殊性決定的，不能完全歸罪於孫子所代表的新興封建地主階級的殘酷性。

【不戰而屈人之兵】

「不戰而屈人之兵」是《孫子兵法》智慧中最光彩奪目的一個命題。古今中外，許多軍事家、軍事理論家、政治家和思想家對此都十分重視。《管子》、《六韜》、《呂氏春秋》、《後漢書》等許多古代著作，都有關於這個問題的論述。

現代西方資產階級軍事思想的著名代表人物之一、英國的亨利．利德爾．哈特（一八九五～一九七〇）在他的《戰略論》一書的扉頁就引用了《孫子兵法》的「不戰而屈人之兵」這一名句，認為最完美的戰略是——「不戰而屈人之兵」，他的「間接路線」戰略，在很大程度上是受孫武這一思想影響的。

孫子在《謀攻》篇中對「不戰而屈人之兵」的觀點，是這樣論述的——

「凡用兵之法，全國為上，破國次之；全軍為上，破軍次之；全旅為上，破旅次之；全卒為上，破卒次之；全伍為上，破伍次之。是故百戰百勝，非善之善者也；不戰而屈人之兵，善之善者也。

「故上兵伐謀，其次伐交，其次伐兵，其下攻城。攻城之法為不得已……故善用兵者，屈人之兵而非戰也，拔人之城而非攻也，破人之國而非久也，必以全爭於天下，故兵不頓而利可全，此謀攻之法也。」

「不戰而屈人之兵」認真體悟，就會發現孫武的「不戰而屈人之兵」的大智慧，著眼點是爭取「全勝」，根本點是強調「謀攻」。

「不戰而屈人之兵」這一閃爍著人類最高智慧的亙古命題，是從戰場上硬拼硬打或曠日持久的作戰，給兵員帶來重大的傷亡、給國家經濟帶來沉重的負擔，因而想趨利避害，爭取以最優的選擇達到戰爭的目的這一點著眼的。

正如《作戰》篇所講：「十萬之師，日費千金」，「久則鈍兵挫銳，攻城則力屈，久暴師則國用不足」，「百姓之費，十去其七」。

《謀攻》篇裏講的攻城之法：「將不勝其忿，而蟻附之，殺士三分之一，而城不拔者，此攻城之災也。」

因此，孫子提出要以「全」爭天下，保全自己的國家不受損失而使敵國全國投降，保全自己的全軍不受損失而使敵軍全軍投降，保全自己的全旅不受損失而使敵人全旅投降……做到「屈人之兵而非戰也，拔人之城而非攻也，破人之國而非久也」。所以說它的著眼點是爭取「全勝」。

那麼，怎樣才能達到「全勝」呢？孫武認為根本點在於「謀攻」。將帥在指揮戰爭的過程中應充分發揮謀略的作用，以計破敵，以謀取勝。這一思想是貫穿《孫子兵法》全書的。如《計》篇裏講的「兵者，詭道也」；《虛實》篇裏講的「形人而我無形」、「致人而不致於人」、「敵雖眾，可使無鬥」等等，都是強調以智謀勝敵的。

所以，杜牧、王晳、李荃等人在給孫武的「不戰而屈人之兵」命題做注時都說：「以計勝敵也」、「以智謀屈人最為上」。

因此，孫武的「不戰而屈人之兵」，其要義是以謀為本，爭取全勝。所謂「不戰」，實際上是「謀攻」。在《謀攻篇》中，孫武集中論述了如何「謀攻」。

孫武具體列舉了四種爭勝的手段：伐謀、伐交、伐兵、攻城。

孫武就這四種爭勝手段進行了比較，認為「伐謀」是最佳的手段，「伐交」就稍遜一籌，「伐兵」又差一等，「攻城」為最下策。也正是在這種前提條件下，孫武提出了「百戰百勝，非善之善者也；不戰而屈人之兵，善之善者也」的著名論斷。因此，「不戰而屈人之兵」既是孫武所追求的一種上乘的戰爭手段，同時也兼有對戰爭效果的考慮。作為手段，「不戰」也就是不直接通過交戰，亦即「伐謀」、「伐交」。孫武既說「不戰而屈人之兵，善之善者也」，又說「上兵伐謀，其次伐交」，他對戰爭手段的選擇傾向是極其明確的。他的努力方向就是「屈人之兵而非戰也，拔人之城而非攻也，毀人之國而非久也」。

但是，不能因此就認為孫武只講「伐謀」、「伐交」。事實上，孫武並不排斥「伐兵」、「攻城」等手段的使用。他說「其次伐兵」，是相對於「伐謀」、「伐交」這兩種手段比較而言的。作為一個兵學理論家，孫武在他的著作中以絕大多數的筆墨對「伐兵」問題進行了討論。即使是在《謀攻篇》中，他也說：「故用兵之法，十則圍之，五則攻之，倍則分之，敵則能戰之，少則能逃之，不若則能避之。」

這些都是非常具體的「伐兵」之法，孫武亦有條件地肯定了它的價值。「攻城之法，為不得已」，反過來說，也就是在迫不得已，為達成自己的戰略目的無從選擇的情況下，還得使用攻城掠地之法。

從「伐謀」、「伐交」到「伐兵」、「攻城」，孫武是將它們都列入「謀攻之法」的範圍之內的，都是他所要討論的問題。這樣說似乎有些矛盾，其實，正是在這裏顯露出孫武的一個非常重要的思想，他反對只是那種笨拙的「伐兵」、「攻城」之法，他所主張的是：一方面力求以「伐謀」、「伐交」之法取勝，另一方面又在「伐兵」、「攻城」時注重運用智謀。

孫武主張全勝，其關注的重點在於對敵鬥爭的全局，他重視從全局和總體上以謀勝敵，並積極尋求和制定屈敵制勝的具體方略。因此，他的「全勝」主要是戰略上的「全勝」，他的「謀攻之法」也主要屬於戰略的範圍，是一種以盡可能保全國家利益為出發點，以「伐謀」、「伐交」為最理想的爭勝手段，同時主張在「伐兵」、「攻城」時亦儘量使用智謀，以求獲得「全勝」目的的大戰略。但還應看到，這一理論也包括戰役、戰術上的「全勝」，適用於戰役、戰鬥範圍，即通過分化瓦解敵軍獲取勝利。

孫武既重視奇謀詭詐的軍事手段，也重視政治、外交手段的運用；既講不經過交戰而使敵人屈服的策略，又講通過交戰而取勝的作戰指揮技能。他把政治鬥爭、外交鬥爭和軍事鬥爭融為一體，這對古代兵家來說是難能可貴的。應該指出，在戰爭中「伐謀」

和「伐交」往往是緊密聯繫在一起的，也能起到一定的積極作用，是對敵鬥爭不可缺少的重要手段，但這仍然需要與「伐兵」的軍事手段相配合，才能發揮其作用。

歸根結柢，在國家、民族利益衝突的矛盾中，沒有強大的軍事實力，「伐謀」和「伐交」的作用，也是很有限的。

在當今世界，從一個國家的安全戰略角度看，要實現孫武的全勝思想，離不開「謀」與「懾」，而其中最基礎的，起主要的、關鍵作用的還要靠「懾」，即一個國家應有的威懾力，如軍事威懾、政治威懾、經濟威懾、科技威懾，等等，從而構成「不戰而屈人之兵」強有力的戰略威懾基礎。

總之，「不戰而屈人之兵」是一個從客觀實際情況出發，充分發揮人的主觀能動性的命題，是軍事上爭取以最小的代價換取最大勝利，是一個既唯物又辯證的命題。它既是一個高瞻遠矚、深謀遠慮的戰略原則，又是一個以智勝人、以謀制敵的策略原則。它不是放棄「戰爭」，而是在「用兵」的前提下，立足於不可戰勝的基礎上，強調以謀為本，爭取以非戰的形式或以儘量少流血的形式解決問題的戰略思想和策略思想。

這一命題幾千年來之所以能長盛不衰且日益發展，它的真正生命力在於：它反映了古往今來，一切軍事家和軍事理論家，企求以不付出流血代價而取得對敵鬥爭的全面勝利，或以最小的流血代價換取最大限度勝利的理想；也反映了古往今來一切國家、地區和民族的人民渴望和平，希求以非流血形式解決一切爭端的良善願望。

孫武的這一命題今天仍有現實意義。兩次世界大戰的歷史和現實的生活向人們表明，資本主義國家在發動戰爭之前，毫無例外地都在奉行實力政策，竭力追求自己的實力地位，爭取自身的絕對優勢，以期立於不敗之地。「先為不可勝，以待敵之可勝」。

20世紀80年代美國推行「高邊疆」的「星球大戰」計畫，就是想擺脫「恐怖均勢」狀態，爭取美方的「全面優勢」乃至「絕對優勢」，「不戰而屈人之兵」。同時，他們也毫無例外地對敵對國家進行種種破壞活動，希圖在政治、經濟、軍事、外交等各方面全面地搞垮對方，以期最大限度地削弱對方的力量，「先弱敵而後戰」。他們自覺或不自覺地，在奉行孫武的「不戰而屈人之兵」的大戰略。

可以毫不誇張地說，「不戰而屈人之兵」的大智慧，在今日世界和未來世界，將放射出更璀璨的智慧之光。

【致人而不致於人】

《孫子兵法》的《虛實篇》中說：「故善戰者，致人而不致於人。」這是關於戰爭中爭取主動權的古老的表述。《唐李問對》李靖對這一智慧給予了高度的評價：兵法「千章萬句，不出乎致人而不致於人而已！」主動權問題是貫穿於戰爭過程中的核心問題。「致人」就是掌握戰爭的主動權，有了「致人」權，就可以左右戰場局勢，就具有決定自身行動的自由權。它不僅僅是調動敵人，使敵疲勞、使敵迷亂、使敵虛弱，而且包括主動攻敵之虛、攻敵要害、攻敵不備。「致於人」則是這種行動自由的喪失。它表現為行動受人制約、受人擺佈，攻不得伸、守不得縮。因此，主動權就是軍隊行動的命根子。

自古以來，這一命題一直都受到軍事家們的高度重視。《尉繚子．戰威》說：「善用兵者，能奪人而不奪於人。」《鬼谷子．謀》說：「事貴制人而不貴見制於人。制人者，握權也；見制於人者，制命也。」毛澤東說：「一切戰爭的敵我雙方，都力爭在戰場、戰地、戰區以至整個戰爭中的主動權，這種主動權即是軍隊的自由權。軍隊失掉了主動權，被逼處於被動的地位，這個軍隊就不自由，就有被消滅或被打敗的危險。」

孫子強調保持自身力量的強大優勢，這是把握主動權「致人」的客觀物質基礎。與此同時，他也看到，主觀指揮的正確與否，可以直接影響力量運用的優劣強弱，和作戰態勢主動與被動的變化。因此，他十分重視在戰爭中充分發揮主觀能動性，使部隊始終立於不敗之地，始終處於自由行動的環境之中。

縱觀《孫子兵法》，不難概括出孫武關於如何爭取主動權的一系列主張。

其一，爭取先機之利，形成主動態勢。

孫子說：「凡先處戰地而待敵者佚，後處戰地而趨戰者勞。故善戰者，致人而不致於人。」（《虛實篇》）可見，孫子是把先機之利當作爭取主動地位的首要條件來看待的。先機之利，不僅表現為「先處戰地」——先敵準備、先敵部署，它還表現在先發制人上。孫子在《九地篇》中強調進攻要「先其所愛，微與之期」，要求在開戰之後就率先奪占敵戰略要點。「敢問：敵眾以整，將來，待之若何？曰：先奪其所愛，則聽矣！」（《九地篇》）採取先發制人爭取主動，常常能立竿見影。

其二，示形誘敵，創造主動條件。

孫子提出的「示形」誘敵，是奪取主動權的又一方法。「示形」就是示假隱真。例如「能而示之不能，用而示之不用，近而示之遠，遠而示之近」（《計篇》）等等，示形運用到出神入化程度時，就能達到——「形兵之極，至於無形；無形，則深間不能窺，智者不能謀」（《虛實篇》）的地步。達到這樣的境界，就能處處主動。

其三，以利動敵，形成主動地位。

孫子說：「故善動敵者：形之，敵必從之；予之，敵必取之。以利動之，以卒待之。」（《勢篇》）調動敵人，孫子稱之為「動敵」，這也是爭取主動權的重要方法。這個方法就是採用「利而誘之」的手段把敵人調動出來，使之脫離其有利陣地，進入對我方有利的陣地，然後用重兵發起突然攻擊，打敵一個措手不及。

其四，因敵制勝，多方創造主動條件。

孫子說：「水因地而制行，兵因敵而制勝。故兵無成勢，無恒形。能因敵變化而取勝者，謂之神。」（《虛實篇》）

因敵制勝，隨機應變，對待不同的敵人，須使用不同的戰法，知己知彼，審時度勢，靈活多變，方能百戰不殆。這是孫子用兵的重要原則。

孫子的「因敵制勝」思想，對後世兵家影響極為深遠。《何博士備論・霍去病論》說：「法有定論，而兵無常形。一日之內，一陣之間，離合取捨，其變無窮，一移踵瞬目，而兵形易矣。守一定之書，而應無窮之敵，則勝負之數戾矣！」

孫子還主張，「踐墨隨敵，以決戰事」（《九地篇》）。即隨敵情變化而實施作戰計畫，這也是靈活用兵的主要原則。

孫子還主張「戰勝不復」，提倡不斷創新，這樣才能永遠「致人」，而不「致於人」，永遠立於不敗之地。

【以正合，以奇勝】

《孫子兵法》之《勢篇》中說：「三軍之眾，可使畢受敵而無敗者，奇正是也。」又指出：「凡戰者，以正合，以奇勝……戰勢不過奇正，奇正之變，不可勝窮也。奇正相生，如循環之無端，孰能窮之？」孫子所言「奇正」到底是什麼，宋人王晳注曰：「奇正者，用兵之鈐鍵，制勝之樞機也。」（見《十一家注孫子》）「鈐鍵」、「樞機」均喻指事物運動的關鍵。王晳的解釋是正確的。

孫子論奇正，涉及軍事地理、作戰陣法、兵力配備、戰法變化等多方面的內容，其核心是作戰指揮藝術的研究。所以，稱之為用兵作戰、克敵制勝的關鍵並非溢美之辭。即使在現代戰爭中，指揮員如果擁有高超的作戰指揮藝術，善於運用奇正之道，也會使手中的高技術武器發揮更大的威力。

老子《道德經》中曰：「以正治國，以奇用兵。」主張用正常、一般的方法治理國家，用出人意料的、不同尋常的方法與兵作戰。真正將奇正作為兵法術語則始見於《孫子兵法．勢篇》。孫子雖然在《勢篇》中用了120多個說明「奇正」，但「奇正」究竟是什麼？其中包含哪些內容？他並沒有直接說明。這就為後人理解和發揮「奇正」的含義留下了充分的餘地。

曹操認為——「先出合戰為正，後出為奇。」李筌說：「當敵為正，傍出為奇。」梅堯臣則認為——「動為奇，靜為正，靜以待之，動以勝之。」而何氏則認為——「兵體萬變，紛紛混沌，無不是正，無不是奇。若兵以義舉者，正也；臨敵合變者，奇也。我之正，使敵視之為奇；我之奇，使敵視之為正。正亦奇，奇亦為正。」以上幾種解釋，各有側重，從不同角度揭示了奇正的多種含義，並使之具體化、形象化。

劉伯承元帥對奇正有著深刻的認識，他說：「正兵和奇兵是辯證的統一，是為將者必須掌握的重要法則，奇中有正，正中有奇，奇正相生，變化無窮。」對什麼是正兵、什麼是奇兵這個問題，劉帥又這樣解釋：「按照通常的戰術原則，以正規的作戰方法進行戰鬥的都可以叫做正兵。根據戰場情況，運用計謀，攻其不備，出其不意，打敵於措手不及，不是採取正規的作戰方法，而是採取奇妙的辦法作戰的，都可以稱為奇兵。」劉帥運用唯物辯證法，對「奇正」的闡釋既超越了前人，也啟示了後人。

「奇」與「正」既是相對獨立的，又是相互聯繫，相互轉化的。孫子所特別重視的，也並不在於奇正的具體對象，而重在於說明二者的辯證關係。

孫子認為奇正緊密相連，不可分割。他提出：「凡戰者，以正合，以奇勝。」認為在作戰指揮過程中，有正兵與奇兵之分，人們可以區分主要兵力和次要兵力，可以選用常規戰法和特殊戰法，但絕不可彼此割裂，互不相干。正確的方法是，「奇正相生」。二者既相區別又有聯繫，主要兵力與次要兵力、常規戰法和特殊戰法相輔相成。例如，排兵佈陣時，正兵主於自固，奇兵主於制敵；正兵為奇兵作掩護，奇兵也以正兵為依靠。《唐李問對》說得好：「凡將，正而無奇，則守將也；奇而無正，則鬥將也；奇正皆得，國之輔也。」

孫子又認為奇正可以相互轉化。在他看來，奇正之道重在於「善變」。所以，他集中使用大段文字來突出強調奇正之變。如「故善出奇者，無窮如天地，不竭如江河……戰勢不過奇正，奇正之變，不可勝窮也。奇正相生，如循環之無端，孰能窮之？」這裏，孫子連用了若干個生動形象的比喻：奇正要像大地江河一樣變化無窮；奇正要像日月星辰、春夏秋冬一樣循環往復；奇正要像五聲（宮、商、角、徵、羽）、五色（青、黃、赤、白、黑）、五味（酸、鹹、辛、苦、甘）那樣千變萬化……

那麼，戰勢不過奇正這兩種情況，怎麼能夠像五聲、五色、五味那樣變化呢？《唐李問對》深刻地闡述了其中的奧妙，指出：「以奇為正者，敵意其奇，則吾以正擊之；以正為奇者，敵意其正，則吾以奇擊之。使敵勢常虛，我勢常實。」

應該說，奇正並不是一成不變的，而是根據實際情況，採用種種示形惑敵的措施，利用奇正之變巧妙地打擊敵人。既可以把奇兵變為正兵使用，使敵人誤以為是奇兵，我卻以正兵打擊它；又可以把正兵變為奇兵使用，使敵人誤以為是正兵，我卻以奇兵襲擊它。這樣的用兵法，就能使敵人經常處於虛弱不利的態勢，而我方則經常處於強大有利的態勢。李靖進一步發揮說：「善用兵者，無不正，無不奇，使敵莫測。故正亦勝，奇亦勝。」

在奇正這一矛盾的對立統一體中，正是已然的，易被敵人掌握；奇是未然的，最難被察覺。因而，奇往往積極靈活地處在主動地位，經常起到決定性的作用，因此，孫子說「以奇勝」。

【將帥「五德」：智、信、仁、勇、嚴】

俗話說，千軍易得，一將難求。擇帥選將是戰爭的關鍵，也是治國、治軍的關鍵。《孫子兵法》中十分強調將帥的地位，說：「夫將者，國之輔也。輔周，則國必強；輔隙，則國必弱。」意思是說將帥導演的戰爭關係著國家的存亡、民族的命運。為此，孫子對擇帥選將做了全面而深入的探究。

《孫子兵法》中共使用「將」字49次，《始計篇》中，孫武把「將」作為決定戰爭勝負的第四個因素。孫子認為：「將孰有能」是決定戰爭勝負的重要關鍵因素之一。在敵對雙方的攻守作戰中，要取得戰爭的勝利，軍隊必須訓練有素、戰鬥力堅強。而軍隊良好的素質和堅強的戰鬥力，又來自於精明強幹、善於統兵的將領。「將者，智、信、仁、勇、嚴也」。孫武從戰爭實際出發，全面、系統地向將帥提出了應具備「智、信、仁、勇、嚴」五種品德，抑或說孫子總結出了嚴格地擇帥選將的五大標準。

第一德：「智」　即將帥要聰敏機智，足智多謀。

將帥應高瞻遠矚，放眼全局。能從人類生存的最大範圍，把握戰爭的發展趨勢。在孫武所處的時代，將帥必須能夠把握諸侯國關係，才能稱霸中原，若不能洞察國際舞臺風雲，則不能做出正確決策的。

將帥應有清醒的頭腦和準確的判斷力。在複雜的作戰環境中，任何將帥都會面臨著盤根錯節的各種現實問題，必須能夠駕馭這些現實因素，使之有利於擬訂戰略規劃，決策戰術。因此，清晰的判斷力是將帥必需的素養。法國的拿破崙說：「主將的第一個條件便是頭腦冷靜，如此方能認識事情的真相，不能隨便地被好消息或壞消息所影響。」主將之心應澄如明鏡，從而果斷而慎重地決策戰機。

第二德：「信」　即將帥要信賞明罰，言行一致，取信於眾，軍令劃一。

將帥之信，首先是指將帥個人的威信，能得到上下級的信任，以提高部隊的戰鬥力。將帥個人威信來源於將帥固有的權力和智慧，來源於將帥個人的道德與品格。將帥因其個人的品格、經驗、學識，賞罰分明以及愛兵之心所形成的威信，是他行使命令、指揮三軍的基本保證。在戰爭中，有令不行，將有全軍覆沒的危險。

將帥是軍團的旗幟，是軍團的靈魂，是軍團的代稱。古代出征，軍團所執戰旗多書以將帥姓氏為標誌，現代戰爭也習慣以將帥姓名代稱軍團，足見將帥的地位和價值。將帥威信，又是協理軍內環境、凝集兵員的內聚力。歷史證明，一個勇武的軍團，僅其威名就足以使敵人懾服，是一種無形的戰鬥力。

第三德：「仁」　即將帥要憂民愛國，愛護士卒。

在孫武所處的時代，新興的封建統治階級主張仁愛，優惠士卒，無疑是對奴隸主貴族統治的衝擊。西周奴隸制時代，軍隊組織以「甲士」編伍，奴隸沒有資格作為甲士，只能作為「徒兵」，是軍隊中的「傭人」和奴僕，連姓名、人數都不計算在軍隊實力內。西元前7～6世紀，晉、魯、楚、鄭等諸侯國，相繼實行軍制改革，廢除井田制，允許奴隸充當甲士，承擔軍賦。新興階級的軍制思想，廢除了士兵的奴隸身分，提升「庶人工商」為甲士，以激發士卒的忠勇精神。這正是孫武的「仁」德思想之精華。

將帥之「仁」主要表現在愛兵施「仁」上，以協調軍內環境，加強官兵團結。

將帥在思想上首先要有與士兵平等的意識。將帥只有體貼仁愛士兵，才能訓練士兵；只有受到部屬信任和愛戴的將帥，才能向部屬提出更高的要求。將帥與士兵保持精神上的聯繫，首要的在於了解士兵的思想情感，並經常給予關懷。將帥與部屬共同生活，同甘共苦，才能爭取他們的信任。事實證明，全體將士在精神上團結愈緊密，他們的軍團戰鬥力就愈強大。由此也可見，孫武所宣導的兵將之和、仁德精神，是協調軍中和諧氣氛的圭臬。

第四德：「勇」　即將帥要勇敢果斷，臨危不懼，衝鋒在前，敢於拼搏，以激勵士卒，使士卒頑強拼殺。在紛亂的險境中，大勇體現為大智，敢於否定眾人意見而下定正確決心。

勇敢，是將帥在戰爭中必備的品格。勇德，是將帥人格精神和職業化的集中顯現。無將不勇，沒有勇德是難為良將的。勇，是指將帥要具備一種剛毅的氣質，泰山崩於前而色不變。

將帥的勇德，不是單槍匹馬的「一夫之勇」，而是善於領導軍團作戰的「萬夫不當之勇」，是深韜遠略的領袖式「大勇」，是擺脫了「個人」勇武式的隨心所欲的魯莽，是服從於戰略目標、不計一時得失的真正的武德。

有勇有謀方是良將，「勇」與「智」並舉的軍隊才能無敵於天下。特別是在遭受挫折時，將帥要有清醒冷靜的頭腦。勝敗乃兵家常事，小勝不足為喜，小敗也不必以為恥。在戰爭中即使打輸，也總有可學、可圈點借鑒之處。敗陣不敗「人」，才是真正的勇德。

第五德：**「嚴」**　即將帥要嚴肅軍令，嚴明軍紀，嚴守機密。各級指揮員、特別是高級將領，能嚴於責人，更能嚴於律己，以統一軍令，使部隊進退有節，行動一致。

將帥嚴於治軍，必先律己。將帥之威嚴，應具有令出即行，令全體將士肅然起敬的形象，可見自身形象很重要。常言道：嚴於律己，方能律人。「其身正，不令而行；

其身不正，雖令不從」。將帥治軍，自我嚴格要求，必然取信於軍士，使令必行，行必果。軍中無戲言，主將號令三軍，其重在整肅。

將帥嚴於治軍，必重賞罰。有功必賞，有罪必誅的法制，是治軍之要。

總之，孫子所主張的將帥「五德」具有極其豐富的內涵，是歷代選將擇帥的標準，也是現代社會種類組織，甄別遴選高級人才的智慧之源。

【令人以文，齊之以武】

在《孫子兵法》的《行軍篇》中，孫武提出了「令人以文，齊之以武」的思想，這是孫子關於治軍問題的重要思想，其基本含義是在軍隊管理上要文武並用，恩威兼施。這裏的「文」指的是教化手段，包括愛卒、厚賞、教育等，相當於我們今天講的鼓勵和引導；「武」指的是法規軍紀，嚴格管理，嚴刑重罰等，相等於今天的法規約束和懲處。孫子認為，在治軍問題上，文、武二者不可偏廢。「令之以文」，是指通過教化手段達到軍令暢通的目的；「齊之以武」，則是說通過法規約束的手段，達到部隊整齊劃一的目的。

這裏有三點值得重視——

一、文武兼用論

孫子認識到了「文」與「武」的辯證關係，二者相輔相成，缺一不可，其中「文」居首位，所謂「卒未親附而罰之，則不服，不服則難用也；卒已親附而罰不行，則不可用也。」孫子主張先用「文」的手段使卒親附，然後再去懲罰，反對卒未親附就實行懲罰。但是，如果士卒已經親附了，治軍者還不能對違紀者施行懲罰手段，這也不行，這樣的軍隊「不可用」。所以，要「文」、「武」兼施，「文」居首位。

二、法令「素行」論

孫子強調軍隊管理必須要抓好平時的養成教育，認為軍隊平時法令不行，戰時就很難服從統一指揮，形成戰鬥力，「令素行以教其民，則民服；令素不行以教其民，則民不服。」

三、上下「相得」論

孫子認為，令能「素行」的關鍵在「與眾相得」，即將官與士卒上下同心，用今天的話說，叫官兵「團結融洽」。官兵是否「相得」，關係是否融洽，是形成軍隊戰鬥力的一個極為重要的因素。

如果聯繫《始計篇》就會發現「賞」與「罰」的問題，被孫子提高到「七計」的戰略高度，「賞罰孰明」成為預測戰爭孰勝孰負的標準之一。「賞」就是「令之以文」，「罰」就是「齊之以武」。也就是說，軍隊統帥能否貫徹「令之以文，齊之以武」，將是直接決定著戰爭勝負的因素之一。

「賞罰孰明」的「明」字包含著三層含義，是賞罰理論的核心。

其一，公正性　當賞則賞，當罰則罰，就像張預注釋所說的：「當賞者，雖仇怨必錄；當罰者，雖父子不捨。」這是賞罰效力的源泉。當賞不賞甚或代之以罰，當罰不罰甚或代之以賞，是根本無法治理好軍隊的。道理簡單明瞭，做起來卻未必那麼簡單，王皙就在這句話旁加了一句——「孰能賞必當功，罰必稱情？」的確，賞罰不公的情況在歷史上是屢見不鮮的。

其二，及時性　用《司馬法·天子之義》裏面的話，來概括就是——「賞不逾時，罰不遷列」，不論賞罰都要就地執行。孫子在吳宮教戰中，當場殺掉了兩名不遵循號令、不能履行職責的吳王的愛姬，收到了立竿見影的效果。如果不是這樣，而是等事後再處罰兩名違犯軍法者，孫子的演練肯定是不會成功的。這也證明了孫子很注重賞罰的及時性。

其三，一貫性　孫子說：「令素行以教其民則民服」，意思是平時就要嚴格執行法令、將令來管教士卒，士卒就會信服，就會聽從命令。「賞罰之令」自然也應當在「素行」之列。賞罰始終公正、及時、標準如一，才稱得上「明」。

孫子又在《九地篇》中提出——「施無法之賞，懸無政之令」的說法，意思是施以超出慣例的獎賞，發佈打破常規的命令。這不是與賞罰的一貫性矛盾了嗎？這一點需要辯證地看。

孫子是在《九地》提出這一說法的，孫子把軍隊作戰由國內至敵境內所經地域，劃分為九種戰區，其中有幾種是非常危險的，行軍其中，弄不好就會全軍覆沒。如進退兩難，敵人能以寡擊眾的圍地，不拼死作戰就難以生存的死地等。萬一身陷其中怎麼辦呢？除了靠士卒的求生本能，就要靠破格的獎賞了。

所謂「重賞之下，必有勇夫」就是這個意思。因此，「無法之賞」是暫時的、特殊情況下的權宜之計；「有法之賞」則是長期的、正常情況下的制度性的做法。治軍要從正常情況著眼，堅持長期一貫的「有法之賞」。

丙 智者妙用

【李牧：「先為不可勝，以待敵之可勝」】

《孫子兵法》之《形篇》中說：「故善戰者，先為不可勝，以待敵之可勝。」意即善於作戰的人，總是先為自己創造不被敵人戰勝的條件，而等待敵人可以被我戰勝的時機。為自己創造不被敵人戰勝的條件的主動權在自己，敵人暴露其弱點造成被我戰勝的時機則在敵人。所以善於用兵作戰的人，能夠造成自己不被敵人有可勝的機會，而不能使敵人造成被我戰勝的條件。所以孫子認為，勝利可以預先知道，卻不可以強求。

誠如孫武所言，歷史上那些「打遍天下無敵手」的將領，一方面強國壯大自己，使自己變得「不可勝」；另一方面，又等待和捕捉能夠一舉戰勝敵人的良機，迅速出手。戰國末期的名將李牧，就深諳這一致勝敗敵之道。

戰國後期，趙國北方邊防經常遭受匈奴侵犯，趙王經過一番思慮後決定派李牧去駐守代郡雁門一帶（今山西省東北部），防禦匈奴南犯。

李牧到任後，首先從各個方面了解匈奴來犯的前前後後，以及守邊的官兵的各種情況。經過多方了解、分析，李牧發現匈奴人多英勇善戰，並且每次來犯都經過了一番長時間的精心準備。而雁門的守將都是從內地各處徵召而來，將與兵、兵與兵、官兵與百姓等各種關係都不融洽，許多官兵沒有在草原上縱馬作戰的經驗，每次出擊都是一群烏合之眾，一次戰敗就一直心有餘悸，因此每戰必敗。

在分析敵我雙方情況之後，李牧做出決策：要想打敗匈奴，必須首先治理軍隊「先為不可勝」。治理好後也不能輕易出擊，要等待時機，即匈奴易於被擊敗的時機，再一舉出擊，徹底打敗匈奴，「以待敵之可勝」。

於是，李牧命令全體將士做到如下四點：第一，根據軍隊實戰需要來設置軍職，轄區內的租稅收入歸大本營統一掌管，作為士兵糧餉的來源；第二，平時抓緊練兵，經常教士兵騎馬射箭，提高軍事素質，同時注意體恤士兵，改善士兵生活；第三，派遣很多士兵，深入匈奴腹地，化裝成牧人，刺探軍情；第四，要求士兵小心謹慎地管理烽火臺，加強監視，一旦發現敵人來犯就及時點燃烽火報警，全體將士沒有他的命令只能進入陣地自保，不可擅自出擊，違者立斬無赦。

經過一段時間的整治後，匈奴多次來犯，趙軍一次也不出擊。故趙軍每兵每卒都完好無損，趙國的土地一分一釐也沒有丟失。這基本上達到了預期的目的，即首先創造了不被匈奴打敗的條件。

然而，這一切都被匈奴和趙國官兵及趙王誤解為李牧懼戰。趙王為此責備李牧，但腹有良謀的李牧仍我行我素。趙王大怒，下令撤下李牧，另派一名將軍去鎮守邊疆。那名將軍去後，每遇匈奴來犯必去迎戰，結果每戰必敗，並且邊防地帶因交戰頻繁，難以進行正常的農業生產，影響軍餉收入。趙王無奈，只好再請李牧復出。

李牧上任後，一如既往地加強自衛和平時的戰鬥準備。這樣經過數年，匈奴無隙可乘，一無所獲。而且，李牧還讓匈奴進一步加深了對他怯戰的印象，使其放鬆了對李牧和趙軍的戒備。

而此時趙軍已訓練得個個彪悍驍勇，且軍紀嚴明，軍糧充足，軍民關係融洽。將士和百姓士氣高昂，都願與匈奴決一雌雄。此時的趙軍終於實現了「不可勝」。

李牧見時機已到，於西元前二四五年備好戰車一千三百乘、戰馬一萬三百匹，組織10萬名射箭能手，選拔精兵5萬進行嚴格的實戰演習，並宣布破敵擒將的功臣將有重賞。一切準備就緒後，李牧讓牧民把大批牧畜趕到原野上放放。匈奴見有利可圖，就派小股軍隊做試探性侵襲。李牧命牧民佯裝敗走，並丟棄數千趙兵倉皇逃跑，引誘敵人大舉進攻。匈奴單于得知李牧敗退，果然親率大軍南侵。

李牧見「敵之可勝」的機會已到，當即指揮訓練有素的大軍運用已操練過的各種陣法，大破匈奴10餘萬騎兵。自此後十多年時間裏，匈奴不敢侵犯趙國邊地一次。

李牧之所以能大敗匈奴，就是因為戰勝匈奴的條件已足夠。再加上匈奴誤認為趙軍怯戰而放鬆警惕，給予了李牧打敗他們的機會。因此，李牧大敗匈奴的過程，是對《孫子兵法》中——「先為不可勝，以待敵之可勝」的生動鮮活的注解。

【毛澤東：「求之於勢」，創造戰場】

《孫子兵法》的第四篇是《勢篇》，所以在歷史上，孫子首次提出「勢」的概念。此後，在中國軍事文化典籍中「勢」頻繁出現，其意與義也仁者見仁，智者見智，大相徑庭。

以《孫子十一家注》為例，諸家對《孫子》「勢」的解釋各說不一。曹操注：「用兵任勢也……任自然勢也。」李筌注：「陣以形成，如決建瓴之勢，故以是篇次之。」王哲認為：「勢者，積勢之變也。善戰者能任勢以取勝，不勞力也。」李靖謂：「用兵任勢，如峻阪走丸，用力至微，而成功甚博也。」他還認為兵有三勢：氣勢、地勢、因勢。杜牧注：「兵之勢因敵乃見，勢不在我，故無常勢。」

現代軍事理論家郭化若認為——「所謂的『勢』，就是利用有利的戰場情況而進行機動。」

孫子沒有給「勢」下一個概念，只是以比喻性的語言啟迪人們領悟「勢」的內涵，他說：「激水之疾，至於漂石者，勢也；鷙鳥之疾，至於毀節者，節也。是故善戰者，其勢險，其節短。勢為彍弩，節如發機。」還說：「善戰人之勢，如轉圓石於千仞之山者，勢也。」

孫武用「激水」、「彍弩」、「轉圓石於千仞之山」比喻「勢」。可以看出，孫武提出的「勢」內含兩個基本要素：一是力量；二是地位。

力量與地位的結合形成「勢」。如何結合？就是靠人的主觀努力，能使力量得到最有效的發揮，當然要使之處於最佳的地位。所以，孫武提出，要讓「勢」在戰爭中揚長，還必須掌握「節」，即「勢如彍弩，節如發機」。只是，處於彍弩狀態還不能消滅敵人，必須發機放箭。可見，「節」，就是指正確把握發揮「勢」的作用的時空條件（如時間、速度等），如我們今天所說的把握戰機。

綜上所述，「勢」，就是在戰爭中正確運用兵力和戰略戰術，而形成使己方處於主動地位的態勢。

換言之，「勢」就是戰爭指揮者充分發揮自己的聰明才智，依靠一定的物質力量，爭取戰爭中的主動權、自由權，使自己立於不敗之地。誠如孫子所言：「勢者，因利制權也。」

孫武還提出了「任勢」的概念——

「善戰者，求之於勢，不責於人，故能擇人而任勢」。這就是說，善於指揮打仗的將帥，總是力求熟悉和把握戰爭規律，努力探求自己軍力的合理配置和使用，靈活運用最佳的指揮藝術，充分利用「激水漂石」、「轉圓石於千仞之山」的有利態勢；而不苛求客觀條件，如苛求部屬或責怪敵人武器裝備優良等，因而他就能選到適當人才。

唐代名將李靖對此有很深刻的理解——「夫所謂擇人者，多隨蕃漢所長而戰也。蕃長於馬，馬利於速鬥；漢長於弩，弩利於緩戰，此自然任其勢也。」根據敵我雙方的不同條件，揚長避短，尋求適合自己軍隊的戰法，力爭主動，克敵制勝。

毛澤東一生用兵如神，他雖然沒有直接對《孫子兵法》中「勢」的理論，發表過自己的看法。但他在指導中國革命戰爭的實踐中，卻十分重視創造有利的作戰態勢，並從理論與實踐的結合上提出了造勢的許多作戰指導原則。可以說，毛澤東是一位善於「造勢」的戰爭指揮大師。

在土地革命戰爭時期，弱小的紅軍為了粉碎大於自己數倍，甚至十幾倍之敵的「圍剿」，毛澤東提出採取「誘敵深入」這一戰略退卻的作戰方針來造成敵人的劣勢。他認為，為了改變敵我力量的對比，實行殲滅戰或在一定條件下給敵以殲滅性打擊，「必須選擇和造成有利我不利於敵的若干條件」（《毛澤東選集》第1卷，206~207頁，人民出版社，

1991），比如人民群眾的積極援助、有利的作戰陣地、我軍主力的全部集中、發現敵人的薄弱部分、使敵人疲勞沮喪、使敵人發生過失，等等，從而把強大的敵人變成「好打的敵人」。

解放戰爭時期，毛澤東明確提出「創造戰場」這個概念。一九四五年10月22日，他為中央軍委起草致山東華中新四軍領導人電報中說：「必須將佔領地段向南北擴展，創造出利於打運動戰的戰場。」11月10日，毛澤東致電中共中央東北局，提出「把發動群眾創造戰場當作東北當前緊急戰略任務。」11月11日，毛澤東為中共中央起草給新四軍、山東軍區領導人的電報中再次強調：「必須創造廣闊的戰場，向南北擴展鐵路線的佔領區……將創造戰場的任務當作戰略任務。」（《毛澤東軍事文集》第3卷，67頁、132頁、134頁，軍事科學出版社、中央文獻出版社，1993）可以說，把強敵變為「好打的敵人」和「創造戰場」，是毛澤東指導戰爭的獨特創造。

怎樣才能把強敵變為「好打的敵人」和「創造戰場」，即創造有利的作戰態勢呢？毛澤東在指導中國革命戰爭的過程中，形成了一套獨特的理論。

其一，照顧全局，造成有利的戰略態勢。

毛澤東說：「指揮全局的人，最要緊的，是把自己的注意力擺在照顧戰爭的全局上面。」（《毛澤東選集》第1卷，176頁，人民出版社，1991）全局對於局部來說是高層次的東西，代表著矛盾的主要方面，處於決定的地位。因而，創造有利的作戰態勢，首先要在戰爭的全局上下功夫。毛澤東指揮作戰，最善於從全局上造勢。

以解放戰爭時期我軍轉入戰略進攻為例，毛澤東始終把自己的注意力放在對戰爭全局造勢的關節點上。一九四七年8月下旬，晉冀魯豫野戰軍司令員劉伯承、政治委員鄧小平率所部主力4個縱隊發起魯西南戰役後，乘勝南下，跨越隴海路，千里躍進大別山，在鄂豫皖邊界地區展開；第4縱隊司令員陳賡、政委謝富治率2個縱隊和1個軍於8月下旬自晉南渡黃河，進入豫西，逐步在鄂豫陝邊界地區完成戰略展開；陳毅、粟裕率華東野戰軍7個縱隊等組成外線兵團，於9月下旬挺進豫皖蘇邊界地區，完成戰略展開。三路大軍成「品」字形態勢，馳騁於廣闊的中原戰場，把戰線從黃河兩岸推進到長江之濱，從而把主要戰場推向了國民黨統治區，對國民黨政府所在地南京至武漢的江南廣大地區構成嚴重威脅。毛澤東這一戰爭全局上的「創造戰場」的部署，迫使蔣介石先後從山東、陝北兩個重點戰場調出9個整編師22個旅增援中原戰場，從而有力地策應了這兩個地區的人民解放軍，最後挫敗國民黨軍的重點進攻。

其二，靈活用兵，創造有利的戰場態勢。

戰場的有利態勢是需要人的主觀努力才能取得的，靈活用兵（即靈活地確定和變換戰略戰術）是創造有利戰場態勢的主要手段。毛澤東認為——「靈活地運用兵力這件事，是戰爭指揮的中心任務」，「是轉變敵我形勢爭取主動地位的最重要的手段」（《毛澤東選集》第2卷，493頁，人民出版社，1991）。它的方法是分散、集中和變換。如何才能做到靈活用兵呢？這裏關鍵是掌握時機、地點和部隊三個關節。不得其時，不得其地，不得於部隊的情況，都將難於造成有利的戰場態勢。

毛澤東是善於創造有利戰場態勢的大師，以四渡赤水戰役為例。當時，3萬餘人的紅軍遭到國民黨軍168個團計40餘萬人的前堵後截，極為被動。但毛澤東指揮紅軍在赤水河兩岸，從一九三五年1月29日至5月9日，四渡赤水作戰，實施高度機動，忽東忽西，忽南忽北，聲東擊西，避實就虛，連續造勢，巧妙地調動敵人，將強敵變成了「好打的敵人」，使國民黨軍撲朔迷離，疲於奔命，到處撲空，被動挨打；而中央紅軍則打走結合，穩操主動，真正體現了孫子主張的「因利而制權」，從而跳出了國民黨軍的重圍，贏得了戰略轉移中具有決定意義的勝利。

其三，迷惑敵人，化敵人之優勢為劣勢。

毛澤東特別善於設法造成和發現敵人的過失、錯覺和不意，給強大的敵人創造「劣勢」。毛澤東認為——「有計畫地造成敵人的錯覺，給以不意的攻擊，是造成優勢和奪取主動的方法，而且是重要的方法。」（《毛澤東選集》第2卷，491頁，人民出版社，1991）。採取多種欺騙敵人的手段和方法，比如隱真示假、聲東擊西等等，常能有效地陷敵於困勢，使其喪失優勢和主動。

例如，遼沈戰役發起之前，毛澤東明確提出第四野戰軍「攻克吉林後應將主攻方向轉至北寧平綏兩線」的瀋陽、錦州、山海關間地區，造成「關門打狗」之勢，但對部隊的教育卻是打長春，給敵人造成由北向南打的假象，從而達成了「以封閉蔣軍在東北加以多個殲滅」的戰略目的。劣勢而有準備之軍，對敵舉行不意（即無準備）的攻擊，就可把優勢者打敗。所謂「好打的敵人」，就是指劣勢之敵，不意之敵。

毛澤東在「創造戰場」，擇人任勢上，既有對《孫子兵法》的繼承，但更多的是創新和超越，顯示出軍事天才的卓越智慧。

【鄧小平：「伐謀」、「伐交」、「伐兵」三結合】

改革開放的總設計師鄧小平，在妥善處理外交與戰爭的關係上，善於運用「伐謀」、「伐交」、「伐兵」，以達到「不戰而屈人之兵」的境界，顯示出了超人的魄力與智謀。

前蘇聯從上世紀60年代開始在整個中蘇、中蒙邊界上部署重兵，總數達一百萬；指向中國的導彈，相當於其全部導彈的1/3。70年代末，蘇聯又把曾經受到中國大力援助的越南拉攏過去，並支援越南在中國邊境挑釁及入侵中國的鄰國柬埔寨，進而，又直接入侵中國的近鄰阿富汗，形成了對中國的戰略包圍。中國的國家安全受到嚴重威脅。

而此時的中國，剛剛從「文化大革命」中走出來，剛剛擺脫「階級鬥爭」的困擾，準備一心一意致力於現代化建設。可是處於前蘇聯三面包圍、越南不斷騷擾的態勢下，又如何能安下心來搞建設呢？所以必須遏制前蘇聯對中國的擴張野心。

這時，美國做出了積極的反應。它不願看到前蘇聯人在亞洲的勢力過分膨脹，覺得面對前蘇聯的威脅，美中兩國的共同利益增多了。於是，它在原來阻礙中美關係正常化的臺灣問題上做出妥協，第一次接受了對台撤軍、斷交、毀約三個條件。在這種情況下，鄧小平邁出他外交戰略上重大的一步，於一九七九年初，以中國最高領導人的身分，第一次對美國進行訪問。

鄧小平此次訪美，不僅是為了改善中美關係，更重要的是，借強調中美兩國的共同利益之機，給「北極熊」一點顏色看看。在與美國領導人的會談中，鄧小平強調中國、美國、印度應該協調行動以遏制蘇聯的擴張。在與新聞界接觸時，他又呼籲美國、中國、日本、西歐和世界其他國家聯合起來，共同反對蘇聯霸權主義。用他的話說，就是「要給北極熊安上籠套」。

鄧小平結束訪美回到北京後第十天，我國邊防部隊在廣西、雲南邊境地區打響了教訓越南的自衛反擊戰。

的確，如不事先給「北極熊安上籠套」，就不好輕易對越南動兵，因為越南與前蘇聯簽有安全條約。但如果不教訓狂妄的越南，就無法遏制蘇聯對中國的擴張野心，也無法安心進行現代化建設。為了加固「籠套」，在整個一九七九年，中美不僅加強了經濟文化方面的合作，而且也開始了軍事上有限的合作。

鄧小平這一系列將「伐謀」、「伐交」、「伐兵」有機地結合的大謀略，既改善了中美關係，加強了合作，又給了前蘇聯當頭一棒，遏制了其擴張野心，同時也狠狠地教訓了不斷挑起事端的越南。這一謀略達到了「一石三鳥」的目的，真正體現了《孫子兵法》中的「不戰而屈人之兵」和「上兵伐謀、其次伐交、其次伐兵」的「謀攻」思想。

【江南春：避實擊虛，以碫投卵】

俗話說：商場如戰場，在當今商業經營中，《孫子兵法》同樣具有強大的生命力。日本人就是靠《孫子兵法》打開世界市場的。當今商業領域，也奉《孫子兵法》中的基本精神為經營和競爭的圭臬。年輕的億萬富豪江南春迅速富起來的歷程，就是對《孫子兵法》所主張的「避實擊虛」的競爭謀略的生動演繹。

今天，當人們出入商務寫字樓電梯時，不經意間，就會看到一塊塊液晶螢幕總在時刻不停地播放著畫面精美的廣告，這就是江南春一手打造的分眾傳媒。而就是在這看似平淡的方寸之間，江南春在短短兩年多的時間裏演繹出一曲令世人驚歎的傳媒神話。

出生於一九七三年畢業於華東師範大學的江南春，早在大學三年級時，便自籌資金一百萬元創立了永怡廣告公司，自任總經理。至一九九八年，永怡已經佔據了上海IT領域95％以上的廣告代理市場，營業額達到七千萬元人民幣。到了二〇〇一年，收入達到了1.5億元。永怡成為國內最知名的本土廣告公司之一。

然而就在這一年，網際網路嚴酷的冬天來臨了：公司裁員，股價下跌，網站紛紛倒閉。經濟上的困境使得網際網路企業不得不縮減各項開支。當時的江南春，因為代理了上海IT領域95％的廣告業務，公司業務也跟著開始急遽縮水。對江南春而言，當時心情是極度鬱悶的。

此時，一位朋友的傳奇經歷給江南春帶來了極大的震撼，這個人就是陳天橋。陳當時做著一個國內還沒有人涉足的行業——網路遊戲，憑藉一款名為《傳奇》的遊戲，陳天橋成了創造財富的「黑馬」。其公司僅在短短四個月內就實現了一億的營業額。江南春突然覺得自己就像擠公共巴士的乘客一樣，好不容易才在擁擠的人群中，找到了一塊立足之地，而陳天橋卻在一旁開著跑車揚長而去。

江南春第一次深切地體會到，在創意面前生意是不平等的。陳天橋給他的最大啟迪是：要找到一個全新的商業方式，就會創造一個超額的利益。

江南春認為，自己過去十年從事廣告代理，是整個產業鏈中競爭最激烈、最難賺錢的環節；而陳天橋的賺錢之道，是尋找市場空白，另闢蹊徑。一就實，一擊虛，正是兩人的本質區別！悟到這一點，江南春在日記裏寫下了這樣一行字——「我錯了，我改還不行嗎？」

江南春下定決心要轉型，但是要創新商業模式，開闢一個前人從未涉及過的無競爭領域又談何容易！要尋找市場空白，市場空白空間在哪裡呢？江南春冥思苦想，漫漫求索。一次偶然的機會，使江南春產生了靈感。

那一次，江南春在等電梯，旁邊有人抱怨：「這電梯來得太慢了！」正是等電梯的人不經意的一句話，打動了江南春，他開始利用人們這「無聊的五分鐘」來尋求突破。江南春認識到「小眾才是真主流」，若要與傳統的「大眾傳媒」分庭抗禮，就必然要走「分眾」路線，將廣告傳媒分成「大眾傳媒」與「分眾傳媒」、「內容媒體」與「管道媒體」，從追蹤廣告受眾的日常生活軌跡打造「生活圈媒體群」。從此，江南春改寫了傳媒的歷史。「分眾」上演了傳媒創富神話。

二〇〇三年5月，江南春創立了分眾傳媒（FocusMedia），擔任董事局主席兼首席執行官。此時的江南春決定繞開競爭慘烈的傳統媒體，走「分眾」路線，專攻大樓的液晶媒體（這一領域在大陸尚屬空白）。

江南春領導的分眾傳媒是利用數位多媒體技術，建造一個以上海為中心，輻射全國近百個城市的商業樓宇聯播網：網路覆蓋面從最初的50多棟大樓發展到後來的六千八百多棟大樓；液晶資訊終端從三百多個發展至一萬二千多個；而公司收益也從最初的一百多萬營業額，直線攀升到每月贏利一千多萬元。用江南春自己的話說：「我創造一個白天屬於除家庭以外的全新的電視市場。」

二〇〇五年7月13日，江南春的上海分眾傳媒在美國的納斯達克成功上市，成了中國第一支媒體廣告概念股。

美國東部時間二〇〇五年7月14日上午9點30分，分眾傳媒的CEO江南春應邀按響了納斯達克的開市鈴。由中國企業家來按鈴開市，這在納斯達克歷史上還是第一次。從那一剎那起，這位時年僅32歲的年輕人，成了納斯達克的新貴。由於分眾傳媒市值高達8億多美元，擁有30%多股權的江南春，身價一夜之間暴漲到了2億多美元，約合人民幣20億元。江南春成為許多人崇拜不已的「創富英雄」。

江南春的致勝策略，概括為十二個字就是：繞傳統，走分眾；避其實，擊其虛。

避實擊虛，以實擊虛，是《孫子兵法》中的一個極為重要的謀略原則。在《勢篇》中，孫武說：「兵之所加，如以碫投卵者，虛實是也。」「碫」是指堅硬的磨刀石，以碫投卵，卵必破，因為碫實卵虛。大兵所指，敵人必然潰敗者，就是因為能避敵之實，擊敵之虛，以己之實，擊敵之虛。

《孫子兵法》之《虛實篇》，其主旨就是集中論述「避實擊虛」謀略的。孫子用流水的避高趨下來比喻用兵之避實擊虛，「夫兵形象水，水之形，避高而趨下；兵之形，避實而擊虛。」商道似水，商業經營中，避實擊虛是屢試不爽的策略。

唐太宗說：「朕觀諸兵書，無出孫武，孫武十三篇，無出虛實。夫用兵識虛實之勢，則無不勝焉。」在現代商場競爭中，「識虛實之勢」者，同樣會「無不勝焉」！

商業上的虛實有不同的表現形式，如避開市場飽和之「實」，擊市場短缺之「虛」；避開現有市場競爭之「實」，擊潛在市場短缺之「虛」；避開競爭對手長處之「實」，擊競爭對手短處之「虛」等。只要善於用放大鏡來觀察市場，善於細分、再細分不同的領域，不論何時，總會發現有市場空白的存在，這也許就是大公司所不屑一顧的犄角旮旯。但是，領域小並不代表市場小，小領域同樣可以做出大文章。最典型的像是浙江義烏的生意人，不就是從一根不起眼的牙籤、一顆鈕釦壓或一個打火機做起嗎？最終形成了極具規模的專業批發市場。

小公司初涉沙場，它生存的立足點就在於要避開和一些大的企業進行正面競爭，專找市場的空當進攻，以100%的合力對抗大企業1%的弱點。例如SONY公司創立時，松下等大企業已經佔領了絕大部分市場，SONY於是提出「間隙理論」：沿間隙發展，開發別人忽視的商品。於是，積體電路收音機、臥室廚房中使用的迷你電視機等走俏。SONY也最終發展成為世界知名的大企業。

總之，在商戰競爭中，只有以碫投卵，避實擊虛，才能最大限度地發揮自己的優勢，使自己穩操勝券。

【哈倫．厄爾曼：「震懾與畏懼」與孫子的「必以全爭於天下」】

「冷戰」結束後，地區戰爭的爆發以及大規模毀傷武器的擴散和國際恐怖主義的蔓延，使美國傳統的針對敵對性軍事大國的戰爭理論難以繼續發揮效能，如何使用武力，成為急需解決的現實問題。20世紀90年代中期，一群退役的美軍將領聚集在華盛頓，探討適應新安全環境的戰爭理論，最後的思想結晶便是哈倫．厄爾曼與詹姆士．韋德等人在一九九六年共同撰寫的《震懾與畏懼：迅速制敵之道》一書。

哈倫．厄爾曼等人認為，美國傳統的規模型軍事力量面對非對稱威脅已無能為力，投入再多資源也不可能產生相應的安全效益。靠技術來解決問題也行不通，因為軍事技術更多地來自於工商業領域，許多技術都有共用性，美國的技術優勢很難長久保持下去。單靠巨額的資金投入與先進的技術手段，都不能從根本上確保美國在未來戰爭中的優勢；必須同時從軍事理論方面去進行創新，才能夠以更快的速度、更有限的費用、更少的人力，去執行更多和更複雜的任務。

伊拉克戰爭開始前美軍參謀長聯席會議主席理查·邁爾斯上將就明確告訴記者，伊拉克戰爭將要應用的戰略理念和戰術就出自哈倫·厄爾曼。而哈倫·厄爾曼本人則在文章和談話中一再聲明，「震懾」概念引伸自西元前5世紀中國的軍事哲學家孫子。在《震懾與畏懼：迅速制敵之道》中孫子的名字出現了21次（而普魯士軍事家克勞塞維茨的名字只出現6次）。哈倫·厄爾曼多次引述孫子的言論，並列舉了孫子「吳宮教戰」的故事為例，闡述自己的觀點。

傳統的戰爭理論強調從物質上消滅敵人，種種軍事藝術的運用，都是服從於消滅敵人武裝力量這一最終目的。克勞塞維茨在《戰爭論》中指出——「消滅敵人軍隊始終是一種比其他一切手段更為優越、更為有效的手段。」「用流血的方式解決危機，即消滅敵人軍隊，這一企圖是戰爭的長子。」

而與此相對照的是，在《孫子兵法》十三篇中有10多處提及「全」。「必以全爭於天下，故兵不頓而利可全」、「全國為上」、「全軍為上」等。如果能夠通過短暫的用兵和有限的破壞來達到目的，優勢一方對戰爭的駕馭能力就大為增強，可以避免盲目的殺傷與破壞，在戰爭過程中隨時都掌握著戰爭的政治目標，謀求一種最有利的戰果。

哈倫·厄爾曼的震懾理論認為，孫子的戰略思想中最精闢之處莫過於「不戰而屈人之兵」，取勝的最佳方式就是影響敵人的意志、判斷和理解。震懾理論雖然並不排斥直接運用武力，但強調的是使用包括武力在內的各種方式影響和打擊敵人的精神，癱瘓敵人的抵抗意志，使對手虛弱，而不是一味地削弱敵方軍事力量。「精神因素最富流動性，某一部分精神因素的流失最容易影響其他部分」，「震懾」所包含的「震驚」和「威懾」，就是通過對武力的高超絕倫的短促運用，使對手魂飛魄散，喪失抵抗的意志而屈服。從戰略層面上看，重點不是將敵國夷為平地和全殲敵軍，打擊的真正目標是對手的「意志、感覺和領悟」，使其在身體、情緒和心理上徹底崩潰。

通過運用高技術常規武器，產生在廣島、長崎投下原子彈時對日本人所產生的那種影響，「日本人無法領會一架飛機投下的一枚炸彈為何會帶來如此可怕的毀滅力，並從而產生了一種畏懼心態，核武器的使用，影響了日本平民的思維模式，改變了日本領導人的決心。」而美軍根據「吳宮教戰」典故所設計的「斬首」行動貫穿伊拉克戰爭，是最強烈的震懾效果和最低的傷亡代價的結合。

美軍認為，由於打擊的是敵方的精神，所以必須要在戰略、政治、文化、軍事、思維方面對敵人有充分的了解，並深入到敵方決策者的頭腦裏去。這種了解必須超越敵人可能如何用兵的範圍，如果要達到適當的震懾程度，就必須了解那些為一個國家或集團提供行為動因的關鍵價值觀念，以使打擊恰到好處而不造成相反效果。這一指導思想浸透了戰爭效益的觀念，謀求以最低的投入產出最大的價值。

在伊拉克問題上，美國沒有能夠通過「伐謀」、「伐交」來實現其控制伊拉克、改變其政權的目的，不得已而「伐兵」，但屬「勝於易勝」、「勝已敗者」，最重要的是，避免了傳統意義上的可能造成重大傷亡的「攻城」。

伊拉克戰爭中，美國的戰爭指導思想從奪取主動權變為謀求對戰爭的全面控制權，不僅謀求控制戰爭的進程，而且全程關照戰爭的政治目的和力圖實現最佳的戰後狀態。精確閃擊戰成為戰爭的主要形式，是精緻地使用武力，而不追求單純的殺傷破壞效果。

這種戰爭形式，不是通過在一個很寬的前線上大規模地發揮火力，也不是通過部署大量兵力來實現目標，而是如同實施外科手術一般精確地運用足夠規模的、高度集中的力量，通過發揮有限武力最大限度的槓桿作用，產生充分的規模效應。

在高技術的現代化戰場上，體現了古老的《孫子兵法》中「必以全爭於天下」的戰略思想。這再一次彰顯了《孫子兵法》中的智慧，是穿越古今中外的時空界限的，是全人類的智慧之源。

丁 智語集萃

1. 兵者，詭道也。（《計篇》）

——用兵打仗，以詭詐爲原則。

2. 攻其不備，出其不意。（《計篇》）

——攻擊敵人沒有防備之處，在敵人意想不到之時實行突襲。

3. 多算勝，少算不勝。（《計篇》）

——籌畫得多，考慮周密，勝利的條件比較多，就能獲勝；籌畫得少，考慮得不周密，勝利的條件比較少，必敗無疑。

4. 兵聞拙速，未睹巧之久也。（《作戰篇》）

——智者用兵，只聽說過指揮雖拙但求速勝，沒見過爲講究指揮工巧而追求曠日持久的事。

5. 不盡知用兵之害者，則不能盡知兵之利也。（《作戰篇》）

——不完全了解用兵有害方面的人，也就不能眞正了解用兵的有利方面。

帥。

6. 兵貴勝，不貴久。（《作戰篇》）

——用兵打仗貴在速戰速決，曠日持久不足取。

7. 百戰百勝，非善之善者也；不戰而屈人之兵，善之善者也。（《謀攻篇》）

——百戰百勝，不算是最高明的將帥，不經交戰而能使敵人屈服，才是最高明的將帥。

8. 上兵伐謀，其次伐交，其次伐兵，其下攻城。（《謀攻篇》）

——用兵作戰的上策是用謀略勝敵，其次是運用外交取勝，再次是殲滅敵人的軍隊，下下策才是強攻敵人的城池。

9. 知彼知己，百戰不殆；不知彼而知己，一勝一負；不知彼不知己，每戰必殆。（《謀攻篇》）

——既了解敵人又了解自己，百戰都不會有失敗的危險；不了解敵人但了解自己，或者勝利，或者失敗，各占一半；既不了解敵人，也不了解自己，那麼每次用兵都會有失敗的危險。

10. 善戰者能為不可勝，不能使敵之可勝。（《形篇》）

——善於指揮作戰的人，能使自己不被打敗，但不能使敵人必定爲我所戰勝。

11. 勝兵先勝而後求戰，敗兵先戰而後求勝。（《形篇》）

——打勝仗的軍隊，總是先創造取勝的必備條件，而後同敵人進行戰鬥，戰則必勝；打敗仗的軍隊，總是先同敵人進行戰鬥，而後企求僥倖取勝，每戰必敗。

12. 鬥眾如鬥寡，形名是也。（《勢篇》）

——指揮人數多的軍隊作戰，如同指揮人數少的軍隊一樣，這是通信指揮的問題。

13. 故善戰者，求之於勢，不責於人，故能責人而任勢。（《勢篇》）

——善於用兵的人，設法創造有利的態勢，而不會對部屬求全責備。所以他善於選擇良將，更善於創造和利用有利於全勝的態勢。

14. 善戰者，致人而不致於人。（《虛實篇》）

——善於指揮作戰的人，能夠設法調動敵人迫使敵人處處被動，而自己不會被敵人所擺佈。

15. 形人而我無形，則我專而敵分。（《虛實篇》）

——設法使敵人暴露形跡，而我方卻隱藏形跡，那麼，就能使我軍的兵力集中而敵人的兵力不得不分散。

16. 兵之形，避實而擊虛。（《虛實篇》）

——軍隊的態勢，總是避開敵人的堅實之處，而攻擊其空虛薄弱的地方。

17. 兵無常勢，水無常形。能因敵變化而取勝者，謂之神。（《虛實篇》）

——用兵打仗沒有一成不變的方法，就像流水沒有固定的形態一樣。能夠根據敵情的變化，而採取靈活措施奪取勝利的人，才稱得上用兵如神。

18. 君命有所不受。（《九變篇》）

——爲了戰爭的勝利，有時國君命令也可以不接受。

19. 是故智者之慮，必雜於利害。雜於利，而務可信也；雜於害，而患可解也。（《九變篇》）

——智慧超群的將領考慮問題，一定兼顧利與害兩個方面。在不利的條件下看到有利的一面，可以增強必勝的信心；在有利條件下看到不利的因素，禍患便可及早解除。

20. 視卒如嬰兒，故可與之赴深溪；視卒如愛子，故可與之俱死。厚而不能使，愛而不能令，亂而不能治，譬若驕子，不可用也。（《地形篇》）

——對待士卒像嬰兒，士卒就會與你共患難；對待士卒像愛子，士卒就會與你同生死。然而，如果厚待士卒而不能指使，疼愛而不加管教，違法亂紀而不懲治，那就像嬌慣了的孩子，這樣的士卒是不能用來作戰的。

21. 投之亡地然後存，陷之死地然後生。（《九地篇》）

——把士卒投入絕境，才能絕處逢生；使士卒陷於死地，方能起死回生。

22. 踐墨隨敵，以決戰事。（《九地篇》）

——因應敵情變化，以此來決定作戰行動。

23. 始如處女，敵人開戶；後如脫兔，敵不及拒。（《九地篇》）

——戰爭開始之前像處女那樣沉靜，誘使敵人暴露弱點；戰爭展開之後卻像脫逃的野兔一樣迅速，使敵人來不及抵抗。

24. 主不可以怒而興師，將不可以慍而致戰。（《火攻篇》）

——君主不可因一時的憤怒而輕啓戰端，將帥不可因一時的怨憤而貿然出戰。

25. 合於利而動，不合於利而止。（《火攻篇》）

——如果戰爭符合國家根本利益，才可以興師動眾；如果不符合國家根本利益必須停止戰爭。

26. 不知敵之情者，不仁之至也。（《用間篇》）

——如果將帥不了解敵情而盲目指揮，這是拿著國家的命運和士卒的生命在開玩笑，是不仁到了極點。

27. 先知者，不可取於鬼神，不可象於事，不可驗於度，必取於人，知敵之情者也。（《用間篇》）

——要事先對敵情瞭若指掌，不可祈求鬼神，不可用類似的事情去類比推測，不可用日月星辰運行度數去驗證，必須取之於人，即向那些熟知敵情的人做深入調查。

28. 故三軍之事，莫親於間，賞莫厚於間，事莫密於間。（《用間篇》）

——所以軍隊之要事，關係沒有比間諜更親密的了，獎賞沒有比間諜更優厚的了，機要沒有比間諜更祕密的了。

《韓非子》——法家智慧的總代表

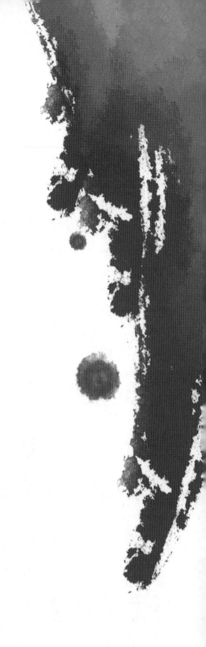

甲 智典概貌

【成書背景】

春秋戰國時期是我國思想文化史上第一個大放奇光異彩、光輝燦爛的時期。當時百家紛爭，思想活躍，諸子學說各具獨立見解。有主張出世的，如老子、莊子；有主張入世的，如孔子、墨子、韓非子；有持唯物觀點對客觀世界進行觀察、分析的，如荀子；有帶神祕主義觀點將自然現象附會於人事的，如鄒衍；有從事實際活動，在活動中體現其宗旨的，如蘇秦、張儀；有從事學術研究的，如慎到、公孫龍；有既掌權推行其學說，又有一整套思想的如管仲、孫武、孫臏、商鞅。同樣持出世觀點，老子與莊子不同。同樣主張入世，孔子、墨子、韓非子的觀念又總體上相左。

之所以產生如此豐富多彩的思想，原因是多方面的。首先，是此時期政治結構上的劇烈變化，和經濟制度上的棄舊圖新，引起人們對這些變化進行觀察思考。各人的立場觀點不同，所得結論也大相徑庭。其次，各國間的互相競爭，使當權者樂意聽取並鼓

勵、保護各種不同意見，甚至專門為各派學者提供優厚的物質條件。

如齊國在田桓公時，就開始在臨淄設稷下學宮，至齊威王、齊宣王時代，稷下學宮中最多至一千餘人，稱為「稷下先生」，「皆命曰列大夫，為開第康莊之衢，高門大屋以尊寵之」（《史記．孟子荀卿列傳》）。故有孟子「後車數十乘，從者數百人，以傳食於諸侯」（《孟子．滕文公下》）的盛舉。戰國中期，各國有權勢的大臣也多養士為食客，如齊之孟嘗君田文，趙之平原君趙勝，魏之信陵君無忌，楚之春申君黃歇，所養食客達三千人。

這種客觀形勢和物質供養為學者們解放思想和自由交流創造了積極條件。還有，當權者對各種不同主張的學派兼收並蓄，即使與自己意見不同也並不加害，對不出仕者也不干預，則為學術和思想繁榮提供了寬鬆的社會環境。

戰國時代豐富的思想文化成果，使身為韓國王室公子的韓非，有機會廣泛了解當時社會上的各種思想。他生逢其時，加上個人的聰明才智，和對現實社會積極而冷峻的觀察，終於成為先秦時代最後一位傑出的思想家。

韓非是戰國末期的大思想家，戰國時國與國之間的紛爭，遠較春秋時代為劇烈。各國參與爭霸的動機可能很複雜，但卻有一個共同目標，這目標就是建立一個新的統一的帝國。這一共同目標可稱為戰國時代的時代精神。

這種時代精神，對當時知識份子有重大的影響，其中多半只是從思想觀念上反映出來，唯一能向時代精神挑戰，並提供一套有效的運作程式，並終於促其實現的則是法家，尤其是韓非的思想。如果我們承認，從奴隸主貴族的分封政治，到封建君主的專制政治，是中國歷史的一大躍進，那麼法家思想和韓非子就是促成這一進步的最大功臣。

當然，法家思想也不是一夜之間出現的。從春秋時代鄭國子產鑄刑書，到鄧析子的竹刑；從晉國鑄刑鼎，到魏國李悝變法運動；從吳起在楚國的變法，到商鞅在秦國的變法，已經為法家思想的實效性做了充分的證明。而在法家思想的構建方面，除了以上提到的法家人物的思想成就外，還有幾位對韓非子的思想產生過直接影響的思想家。

著名的法家思想家申不害，本來是鄭國人，後來以其學識為韓昭侯任用為相，內修政教，外應諸侯。在他主政的十五年中，據說是國治兵強，沒有任何諸侯國膽敢對韓國發動侵略戰爭。還有著名的儒家大師，趙國人荀子，曾經做過韓非子的老師。荀子的思想，主要傾向是尊從孔子及其學說，但在許多方面，表述的卻是法家的思想。

韓非出生時，在申不害治理下國治兵強的韓國，早已成為歷史陳蹟，韓國在戰國七雄中是最弱最小的。韓非因痛感韓國變法不徹底，政治腐敗，而自己又不被重用，於是「觀往者得失之變」（《史記．老莊申韓列傳》），退而著《孤憤》、《五蠹》、《內外儲說》、《說林》、《說難》等五十餘篇，共十萬餘言，通過總結古代國君得失變化的經驗教訓，來表達自己的政治抱負。後人將他的這些文章輯錄在一起，成書為《韓非子》。

【韓非其人】

《韓非子》的作者韓非，有關其身世的記載，比較完整的是在司馬遷的《史記・老子韓非列傳》中，也有一些散見於《史記》的其他的篇章，和秦漢的其他典籍裏。他約生於韓釐王元年（西元前二九五年），死於秦王政十四年（西元前二三三年）。

韓非子出身於韓國貴族，是韓國的宗族公子。在韓非子的思想中，明顯透露出一股貴族氣息，這集中表現在對普通人的政治地位的不屑一顧。他的政治思想，基本傾向是由上而下的，即從在位者的角度俯視臣下和貧民。

照司馬遷在《史記》中的說法，韓非子喜歡刑名法術之學，而他的學說本源則是「黃老之學」。也就是說，韓非子的思想，導源於黃老之學，最終發展成為刑名法術之學。所謂「黃老之學」，是戰國時代出現的一個有名的思想學派。齊國君主在齊國的首都臨淄建立的稷下學宮，目的是廣集天下賢士，為齊國出謀劃策。

在這個學宮裏，有一批學者，以老子的學說為基調，打著黃帝的招牌，主張在位者在施政方面應該清靜無為，不要以過分繁瑣的法令和過分雕飾的教條約束人民，認為君臣如果能為人民做好清靜無為的榜樣，國家自然就會走上良性運行軌道。

在韓非子著作中，就有《解老》和《喻老》兩篇，至少字面的意思是解釋《老子》一書的內涵。不過，韓非子對於黃老之學的理解，與稷下黃老派學者的原意有所不同。他不是通過在位者的清靜無為，而是通過在位者制定嚴苛的法律來達到天下安寧的。

所以，韓非子以黃老為本是虛，而歸宗於刑名法術之學才是實。也就是說，韓非子與刑名法術的關係，不僅限於司馬遷所說的喜歡，而是十分地景仰，並且最終成為刑名法術大家，也就是通常所說的「法家」思想的集大成者，最終把法家思想發展到極致。

韓非是韓國王室的後裔，對於國家的存亡，與普通思想家的感受應該有所不同。在當時各諸侯國你死我活的拼殺中，王室的成員比普通百姓就更多了一份不安定感。因此，如何使自己的國家快速地強大起來，或者說如何達到申不害當國時的繁榮和強盛，很可能就是韓非子的抱負。所以，年輕的韓非毅然投到了荀子門下。

荀子曾經先後三次在稷下學宮做首席講師，在當時的名聲之大自不待言。所以，像李斯這樣志向遠大的青年，也與韓非子同時來到了荀子門下。李斯是秦始皇統一中國的得力幹將之一。

從韓非子的生理條件來看，他也許注定不會成為一個當權者。據司馬遷記載，韓非子口吃得很厲害，幾乎不能言說。然而，在韓非子時代，能言善辯是從政之所必備。事實上，在一個動亂的時代，即使是日常生活中，不擅言語就已經是一種不足了，更不用說這種不擅言語是來自生理上的限制。

韓非子顯然是注意到了自己的這一致命的缺陷。所以他把全部的精力完全傾注在了實在的學習之中，並終於在著書立說方面卓有建樹，以至於李斯也承認自己在這方面比不上韓非。不過，這種自以為不如的承認，並不一定是心悅誠服，而更可能蓄積下由嫉妒而生的難以化解的怨恨。

韓非子的學業完成之後，也正是韓國的國勢不斷被削弱的年代。當時，統治韓國的是韓王安，與韓國強盛時期的諸位國君相比，當然要遜色許多。所以，韓非屢次給韓王安上書，以自己獨到的見解進行勸諫。

韓非的主張是相當明確的，總的來說，就是務實而去虛。在韓非子看來，修法制，禦人臣，任賢才，富國強兵，這些都是實；而圖虛名，追求儒生的文飾，甚至希望以俠士的壯舉拯救一個國家，這些都是虛。所以，他嚴厲批評當時韓國的政治傾向是——「所養非所用，所用非所養」，就是說，國家所重視的人其實根本派不上用場，而真正能為富國強兵出力的人，卻不受重用。

韓王安最終成了亡國之君，當然不會接受如此的建議和批評。韓非子儘管是王室後代，但他畢竟只是一介書生，之後，只好埋頭於著書立說。在政治上仍不得意的情形下，韓非子寫出他最有名的幾篇政論文，包括《孤憤》、《五蠹》、《內外儲說》、《說林》和《說難》等，構成傳世的《韓非子》的主體。

韓非的著作馬上就產生了廣泛的影響。這種影響，不僅發生在韓國，而且還傳到了鄰國，特別是它的西鄰，強大的秦國。此時，統治秦國的，正是野心勃勃的秦王嬴政。此時的秦國，在軍事上完成統一中國大業已成大勢。而且，在秦國成長為軍事第一強國的過程中，不斷地得益於法家的思想。

在韓非子之前，有著名的商鞅變法，韓非子的老師荀子也在秦國逗留過，秦始皇得力助手之一，正是韓非子的同學李斯。所以，當嬴政讀了像《孤憤》和《五蠹》這樣生機勃勃的政論文時，很激動。嬴政嗟歎道：「嗟乎，寡人得見此人與之遊，死不恨矣！」即——如果我能親眼見到寫這些文章的那個人，並且能與他進行交遊傾談，就是馬上死去也沒有什麼好遺憾的了！

為了滿足秦王的這一願望，李斯馬上進言道：「這是一個名叫韓非的人所寫的。」並介紹了韓非的情況，肯定也提到韓非是自己的同窗。

李斯並不是秦國人，他本是楚國的一個有遠大志向的小官吏。但他認為楚國並不是他理想中有前途的國度，所以毅然辭別老師荀子，束裝西去，決心在強大的秦國實現平生之志。但是，一個外鄉人要想在他國求得政治上信任並不是件容易的事。其實，就在李斯在秦國基本上站穩腳跟之後，還發生過秦王驅逐他國人的事件，而在這次事件中，李斯寫下了有名的《諫逐客書》。因此，急於在政治上得到信任的李斯，總是不失時機地表現自己的忠誠，為了迎合秦王的願望，馬上推薦了韓非。顯然，李斯是為了鞏固自己在秦國的地位，而不是真的欣賞韓非的才能而推薦他。

秦王想馬上見到韓非子這位不同凡響的思想家了。可是，當時秦、韓兩國是敵對國，如果秦國公然向韓國提出讓韓非子來秦國，韓國顯然是不會輕易答應的。於是，根據司馬遷的說法，秦國突然開始急攻韓國，韓王慌了手腳，儘管以前一直不任用韓非，在此危難情況下，卻主動讓韓非出使秦國，以平息這場飛來的橫禍。

韓非子來到秦國，與秦王有過一番交談，秦王感到非常滿意，但卻並沒有實際任用韓非。這似乎有兩方面的原因：一是考慮到了韓非的出身。在秦王的手下，確實有許多重臣是來自山東六國，但其中也確實沒有像韓非子這樣出身王室的人。依常情而言，讓這種出身的人忠心於異國，確實不易，任用這種人，顯然是要冒一定的風險的。二是，韓非子在他對秦王的對話和一些上書裏，對於秦國當時的謀臣有過非常強烈的批評。

在韓非看來，秦國在客觀上明顯具有統一天下的條件。他認為，山東六國財源枯竭，武備缺乏，並且賞罰不明，士民沒有鬥志；相反，秦國則是號令明確和賞罰分明，人民從小接受好戰的教育，視死如歸，又占著有利的地形，本該儘快統一中國的，可是，由於謀臣不能盡其忠心，接二連三地喪失種種良好的機遇，以至於四鄰不服，霸王之業難以告成。

韓非在秦王面前表現出的這種態度，一方面說明他比較缺乏實際從政經驗，同時也表現出真正的思想家的氣魄。當然，韓非子樹敵太多，理所當然地遭到群臣的反擊了。

儘管韓非子一時沒有得到秦王的任用，但還是有一些大臣感到了韓非子之存在的威脅。他們認為真的有一天韓非子大權在握，許多依靠權術而不是依靠政治才能取得政治地位的人一定會遭殃。這些大臣中，最突出的是姚賈。還有早就嫉妒韓非子的李斯。

姚賈也是韓國人，是韓非子的同鄉。也許正因如此，韓非子才對他有比較深的了解。大概是在韓非子已經到了秦國之後，有一次，有四個國家要聯合起來進攻秦國，秦王則召集起六十多位群臣賓客，問他們有什麼破敵之法。在大家一籌莫展的時候，姚賈表示願意出使四國。秦王非常高興，竟讓姚賈穿上自己的衣服，佩上自己的寶劍，帶上大批財寶，去完成這一使命。當時秦國外交活動的最拿手的一著，就是賄賂各國貪財的大臣，威脅各國缺乏主見的君主，從而達到瓦解各國間的團結和聯合的目的。姚賈走的正是這條路，並且獲得了成功。所以，秦王在高興之餘，封姚賈為千戶侯，為上卿。

對於姚賈的成功，韓非子很不以為然。韓非對秦王說：「姚賈帶上那麼多的財寶，用三、四年的時間出使四國，與這些國家的關係倒未必和好，可財寶卻盡花費在其中了。這明明是利用國家的財寶和大王的權力，與諸侯發展了他個人的關係。再說，姚賈是韓國看門人的後代，他自己曾做過大盜，在做趙國的大臣時最後被驅逐掉，才來到秦國。讓這樣的人參與國家大事，對於群臣可並不是積極的鼓勵。」

當秦王以韓非的發難問姚賈時，他的回答是：「曾參是有名的孝子，天下人便都想讓他做自己的兒子；伍子胥是有名的忠臣，天下的國君便都想讓他做自己的大臣；而那些有婦德的婦人，天下人便都想讓她做自己的配偶。」言外之意是說，我有了財寶和權力，自然天下人就都願意跟我結交了。接著，姚賈反問道：「如果我不去那四個國家，應該去哪裡呢？如果說我不忠於君，為什麼四國的君王不留下我呢？」

姚賈認為秦王如果聽了韓非的話，那就是聽信了讒言。姚賈的反駁自有他的道理，可這並不是韓非所要說明的問題。韓非的政治思想是嚴格的以君主的地位和尊嚴為主的，他認為如果君主不能牢牢地控制臣下的一舉一動，即使臣下立下大功，遲早也是對國家的危害。

姚賈還聯合了李斯。在攻擊韓非這一點上，符合二人的共同利益。他們二人一同對秦王說：「韓非本來就是韓國王室的後裔。現在，大王您要吞併的正是包括韓國在內的諸侯各國，而韓非從根本上來說是要為韓國而不是為秦國出力的，這是人之常情，誰都難以改變的。如果大王不能任用他，再留他更長的時間，最終也還得放他回去。以韓非的才能，再加上已經了解了秦國的情況，讓他回到韓國，無疑是大王的心腹之患。不如現在找他的過錯，把他殺掉，以絕後患。」

事實上，韓非子與李斯和姚賈的政治鬥爭，在此之前就已經展開了。特別是在如何對待韓國與秦國的關係這個問題上，雙方的意見一直是針鋒相對的。

韓非曾向秦王上書建議說：秦國不要把韓國當成是軍事上的主攻目標，理由是，秦國和韓國，至少在表面上，在當時是友好鄰邦。強大的秦國，在與山東六國，特別是與秦國的主要敵對國趙國的軍事對抗中，可以把韓國作為一個緩衝地帶。如果秦國貿然對韓國動武，而又不能一下子將韓國滅掉，就會失去在軍事上的主動地位，山東其餘五國會乘機而來。這就是韓非的所謂「存韓論」。

李斯的意見正好相反。李斯認為，韓國作為秦國表面上的盟國存在，正好成為諸侯與秦國周施之地。韓國與秦國的友好是迫不得已的表面文章。一旦有了機會，韓國會毫不猶豫地加入到反秦的行列之中的。所以，韓非的「存韓論」，是用花言巧語為韓國謀利的。韓國得以生存的結果，一方面使韓非為韓國立下大功；另一方面，也使韓非本人在韓、秦關係上，處於重要的地位。總之，在李斯看來，韓非的「存韓論」是居心叵測的陰謀。

在秦王看來，李斯和姚賈的意見很符合秦國當前的利益。於是，秦王就同意了李斯等人的意見，以韓非給姚賈進讒言為由，把韓非下獄治罪。

韓非被下獄治罪之後，李斯又玩弄了兩面派手段，派人告知韓非，秦王已完全失去了對他的信任，與其在獄中受折磨，受凌辱，不如自己一死了之。可是，此時的韓非，還想親自向秦王陳說自己的本意和冤屈。但是，在李斯和姚賈一干人的干預之下，韓非的意願是不可能傳達到秦王那裏的。最後，韓非完全絕望了，只好服下李斯派人送來的毒藥。

在韓非下獄後不久，秦王嬴政對自己的決定有些後悔，大概是覺得有必要親自與韓非談一談，於是下令赦免韓非的罪過。這時，李斯、姚賈等一班人，不但告訴秦王韓非已畏罪自盡於獄中，還就韓非自盡一事，來證明秦王當初給韓非定罪的決定是正確的，否則韓非為什麼平白無故地自盡呢？所以秦王也沒有追究韓非到底是為什麼自殺的。

儘管韓非本人未能在實際政治中一展身手就死去了。但他的政治思想卻長留於人間，被一代又一代各種各樣的政治人物以各種各樣的方式進行利用。韓非畢竟還是一介書生，他的思想，他所設想的社會形態和具體的運作方式，既有理性主義的嚴酷性，又有理想主義的浪漫性，其中也不乏自相矛盾之處。由於它的嚴酷性，韓非的名聲在歷史上一直不太好。韓非思想的「精髓」，特別是與政治獨裁和文化專制有關的內容，成了歷代統治者的政治法寶。正是在此意義上，有人說：中國古代政治，自秦漢以來，實際是個「陰法陽儒」的政治。

【內容結構】

《韓非子》一書共十萬餘字，分為五十五篇。就其主體而言，它實是一部政治學巨著，主要論述君主如何才能管好臣民、穩坐江山、富國強兵乃至稱王稱霸，亦即古人所稱道的「帝王之學」。當然，書中除了論述法術、權勢等主要內容外，也論述了一些君主應該注意的道德修養、政治策略等。同時，書中還有一些韓非對世道人情的剖析與感慨，對《老子》的解說，對論說素材的輯錄，以及向君主的上書。

《初見秦第一》，是韓非初次求見秦王嬴政時的上書，為秦如何統一天下出謀劃策，表現出一片耿耿忠心，說辭也大有縱橫家的氣概。

《存韓第二》，是韓非奉韓王之命出使秦國時向秦王的上書，主張保存韓國。李斯曾對此做了駁議，提出了與韓非針鋒相對的主張。

《難言第三》，是韓非年輕時屢次上書勸諫韓王不被聽用後再向韓王的上書，該篇詳盡地分析了臣下向君主進言的困難，廣徵博引，辭采斐然，反映了他淵博的歷史知識與超人的文學才華。

《愛臣第四》，主張君主不能過於寵愛臣下，而必須限制他們的權勢，是一篇講述駕馭臣下要領的短文，多用韻語，讀來琅琅上口。

《主道第五》，全面地闡明了君主統治臣民的基本原則及其哲學基礎。全文用韻，充分展現了《老子》的哲學思想與語言形式對韓非的影響。是韓非的代表作之一。

《有度第六》，主張治國要有法度，是一篇系統闡述韓非法治思想的代表作。全文結構嚴謹，警策迭出，很能反映韓非文章的風格。

《二柄第七》，全面論述了一系列有關刑賞的問題，是韓非術治學說的代表作之一。文章徵引史事來說理，非常妥帖，比喻也十分形象生動。

《揚榷第八》，一般的《韓非子》讀本部作《揚權》，「權」乃「榷」字之誤，「揚榷」在古代是一個詞，意為「大綱」。該篇與《主道》相似，也是一篇繼承了老子的哲學思想，全面闡明君主獨裁的政治原則的韻文，充分反映出了韓非的理論素養與藝術才華。

《八姦第九》，此篇就臣下劫持君主的八種奸行，提出了相應的防範措施，是一篇專門論述治奸術的文章。該文不徵引史事，完全是總結現實教訓而寫成的，歸納得頭頭是道，說服力非常強。

《十過第十》，該篇指出君主應該避免的十種過錯，並列舉了因為這「十過」而遭禍的歷史事實作為君主的借鑒。文章先列綱目，然後一一用事例說明，體裁別緻，敘事也十分生動。

《孤憤第十一》，該篇是抒寫當時法術之士孤獨與憤慨的代表作，反映了當時權奸當道的嚴峻現實。全篇用詞激越，筆端飽醮感情。

《說難第十二》，與《難言》旨意相同，即論述向君主進諫的困難，但比《難言》寫得更為周詳細密，充分顯示了韓非對人情世故和君主心理的深入探討。也體現了當時論說文的高度成就。

《和氏第十三》，與《孤憤》相類，以和氏獻璞被砍腳的典故，來譬說法術之士的艱難處境。寫得淒婉動人。

《奸劫弒臣第十四》，該篇主要論述奸臣的奸行與治奸的措施，較全面地反映了韓非反對儒學而提倡法、術、勢兼治的政治思想。是一篇可與舉世稱道的《五蠹》相媲美的政論文。

《亡徵第十五》，該篇如數家珍地一一列舉了四十七種亡國的徵兆，是對各種政治教訓的理論概括。文章最後不但強調了亡國的內在根據，而且強調了亡國的外部條件，其中包含合理的辯證法思想。

《三守第十六》，該篇論述君主應該牢守的深藏不露、獨自決斷、親理朝政等三條術治原則。「三守」與「三劫」對比十分鮮明，條理極為清楚。

《備內第十七》，該篇論述君主如何防備宮內貴臣、后妃、太子等劫弒篡位，集中反映了韓非「人性自利」、「利」支配一切的社會觀。該文最能體現韓非文峻峭的風格，內容尖刻，用語露骨，韻散並出，比喻生動恰切。

《南面第十八》，該篇論述明法、責實、變古等君人南面之術，突出地反映了韓非功利主義的思想原則。

《飾邪第十九》，該篇從反對卜筮迷信開始，反覆強調君主應以法令來整飭臣下邪惡枉法的行為。是一篇全面闡述韓非法治主張的代表之作。

《解老第二十》、《喻老第二十一》，是古代解釋《老子》的開山之作，在我國哲學史和訓詁史上都佔有重要的地位。《解老》主要通過闡述道理來解釋《老子》，句法謹嚴。《喻老》主要通過具體事例來喻說《老子》，生動別緻。當然，韓非解釋《老子》，往往是在宣揚自己的哲學思想和政治思想。所以，這兩篇是了解韓非法術思想的哲學基礎和理念淵源的重要篇章。

《說林上第二十二》、《說林下第二十三》，這兩篇是韓非為了說理的需要而搜錄的故事集。文筆生動活潑，言簡意賅，實在是後世史料卡片與筆記小說的濫觴。

《觀行第二十四》，該篇論述觀察行為的原則，很能辯證地看問題。文章短小精巧，駢句迭出。用極端之事作喻，形象鮮明，很有說服力。

接下來是五篇短文：《安危第二十五》論述國家的安定之術與危亡之道。《守道第二十六》論述保住國家政權之道。《用人第二十七》論述使用臣子的基本原則，都是韓非在宣揚自己的法術思想。《功名第二十八》論述君主憑藉勢位立功成名的方法，偏重於闡發勢治學說。《大體第二十九》則從整體出發，論述了治理社會的關鍵原則與法治思想的哲學基礎，描繪了韓非的政治思想，是一篇高瞻遠矚的哲學短文。

第三十至第三十五是《儲說》六篇，彙集和儲存了大量的史料、傳說、寓言，用來說明其政治學說，因篇幅太大而分為「內」、「外」、「左」、「右」、「上」、「下」等篇。每篇先列出論綱「經」，然後用若干事例來說明叫做「說」。「經」的文辭簡明扼要，是「說」的理論概括和事蹟述略；「說」的敍述詳明生動，是「經」的實證和詳盡說明。「經」、「說」配合緊密，相得益彰，後人稱之為「連珠體」，是韓非對文體的一大創造性貢獻。

第三十六至第三十九是《難》四篇，是韓非對各種歷史人物的言、行的詰難辯駁，借此以闡發了自己的政治思想，因篇幅較大而分為四篇。文章思路開闊，振聾發聵，讀之令人耳目一新，對提高思辨力大有裨益。

《難勢第四十》，該篇批判了慎到的唯勢論，集中地反映了韓非賢勢並治，乃至法勢兼治的思想。

《問辯第四十一》，該篇以問答的形式闡明了百家爭鳴產生的原因，以及韓非對於思想理論界的統制主張，是一篇評論學術思想的短文。

《問田第四十二》，該篇通過徐渠與田鳩的問答，闡述了逐級提拔的任人原則。又通過堂谿公與韓非的對話，反映了韓非為民獻身的崇高抱負。

《定法第四十三》，該篇也以問答的形式，批判了商鞅單行法、申不害獨用術的偏頗，闡明了韓非法、術兼治的政治主張，乃是了解韓非法術思想以及其思想淵源的重要篇章。

《說疑第四十四》，該篇述說君主難以識別的各種奸臣行徑，是韓非論述治臣止奸問題的重要篇章。文章評述歷史人物，徵引傳記、箴言，縱橫馳騁，很能體現韓非論說的風貌。

《詭使第四十五》，一開始就指斥了君主所崇尚的措施與治國之道相違反。

《六反第四十六》，一開始就指出了六種無益之民受到讚譽、六種有益之民遭到詆毀的反常現象。

《八說第四十七》，一開始就列舉了八種違背法治原則的道德觀念。這三篇都是有破有立，在批判世俗觀念的同時全面論述韓非政治思想的鴻篇巨製，是與《五蠹》不相上下的傑作。它們既全面地展現了韓非的思想，同時又全面地反映了當時的社會現實，具有重要的史料價值。

《八經第四十八》，該篇綜述治理天下的八項帶有經久性的常規法則，全面地闡明了韓非有關法治、術治、勢治等方面的要點，是韓非全部政治思想的一個綱領。它對政治思想方面的論述，基本可以統攝整部《韓非子》。

《五蠹第四十九》，該篇集中地闡明了韓非的歷史發展觀，論證並宣揚了他的法治主張，指出了清除儒俠等五種「國家蛀蟲」的必要性。結構宏偉，氣派闊大，思想深刻，文彩斐然，是歷代公認的韓非的代表作。

《顯學第五十》，該篇批判了儒、墨這兩個在當時最為顯赫的學派，全面地論述了自己的法治主張。它不僅是韓非法治思想的代表作，而且也是中國學術思想史上的珍貴史料。其文「廣譬長喻」，令人「心駭而神動」。

《忠孝第五十一》，該篇論述了韓非守法事君、為父養親的忠孝觀，尖銳批判了儒家所宣揚的有違於忠孝之行的堯、舜、湯、武之道，以及古今「烈士」不忠不孝的「亂術」。

《人主第五十二》，該篇強調君主必須牢掌權勢，竭力任用法術賢智之士。

《飭令第五十三》，該篇是節錄《商君書．靳令》而成的，強調整飭法令、實行刑賞，突出地反映了韓非對商鞅法治思想的繼承。

《心度第五十四》，該篇強調以法度刑賞來征服民心，是一篇論述法治的短論。

《制分第五十五》，該篇強調掌握賞罰時要有一個確定的界限，也是一篇重點論述刑賞、法治的短文。

綜合這五十五篇，可以歸納出《韓非子》全書中包含五個主要部分——

其一，將過去已有的法、術、勢三種理論綜合起來，並加以提高，形成一整套完整的君主獨裁的理論體系。

其二，針對過去君主依靠臣下統治，致使某些「重臣」權勢膨脹，直接威脅君主地位的歷史教訓，設想出一套用以抑制臣下的「術」，同時對各種類型的民眾進行分析，批評了統治者受輿論左右而分不清什麼樣的民眾才是對君主有用的，進而提出不准民眾從事的若干種行業，只許民眾種田和當兵。

其三，提出控制輿論、獎勵告密等一系列措施。

其四，在哲學上吸收了老子思想中有用部分，加以變化，運用到自己的統治術中，同時對其他各家進行批判，主張進行嚴格的思想統制。

其五，整理可資借鑒的史料供備用，即《說林上下》和《內外儲說》中的許多故事。

此外，韓非在闡述其統治術之外，還回顧了自己的經歷，抒發了自己的憂憤和總結了人生經驗。

《韓非子》一書不僅僅是集法家之大成，也是對先秦時代各種學派的總結，不論後人是否贊同他的論點，韓非的總結是否正確，其對後世的影響是深遠的。在社會中依然存在黑暗面、獨裁制度被徹底否定以前，韓非對君主的潛在影響甚至大於孔子。只是由於某些內容寫得過於直露，而帶來消極的社會影響，致使後世統治者不便公開宣揚。這也是韓非的名聲，遠遠不如孔夫子的原因。

【後世影響】

以韓非子為傑出代表的先秦法家人物在歷史上早已匆匆作古了，實踐法家思想的秦王朝，也只存在了短短的十五年，但是，作為先秦文化傳統的一個重要組成部分，法家的政治哲學智慧，卻並未隨著韓非子的自殺和強秦的覆沒而被消滅，它高度濃縮到《韓非子》一書裏面，一代一代地傳承了下來，並且在和儒、道、墨、名、兵等諸家的激盪衝撞中，逐步走向了融合，形成了作為中國古代帝王術中「陽儒陰法」、「王霸雜用」的特殊形態。

那麼，什麼是歷代帝王統治術中的「陽儒陰法」、「王霸雜用」呢？它與《韓非子》中的政治智慧和法治哲學又有何關係呢？

法家哲學的研究學者張純、王曉波是這樣認為的——

「此處所言的『陽儒陰法』有三個層面的意義，一是以儒家的理論提出而實踐上為法家的主張，其中有『儒家化』的法家，也有『法家化』的儒家。二為在政治上以儒家掌『教化』，而以法家掌『吏治』。故儒家『言』，而法家『行』。三在意識形態上，提倡儒家的理想，而在現實政治上實行法家的制度。」（張純、王曉波：《韓非思想的歷史研究》）

簡單一點講，「陽儒陰法」或「王霸雜用」，就是指中國古代歷代統治階級的統治思想，已經不是一種單純的儒家、法家或道家、墨家的思想，而是一種以儒、法兩家思想為主體的混合體，它有如現代醫藥中使用的糖衣片，表面是一層儒家思想的「糖衣」，而內核則是包裹著法家智慧的苦藥。所以，又有人把這種儒、法混合的思想，稱之為「外儒內法」。

換句話說，韓非的思想對中國古代社會的影響是暗中進行的，「潤物細無聲」，而孔子的思想的影響則是大張旗鼓地進行。

根據古代的文獻史料記載，中國歷代統治思想的確都具有「陽儒陰法」、「王霸雜用」的特色。試以西漢為例，做一簡析。

西漢是在推翻秦王朝暴政基礎上建立起來的。漢朝統治階級中的許多人物，都曾參加過秦末農民大起義，目睹過秦始皇嚴刑峻法、實行思想文化專制統治結下的惡果，所以，西漢建立之初，在政治、經濟、文化等各方面都大力實行廢除秦朝苛政、「順流而與民更始」的改革方針。

在法制方面，由於漢初人民「苦秦苛政久矣」，西漢明令廢止了誹謗法、族誅法、偶語律等秦朝法律，宣布約法三章：「殺人者死，傷人及盜抵罪，余悉除去秦法。」確立了一套帶有黃老道家「約法省禁」，和儒家「德主刑輔」思想特點的新法律。

在經濟方面，西漢初廢除了秦朝的苛捐雜稅，和對工商業的嚴厲打擊制度，實行輕徭薄賦、恢復逃亡者和舊貴族田宅故爵的經濟政策。

在思想文化方面，先是廢除了秦朝的挾書律，鼓勵文化思想的自由，形成了漢初以黃老思想為主流的學術上的「百家爭鳴」的環境；後經漢武帝用董仲舒「獨尊儒術」之策，儒家的思想和文化佔據了整個社會思想文化的統治地位。

從西漢建立以後實行的法律、經濟、文化政策來看，它們的確帶有很濃厚的儒家和道家文化的特色。但是，是否就可以由此而斷定，西漢實行的整個政治制度和經濟文化思想，就完全是反法家哲學而「獨尊儒術」的呢？事情其實並不那麼簡單。

西漢建立之初的確廢除了一些秦朝臨時性的嚴苛法令制度，但當時整個國家政治、經濟和文化制度的根本實際仍是秦朝法家思想的繼續，而且就是漢初已經廢除的部分秦朝苛政，也有不少在西漢中後期被恢復使用，雖然它們仍保留有儒家「仁政」的名義。

在政治制度方面，雖然漢朝中央政府官吏的官名和職守個別時期也偶有變化，但從整體上看，均是「漢承秦制」的。西漢的最高統治者稱皇帝，掌握全國的政治、軍事、經濟、立法、司法的大權，這完全是模仿秦始皇而來的；而秦朝的「三公九卿」制，也完全被漢朝所襲用。

所以《漢書．百官公卿表》說：「秦兼天下，建皇帝之號，立百官之職。漢因循而不革，明簡易，隨時宜也。」西漢與秦朝政治制度方面唯一不同的是漢初曾分封諸侯、封舊貴族、功臣和宗親為諸侯王——這似乎是背秦法而遵循儒家政治理想的舉措，但這項政策卻隨著賈誼、晁錯《治安策》、《削藩策》的進用，以及漢景帝平定「七國之亂」、漢武帝實行「推恩」、「酎金」制度而最終歸於寂滅。這就說明，在政治制度方面，西漢雖有改革秦朝法家制度之名，但其實際上採用的則仍是秦朝法家的舊制。

在經濟政策方面，西漢初確實實行過輕徭薄賦、弛山澤之禁等有利於恢復生產、增強國力的措施，但是，即使是漢初，韓非子所主張的重農抑商的政策也從來沒有取消過。《漢書．高祖本紀》說，劉邦曾下令：「賈人毋得衣錦繡綺穀絺罽、操馬、乘騎馬。」《史記．平准書》又記載說：「天下已平，高祖乃信賈人不得衣絲乘車，重租稅以困辱之。」惠帝、呂后時：「市井之子孫亦不得仕宦為吏。」對經商者似乎有歧視。而文帝、景帝又屢次下重農詔，稱農業為「天下之大本」，宣布崇本抑末。

至漢武帝時期，更實行了一系列旨在加強中央集權、打擊抵制工商業的經濟政策，如統一貨幣、平準、均輸和鹽鐵專賣，以及算緡、告緡，特別是算緡、告緡兩項法令，完全是打擊大工商業主、壓制工商業的韓非重農輕商思想的具體實踐。可見，西漢的經濟政策也是「陽儒陰法」的。

在法律制度方面的情況也是如此。漢初劉邦剛剛入關時，雖然曾實行過「與民約法三章」的簡易法制，但漢朝統治者很快發現，簡易之法「不足以禦奸」。於是，秦朝法家設計的法令又得以繼承。《晉書．刑法志》說：「漢承秦制，蕭何定律，除參夷連坐之罪，增部主見知之條，益事律、興廄、戶三篇，合為九篇。」文帝時，約法省禁，「唯除省肉刑相坐之法，它皆率由，無革舊章。」西漢的法律似乎名義上廢除了連坐、肉刑等，但實際上法網仍非常之密。漢武帝時張湯制《越宮律》、趙禹制《朝律》。此時西漢的法律已共計有律令三百五十九章，其中——「大辟四百九條，千八百八十二事；死罪決事比萬三千四百七十二事。」

在文化制度方面，西漢初期除「挾書令」，頒佈求賢令，漢武帝又提倡「獨尊儒術」，似乎已經把知識和知識份子地位，提高到一個新的歷史高度，完全是與法家的反智、去智的文化政策針鋒相對的。

但事實也未必盡然。如漢武帝採用董仲舒的建議，而實行的「罷黜百家，獨尊儒術」的文化政策，表面上把儒術和文化的地位抬高了，但骨子裏卻對文化採取極其敵視和冷漠的態度，是韓非子「雜反之學不兩立而治」的文化專制的繼續，與秦始皇的「焚書坑儒」並沒有多少本質的不同。因為「獨尊儒術」之策不僅把學術文化的自由交流取消了，而且就連「儒術」也早被他們糟蹋得不像樣了。

翦伯贊先生在其《秦漢史》中曾評「罷黜百家，獨尊儒術」之策說：

「董仲舒的辦法，從表面看來，似乎比李斯的辦法要和平得多，因為他不用火燒，也不用活埋。但在實際上，董仲舒的辦法比之李斯的辦法，更要刻毒。因為李斯的辦法，是盲目地毀滅文化，而董仲舒的辦法，是有意識地統制文化。」

不管董仲舒的辦法比李斯是否「更刻毒」，西漢統治者的文化制度在重文尊儒的旗幟下，法家文化專制主義特徵不是昭然若揭了嗎？

西漢統治階級採用的政治、經濟、法律和文化政策，表面上看是尊儒家而反法家的，但從本質上講，則是繼承了韓非法家思想的衣缽。所以說，韓非子的思想的影響和滲透，是無孔不入的。

而在中國古代史上，奉行這種「陽儒陰法」、「王霸雜用」思想的統治者，又豈止西漢諸帝？三國時的曹操曾經在「評法批儒」時被當成一位大法家政治家；王安石的變法，明太祖朱元璋的專制主義政治統治和「文字獄」，也都曾被視為法家改革的樣板。

中國歷史上從來不缺少株連罪和禁書目錄，難道當時的統治思想中，就缺少嚴刑峻法、文化專制的韓非思想嗎？

諸葛亮在中國歷史上一向都是被推崇為儒家的忠臣的典型，但就是這樣一位儒臣，他在蜀國所執行的也完全是一套披著忠義道德外衣的法家政策。如馬謖是諸葛亮的好友，但「科教嚴明」的諸葛亮卻仍然揮淚斬之。劉封、彭羕、來敏、廖立、李嚴，或是皇親國戚，或是其故舊重臣，但卻也被諸葛亮或誅或廢，以示「賞不遺遠，罰不阿近」。劉備剛佔據益州不久，諸葛亮就在那裏實施了嚴厲的打擊豪強的政策，以至於法正寫信給他，引漢高祖「約法三章」的舊例，勸他「緩刑弛禁，以慰其望」。

但諸葛亮在《答法正書》中卻說：「君知其一，未知其二。秦以無道，政苛民怨……高祖因之，可以弘濟。劉璋暗弱，自焉已來有累世之恩，文法羈縻，互相承奉，德政不舉，威刑不肅……所以致弊，實由於此。吾今威之以法，法行則知恩；限之以爵，爵加則知榮。榮恩並濟，上下有節，為治之要，於斯而著。」諸葛亮這裏所標榜的「榮恩並濟」的「為治之要」，說白了就是「外儒內法」的「王霸雜用」之術，漢高祖劉邦使用過，漢武帝劉徹使用過，以後的唐宗、宋祖、明帝、清皇們也都使用過。

先秦以韓非為代表的法家的政治哲學的產生，是為當時新興的地主階級立言的。而西漢以後的中國數千年的社會，雖是在推翻實踐韓非思想方針的「暴秦」的基礎上建立的，這些朝代建立之初也都或多或少的有反「秦道」而行之的復古之舉，但它們的社會性質卻都是完全一致的，目的都是要維持地主階級的利益。

儘管代表地主階級利益的封建帝王可以把儒家的「仁政」思想叫得震天響，但他們實際上所能實行的思想和政策，卻必然且只能是為地主階級立言的、《韓非子》集其大成的法家思想。所以，《韓非子》一書，成為秦始皇以來的歷代帝王及治世能臣們的案頭祕笈，它的精神和靈魂深深地烙印在二千餘年封建社會機體中。只不過這種影響是在儒家「仁義道德」的隱蔽下暗中進行的，所以稱之為「陰法」。

不可否認，韓非主張法令公開，張揚「法治」精神，推進了以「一斷於法」為原則的公開法，取代以「刑不可知，則威不可測」的神祕法的歷史進程，具有一定的歷史進步性。韓非的「以法治國」思想，他對法律所做的初步探索，他所確立的法治的幾個基本原則，如法律的公開性、平等性、穩定性和變易性原則，即使在今天也具有現實意義。韓非說：「法不阿貴，繩不撓曲，法之所加，智者弗能辭，勇者弗敢爭，刑過不避大臣，賞善不遺匹夫」，「誠有功則雖疏賤必賞，誠有過則雖近愛必誅」。

以現代「法律面前人人平等」的理念，來衡量韓非所主張的「法不阿貴」、「刑無等級」的思想所包含的平等意旨，雖然也有某種局限性，但與古代西方關於平等的思想相比毫不遜色，它的理性氣質及其實踐的特性，使其更接近於現代的「法律面前人人平等」。韓非的「重刑」原則，也不是毫無借鑒意義，法律的作用就在於維護人的權利，保障社會秩序。如果一個人從犯罪中所得到的利益，比他因犯罪所失去的利益要多得多，這樣的法律是不會有效地被人遵守的。

賞罰分明，是韓非政治思想的重要內容之一。韓非認為國家政治的運行必須在嚴格的法治框架內進行，而確保政治運行得以順暢的前提，就是嚴明的賞罰；賞罰分明既是法的內容，又是保障法律實施的手段。韓非嚴明賞罰的思想主張，不僅符合一般民眾的普遍心理，也是政治文明、進步的重要標誌。韓非客觀地分析了以刑賞治國可以達到的目標：可以使政治清明，社會穩定。這與現代政治所追求的公開、公正、公平原則是相一致的，即使在現代政治和法律體系中嚴明賞罰，也是一項重要的原則。

正確評價韓非法治思想的利弊，認真挖掘其中的合理成分和具有現代價值的思想精華，並總結和剔除其中的專制主義思想糟粕，對現代社會法制的健全，堅持以法治國和以德治國並重，在法治和德治之間找到了一個平衡點，維護國家的長治久安，無疑具有深遠的意義。

作為中國古代智慧原典之一的《韓非子》，不但在思想蘊含、價值理念上具有特殊的地位和影響，而且以自己獨特、鮮明的文學特色給後世以深遠的影響。

韓非的文章直言暢論，正如袁行霈先生所說「其文峻峭犀利，鋒芒畢露，咄咄逼人，所向披靡。」讀他的文章，常常令人有冷峻、尖銳、直率、犀利之感。韓非的文章雖多屬政論，但體式多樣，如《五蠹》、《顯學》為長篇專論，《三守》為短篇專論，《難一》屬駁論，《難勢》、《定法》為辯難的文章，以韻文為主的有《揚權》，長編式的專輯體有《說林》以及內、外《儲說》等。這些文體有的是對前人傳統的繼承和發展，有的則是韓非的獨創。《韓非子》以論辯的透徹，邏輯的嚴密，成為先秦說理散文論辯藝術的集大成者。韓非對散見於先秦各書和民間的寓言故事，做了系統的蒐集整理，再加上自己的創作，然後分門別類地加以編排，第一次推出了洋洋大觀的寓言專集，載於《韓非子》的《說林》及內、外《儲說》中。

據統計，《韓非子》全書共有三百多則寓言，居於先秦諸子之首，其中不乏千古名篇，「和氏璧」、「老馬識途」、「濫竽充數」、「自相矛盾」、「守株待兔」、「買櫝還珠」等，無不家喻戶曉。

總之，韓非的文章，在先秦諸子說理散文中佔有重要地位，後代的說理散文在體式上大都沒能超出其範圍。其散文風格在後代許多作家的議論文中也多有表現，如柳宗元、王安石等人的文章都曾受到韓非的影響。

乙 智慧精華

【凡治天下，必因人情】

《韓非子》的一整套法治思想，是建立在韓非對人性的判斷上，在《韓非子》中所稱的「人情」，就是我們今日所說的「人性」。

在人性問題上，韓非與他的老師荀子相近，而「相近」就是有所同有所不同，荀、韓都把人的欲望本能和好利惡害的自然取向，看做人性的內容，就是他們的一致之處。不同的是，荀子對人的欲望本能（自然屬性）做出了道德評價，認為這些本能是「惡」的，與道德相背反的。所以荀子主張「化性起偽」，通過教化改變人性的自然傾向使其符合道德的要求。

韓非則沒有對人的本性做道德判斷，只做客觀描述。他認為，人生而具有好利惡害的自然本能，此種本能既不是善，也不是惡，只是一個客觀的事實。這一事實是一切禮法制度賴以建立和施行的前提。所以，韓非不主張「化性」，而主張「因性」，亦即利

用人性的弱點建立法律制度以治天下。因此他說：「凡治天下，必因人情。人情者有好惡，故賞罰可用。賞罰可用則禁令可立，而治道具矣！」（《韓非子·八經》）

韓非從現實利害關係出發，認為人性是自私的，好利惡害是人的本能，人與人之間的關係，是一種冷冰冰的利害關係。他舉例論證說：君臣之間表面上是一種君仁臣忠的倫理關係，其實是一種利害關係。「人臣之於其君，非有骨肉之親也，縛於勢而不得不事也。故為人臣者窺覘其君心也，無須臾之休。」（《韓非子·備內》）

在韓非看來，君主有權勢和利祿，臣下有心計和智能。君主以利祿和權勢使臣下向自己盡忠，臣下以自己的心計和智慧換取君主的官位與利祿，二者實是一種利害關係，就像雇主愛自己的傭人一樣，是為了讓傭人更好地為自己服務；傭人千方百計討主人的歡心，也是為了從主人那裏獲得更多的傭金。有什麼道德情誼可言？

君臣之間無骨肉之親，因此可以利害關係視之，而父母與子女之間的骨肉之親又如何呢？韓非冷漠地寫道：「且父母之於子女也，產男則相賀，產女則殺之。此俱出於父母之懷衽，然男子受賀，女子殺之者，慮其後便，計其長利也。故父母之於子也，猶用計算之心以相待也，而況無父母之澤乎？」（《韓非子·六反》）

韓非認為，父母之於男嬰與女嬰一賀一溺的不同態度，並不是因為父母對兒子仁而對女兒暴，而是出於一種利害關係的考量和計算。

父母子女骨肉之親猶是一種利害關係，至於社會上一般的人際關係就更是如此了。韓非舉出生動的例子說：「王良愛馬，越王勾踐愛人，為戰與馳。醫善吮人之傷，含人之血，非骨肉之親也，利所加也。故輿人成輿，則欲人之富貴；匠人成棺，則欲人之夭死也。非輿人仁而匠人賊也。人不貴則輿不售，人不死則棺不買。情非憎人也，利在人之死也！」（《韓非子．備內》）

把人際關係（包括血緣關係）一概看成利害關係，表現了韓非的冷漠與偏頗。但是，作為一個主張以法治國的冷峻的政治家，韓非對人性弱點的認識和對人際關係的分析，又的確有其深刻的一面，他抓住了階級社會中人的社會關係中最本質的東西——利害關係，這就為他的強權政治論，提供了人性論的根據。

從人的利害關係出發，韓非向君主提出一條基本的為政原則：切不可信任身邊的人。「人主之患，在於信人；信人則制於人。」（《韓非子．備內》）人主過於相信自己的大臣，就有可能大權旁落，甚或成為被大臣所害的劫君弒主。人主過於信任自己的子女，奸臣便可利用其子女以成其私，李兌傅趙王而餓主父就是其實例。人主大信其妻，奸臣就可能利用其妻的私心以成其私，在歷史上便有過優施傅麗姬殺申生而立奚齊的故事。妻子兒女與人主有夫妻之情、骨肉之親猶然如此，其他的人就更可想而知了。

有人會問：假如人主對任何人都不信任，豈不是天下無可用之人了嗎？對此，韓非也有自己的解釋。他指出，人主不要怕沒有可信任的人，問題在於要有「術」以察奸，使那些心懷狡計的人不敢或不能售其奸，行其私。這就需要進一步了解韓非所設計以「法」、「術」、「勢」三者為核心的君主統治術。

【法、術、勢，缺一不可】

韓非從人都是為了「利」的觀點出發，根本反對以仁、義等說教來治國，而主張通過「嚴刑」、「重罰」來治國。他認為，君主要治理好臣民，必須牢牢掌握賞（德）、罰（刑）兩種權力。臣民們做出的成績，必須恰如其分地完全符合君主交代的事情和命令，才給予賞賜；有任何一點過分或不及的都要嚴加處罰。賞和罰兩者之中，特別是罰必須「嚴」和「重」。韓非並且明確指出，無論賞或罰，都只能由君主一人來掌握，否則君主反要受制於臣下了。所以韓非所講的統治術，都是為極端的君主集權制設立的。

韓非比較了前期法家各派的學說，綜合出一套以「法」為主，「法」、「術」、「勢」三位一體的君主集權制的統治術。

關於「法」，韓非說：「法者，憲令著於官府，刑罰必於民心，賞存於慎法，而罰加乎奸令者也。」（《韓非子．定法》）「法」是統治者公布的統一法令、制度，這些條文由官府公布，實施辦法要讓民眾都知道，遵守法令的就賞，違反法令的就罰。

關於「術」，韓非子說：「術者，因任而授官，循名而責實，操殺生之柄，課群臣之能者也。」（《韓非子．定法》）「術」也就是統治者任免、考察、生殺官吏的權術。

關於「勢」，就是統治者占居的地位和掌握的權力。

韓非認為這三者是相輔相成的，在構成統治術中缺一不可的。但運用時的具體情況是不一樣的。「法莫如顯」（《韓非子．難三》），就是要公開、明白，寫成明確的條文，存之於官府，公布於民眾，即所謂「法者，編著圖籍，設之於官府，而布之於百姓者也」，這樣，就可以使上下都有所遵循。

至於「術」，他認為必須「術不欲見」，要「藏之於胸中」，這樣才可以使群臣猜測不到君主的想法，而可以「潛禦眾臣者也」，即君主要暗地裏操縱生殺、任免、考察大權。

韓非還總結了前期法家在運用「法」、「術」、「勢」方面存在的問題。他說：商鞅治理秦國用「法」，賞賜豐厚而講信用，刑罰嚴重而必行，所以很快使秦國國富而兵強。但是商鞅不注意「術」，不能辨別官吏的「忠」、「奸」，結果這種富強只加強了大臣們的實力，以至使秦經過幾十年還不能統一天下。他又說，申不害雖然懂得「術」，教韓國君主用權術統禦官吏，但他不注意「法」。結果新、舊法令相反，前後法令相悖，使得臣民們能夠各取所需，為自己的行為辯護，致使韓國搞了七十年還達不到霸主的地位。因此，韓非認為，「法」和「術」是「不可一無」的。

同時，韓非也吸收了慎到「重勢」的思想，認為「勢」也是統治術中不可缺的。他說：虎豹所以能比人利害，能抓其他野獸，是因為牠的爪牙利害。如果牠沒有爪牙，人很容易就可以制伏牠。「勢」就是君主的爪牙。君主所以能夠發號施令，統治臣民，那是由於他所處的地位、所掌握的權力決定的。

他還舉例說，桀（夏暴君）當君主，能夠統制天下，並不是因為桀有高尚的品德和才能，而是因為他的地位、權力，即「勢重」。堯（傳說中的聖君）如果只是一個一般老百姓，就是三家他也不能管理好。這也並不是堯沒有才能，而是因為沒有地位、權力，也就是沒有「勢」。所以，韓非強調，如同魚不能離水一樣，君主也不能一刻離開「勢」，而必須「抱法處勢」，只有牢牢地掌握和鞏固政權，才能推行其「法」和「術」。

韓非為了論證他的法治思想，對孟子的頌古非今、宣傳「仁政」的政治歷史觀點，也進行了尖銳的批判。他認為歷史是發展變化的，即「世異則事異」。

【世異則事異，事異則備變】

在中國歷史上，春秋戰國時代是一個風起雲湧的大變革時代，經濟、政治制度在激烈的震盪中迅速演化，思想文化也在百家爭鳴中不斷創新裂變。春秋戰國時代又是一個離遠古不久的時代，夏、商的文獻猶存，故國猶在，而且有許多未開化的原始部族（所謂「夷狄」）夾雜在文化先進的華夏諸國之間。在這些原始部族中，甚至還有實行母系群婚制，因而「知有母不知有父」的。

因此，這個時代的思想家們，或多或少都有一種歷史是發展變化著的觀點。區別只在於，他們的政治傾向不同，對這種變化的解釋和態度也不同。儒家、道家、墨家都在不同程度上，流露出對逝去時代的讚美和留戀。而法家則不贊成這種傾向，他們力圖將這種歷史變化解釋為必然的進化的過程，主張根據現時代的實際要求制定治國的方案。在這方面，韓非子的思想最有代表性。

韓非把歷史區別為上古、中古、近古、當世，或區別為上古、中世、當今。韓非說，上古時代，人民少，禽獸多，人民不能戰勝禽獸和蟲蛇。有位聖人架起木頭，做成鳥巢一樣的住處，以避免禽獸蟲蛇的侵害，人民非常高興，就舉他做天下的王，稱為「有巢氏」。

當時人民吃的是野生的瓜果和腥臭的蚌蛤，對腸胃非常有害，因此疾病很多。有位聖人鑽木取火，把食物放在火裏燒熟，去掉腥味、臊氣，人民非常高興，便舉他做天下的王。中古時候，天下發生大水災，由禹的父親鯀和禹先後負責疏通河流。近古時候，

夏桀和商紂統治天下，殘暴昏亂，於是商湯王和周武王起兵討伐。（見《韓非子．五蠹》）

韓非還指出，古代人食草木之實、衣禽獸之皮。堯做帝王的時候，住的茅屋屋頂不翦齊修飾，椽子不刨光，吃粗糧，喝野菜湯。禹做帝王的時候，親身拿著鋤頭鏟子掄在人民前頭做苦工，他們的生活，甚至比不上現在的看門人和奴隸。舜做帝王的時候，有苗人不服，舜於是加強教育和感化的工作，經過三年，派人手執盾和斧對著苗人舞蹈了一番，苗族就降服了。而在對共工（傳說不一，據韓非上下文意應是比較晚近的人物）的戰役中，戰爭激烈到用短的鐵製武器互相肉搏，鎧甲不堅固就會使身體受傷。

由此可見，韓非不僅看到了歷史的變化，而且看到了人類社會由蒙昧而野蠻而文明的變化的一些具體過程：人類對自然的關係發生了變化，物質生活不斷改善，但貧富貴賤的對比日益強烈，戰爭也由象徵性的變成了你死我活的拼殺。這在當時是很了不起的獨特眼光。

韓非不僅認為歷史是變化的，還對歷史變化的原因做了探討。他認為歷史變動的主要原因之一是人口的增加。人口越來越增多，自然資源越來越不夠用，社會的情況也就隨之而改變了。古代人口少，自然資源多，草木之實、禽獸之皮取給有餘，用不著憑力吃飯，所以人們不爭奪財利。現今（即韓非所處的戰國時代）人口多而資源少，人們拼命勞動，生活還很差，所以人們爭奪財利。韓非的這種觀點不承認歷史變動的原因在於天意或人的意志，不從人的思想觀念去解說歷史，而試圖從人類物質生活的矛盾中，尋找歷史變動的原因，顯然含有唯物主義的因素，也是很了不起的。

基於對歷史變化及其原因的上述認識，韓非批評了儒家、道家提出的人的道德品質隨著歷史演變而越來越低的觀點。他認為，古代的帝王之所以輕易地讓位於人，是因為帝王生活待遇很菲薄而工作十分辛苦；今天的縣令之所以捨不得丟掉職位，是因為待遇優厚、權力很大。山居的人逢年過節以水相送，是因為水太少；依湖澤而居的人卻僱人排水，是因為水太多。青黃不接時連幼弟都不肯接濟，是因為糧食太少，豐收時連遠客也肯供飯，是因為糧食太多……這一切都與道德品質的高下無關。韓非這些話的涵義是：仁慈、禮讓之類的道德行為是由物質生活狀況所決定的，而不是由人的本性決定的。這也是樸素唯物主義的觀點。

韓非認為——「世異則事異，事異則備變」，即時代（「世」）不同，遇到的問題（「事」）也不同，解決的辦法措施（「備」）當然也不同。上古之世的問題是躲避野獸的侵害，是對食物加工改造，這些問題隨著歷史時代的變化已成過去，如果到中古之世還有人構木為巢、鑽燧取火，那就要受到嘲笑。同樣，如果到了現在還去稱讚堯、舜、禹、湯的功德事業，也要受到嘲笑。

正確的態度應當是「不期修古，不法常可，論世之事，因為之備」（《韓非子．五蠹》），即不遵行古法，不墨守成規，要根據現實生活所面臨的問題做出相應的措施。韓非尖銳地批評那種循古守舊，主張用古代帝王的辦法來治理當今社會的人，就像「守株待兔」的農夫一樣愚蠢可笑。

韓非的這一思想是很深刻的，用今天的話說，凡事要「與時俱進」，所以他的「世事則事異，事異則備變」的思想，是永遠不會過時的。

【緣道理以從事】

在哲學思想上，韓非子對老子「道」和「德」的理論進行了改造，並進一步提出了一個新的重要哲學範疇——「理」，主張人們應該「道理相應」，「緣道理以從事」。

「道」是老子哲學體系的核心，是先天地生的最高實體，韓非對它進行了唯物主義改造，使其具有客觀物質性的內容。他說：「道者，萬物之所然也，萬理之所稽也。」（《韓非子．解老》）在韓非那裏，「道」是存在於天地萬物之中，與客觀事物相始終的一般本質和規律性，「道」是天地萬物發生、發展的根據，它體現在各種事物之中，天地、日月、五常、列星、四時，以及社會人事的特性和運動變化都受「道」的制約。可見，在韓非看來，「道」就是體現在客觀事物產生、發展和消亡過程中的普遍規律。

韓非認為，與「道」相對應的是「理」。「理者，成物之文也……物有理，不可以相薄，故理之為物之制，萬物各異理。萬物各異理，而道盡稽萬物之理，故不得不化。」（《韓非子．解老》）韓非所說的「理」，是指一事物區別於其他事物的具體法則。千差萬別的事物之所以互不混雜，就在於各有其長短、大小、方圓、黑白等性質之分，「理」就是事物的這種特殊性、特殊規律。道是綜合萬物之理的總規律。「道」寓於「理」之中；「理」又離不開「道」，體現著「道」。這樣，萬物才可以被人們說明其所以然之理。

韓非不僅辨證地論證了「道」和「理」的客觀性，而且還認為「道」和「理」是完全可以被認識的。「道」雖然弘大無形，但「聖人」卻可以通過「道」在具體事物中表現出來的功用去認識和掌握它。這就克服了老子「道」的神祕性。韓非提出「理」的範疇，以及對「道」和「理」相互關係的唯物解釋，說明當時人們已懂得區分一般規律和特殊規律的重要性，這對中國哲學的發展產生了很大的影響。

韓非發揮了荀況「明於天人之分」、「制天命而用之」的思想。主張遵循客觀規律，發揮人的主觀能動性。他說：「夫物有常容，因乘以導之，因隨物之容。」（《韓非子．喻老》）「夫緣道理以從事者，無不能成。」（《韓非子．解老》）就是說，事物都有其自身的性質和形態，因勢利導，一動一靜都不失其本性，就會取得成功；如果「棄道理而妄舉動」，即使最有財勢，也必須會眾叛親離而失去一切。治理國家的道理也是如此。因此韓非強調統治者要「守成理，因自然」，「不逆天理」（《韓非子．大體》）。這種思想繼承了荀況主張「修（循）道而不貳」，反對「倍（背）道而妄行」的唯物主義思想。韓非在尊重自然規律的基礎上，十分強調人的主觀能動作用，反對消極的因循自然，主張積極用人力改造自然，突出了人在自然介面前的主觀能動性。

韓非在肯定人的主觀能動性時，堅決反對放棄人為、迷信天命鬼神的思想。他說：如果統治者做什麼事情都要選擇良辰吉日，事奉鬼神，迷信卜筮，熱中於搞祭祀活動，那就必然要亡國。韓非舉了很多歷史事實說明占卜迷信完全是欺騙。

韓非舉了這樣一個例子：有一次趙國和燕國打仗，雙方在交戰前都寫龜殼占卜，向神詢問吉凶，雙方都占得封兆為「大吉」，戰爭的結果是趙國打敗了燕國。韓非據此諷刺那些迷信占卜的人說：同樣的烏龜殼難道趙國的靈驗，燕國的就不靈驗嗎？韓非得出結論說：「治弱者亡，治強者王。」（《韓非子．飾邪》）烏龜殼是決定不了戰爭勝敗的大事的，國家的強弱，取決於人君的主觀努力。這充分反映了韓非的積極進取精神。韓非還對宗教迷信的根源進行了分析，他把迷信鬼神的原因，歸結為遭受疾病或災禍。從自然和社會去探索鬼神迷信的根源，這在當時是頗為深刻的唯物思想。

總之，韓非提出「道理相應」的觀點，主張「緣道理以從事」。他用「道」和「理」的關係，來說明事物發展的普遍規律和特殊規律之間的關係，指出作為事物本體和事物發展普遍規律的「道」，是不生不滅的（常）而寓於具體事物之中，而體現為這些事物特殊規律的「理」，則是不斷變化的（無常）。

這是韓非對中國古代哲學一個重要理論貢獻。韓非的哲學理論與他的政治實踐是緊密相連的，他是企圖用關於萬物發生和發展的規律性學說，來論證當時新興地主階級變法改制的歷史必然性。他所以強調「道」的永恆性和絕對性，目的是為新興地主階級建立專制集權的封建國家提供理論依據；他之所以強調「理」的變化性相對性，目的是為了反對那些抗拒變法的復古主義思想。

【因參驗而審言辭】

韓非汲取墨子的「尚功用」思想，把「參驗」作為檢驗真理的標準，形成功用主義的參驗論，豐富和發展了先秦關於人的認知問題的思考。

韓非指出人天生具備「天明」、「天聰」、「天智」（即指視覺、聽覺、思維等）等感覺器官和心智特性。人的感覺、思維能力是自然形成的。人可以憑藉感覺和思維器官來認識外部世界。人有認識客觀世界的能力，但是感官必須與客觀事物接觸才能產生認識。認識對象在先，人的認識在後。

韓非認為，在沒有接觸客觀和認識事物的道理以前，就主觀地做出判斷，形成認識，這叫「前識」，「前識者，無緣而妄意度也」，即沒有根據地隨意猜想，毫無價值。如果在瞭解事物的規律之前就魯莽行動，這是蠢舉，必然導致失敗。

韓非有一句很有名的話：「循名實而定是非，因參驗而審言辭」（《韓非子・顯然》）。韓非所說的「名」，主要是指統治階級中各種官職的名分和職責，而「實」則是指任職人員的實際能力和工作成績，判斷一個人的好與壞、賢與愚，名實相符為是，反之為非。這裏雖然講的是君主對臣下的考察方法，但有其認識論的意義——一個正確的結論必須名實相符，反之就是謬誤。

韓非進一步提出判斷名實是否相符最好的方法是「參驗」。「參」，即要求將各方面的情況意見，彙集在一起互相參照對比，以避免片面性；「驗」，則意味著以實際的結果和功效為標準對認識加以檢驗。韓非用「參驗」的方法反對抱著舊教條不放的復古主義。

「功用主義」是韓非認識論的基本特徵。他說，言行一定要以功用為目的和標準，否則，話儘管說得入微，事情儘管幹得堅決，沒有功效，就毫無意義。韓非深刻指出，選拔人才，如果只看一個人的容貌、服飾，只聽他的言辭，孔子也不能判定賢與不肖；如果給他一定的官職加以試用，考核他的實際業績，那麼普通人也能分得清他是智還是愚。韓非認為，以功用作為聽言觀行的標準，無才無德的人就不能濫竽充數了。

根據這種功用主義參驗論，韓非主張：「宰相必起於州部，猛將必發於卒伍。」即宰相一定要從地方官吏中提升，猛將必須從士兵中選拔。原因是這種人經過實際考驗，一定能產生功用。

韓非以功用主義參驗論為武器，對先秦諸子進行批判和總結，認為他們都是不符合實際的「虛舊之學」、「愚誣之學」，和沒有功用的「無用之辯」。他用參驗論批判孔墨顯學，指出孔墨之道都來自堯舜，只是取捨不同，但是，三千年前的堯舜之道，是不能參驗的東西。

韓非認為，不能參驗的東西就肯定它，不能肯定的東西就拿來作為立論的依據，這不是愚蠢，就是欺騙。韓非又根據功用主義指出：「孔、墨不耕耨，則國何得焉？」「曾（參）、史（鰌）不戰攻，則國何利焉？」（《韓非子．顯學》）

韓非的功用主義參驗論，實質是古代樸素唯物主義的實踐觀。值得注意的是，韓非對他所說的「觀其行而求其功」的「行」，雖然還沒有也不可能理解為社會實踐，但是，他主要是指耕戰、富國強兵、尊主安國之類的政治經濟活動，而不是指個人對封建倫理道德的踐履。這在中國古代認識史上是難能可貴的。

韓非「循名責實」、「注重參驗」的思想方法以及他的歷史進化觀點，為後來的進步政治家所推崇，用來作為勵精圖強、變法革新的思想武器。

丙 智者妙用

【秦始皇：韓非思想的全面貫徹者】

韓非生前沒有得到秦王嬴政的重用，但他的思想和著作，卻成為嬴政統一中國大業中的指導思想。

自孝公任用商鞅變法以來，法家思想便成為秦國治國的指導思想。秦王嬴政在看到韓非的著作以前，對於權勢、權術的意義尚不十分清楚。自從他讀到韓非的著作以後，對於君人南面之術的運用，便表現得十分熱心。

大量事實表明，秦統一之後，實行的統治方法，基本上都是韓非的主張，可以毫不誇張地說，韓非的思想在秦王朝得到了全面貫徹。

韓非論勢，強調君主個人獨裁，至高無上。「獨視者謂明，獨聽者謂聰。能獨斷者，故可以王天下。」「獨斷」就是獨裁，就是專制。秦始皇完全實踐了這一理論。

殷、周和春秋戰國時期，最高統治者一般都稱為「王」。秦統一全國以後，秦王嬴政覺得「王」字不足以顯示其尊貴，令群臣議帝號。諸大臣、博士討論的結果認為：「古有天皇，有地皇，有泰皇，泰皇最貴」，因此上尊號為「泰皇」。然而，秦王仍不滿意，只取一個「皇」字，同時又採上古的「帝」號，合稱為「皇帝」。「皇」、「帝」二字在中國上古時期，都是最神聖的字眼，「皇」是「天人的總稱」，「正氣為帝」，「得天之道者為帝」，把這兩個字連在一起，無非是表示秦王自己遠遠高於「三皇五帝」，是古往今來的最最尊貴者，目的是要求人們對他更加敬畏。

秦始皇還頒布命令，廢除謚法。「朕聞太古有號毋謚，中古有號，死而以行為謚。如此，則子議父，臣議君也，甚無謂，朕弗取焉。自今以來，除謚法。」這是將皇帝絕對神聖化，不僅活著的時候，人們要絕對服從，死後也要絕對服從。

為表示皇帝與眾不同，秦始皇還規定了一套特定用語，加強其權勢。如皇帝的命令叫「制」和「詔」；在任何文字中不准提及皇帝的名字；皇帝自稱叫「朕」，不許其他人使用。在此以前，「朕」字並不僅僅屬於最高統治者，但自此以後「朕」字便成為皇帝自稱時的專用詞。還規定皇帝的印叫「璽」。同時還命人為皇帝特別設計了一套服飾，把皇帝打扮得與眾不同，藉以增強其威嚴。

韓非主張明主治國，首先治吏，強調官吏必須絕對忠於皇帝。「北面委質，無有二心。朝廷不敢辭賤，軍旅不敢辭難。順上之為，從主之法。虛心以待令，而無是非也。」官吏不應該有是非觀念，只能絕對服從皇帝的法令，完全是一個沒有自主意識的機器人。按著這種設想，秦始皇建立了一套從中央到地方的嚴密統治機構。

高居整個統治機構之上的是皇帝。皇帝之下設丞相、太尉和御史大夫，合稱「三公」。丞相是文官的首領，輔助天子，助理萬機，官職最為顯要；太尉是武官的首領，主五兵，掌武事，權勢很大；御史大夫，負責監察，位次丞相。「三公」共同對皇帝負責，各掌其職。

在「三公」之下設置九卿：奉常掌宗廟禮儀；郎中令負責皇帝的安全和傳達命令；衛尉掌管皇宮的警衛部隊；太僕掌管皇宮的車馬儀仗；廷尉掌刑罰，是全國的最高司法官；典客負責統治少數民族地區；宗正負責宗室親屬事務；治粟內史掌管糧食糧倉；少府負責為皇宮徵收山海地澤之稅；中尉負責京師安全保衛。

中央組織的核心是皇帝，所有官員都對皇帝負責。秦始皇十分重視自己的權勢，嚴密防範大權旁落。例如，使丞相為文官之首，總領朝廷的集議和上奏，協助皇帝處理日常事務，但把軍權交給太尉，又使御史大夫負責監察，這就避免了丞相權力過大，威脅皇帝權力的問題。太尉雖然名義上是最高軍事長官，但無調兵權，發兵權完全操在皇帝手中。需要發兵時，皇帝臨時指派大將統兵。所以統一之後的秦王朝，太尉實際未起多大作用。御史大夫雖不掌實權，但他是皇帝的耳目和鷹犬，最為皇帝信任，可以隨時向皇帝報告群臣的言行。這是把韓非提出的鼓勵臣下告密的活動，推向了極致。

秦朝統一之後，秦始皇將原來在秦國範圍內實行的一套地方政權組織，推廣到全國，建立了郡、縣、鄉、亭行政組織。

全國有三十六郡，各郡一律置守、尉、監。守治民，尉典兵，監負責監督官吏，三者分工負責，近似中央的「三公」。

郡下設縣，置令、長。縣下以鄉、亭為單位，「大率十里一亭，亭有長。十亭一鄉，鄉有三老、有秩嗇夫、遊徼。」三老掌教化，秩嗇夫主聽訟，遊徼禁盜賊。

秦朝統一全國後，在全國推行郡縣制，改變了食邑食封的世襲制，這無疑是歷史的巨大進步，所以這種行政體系歷中國封建社會兩千餘年而不變。通過推行郡縣制，實行中央集權，這是秦始皇和他的群臣的歷史功績，是應當肯定的。

韓非的「事在四方，要在中央，聖人執要，四方來效」的說法，既講了中央集權，又講了專制獨裁。「事在四方，要在中央」，是要求中央集權；「聖人執要，四方來效」，講的是專制獨裁。所以，韓非子主張的是專制獨裁的中央集權，專制是目的，集權是手段。秦始皇完全將這種主張變成了現實，建立了一個龐大無比的官僚機構，這個機構的形狀猶如金字塔一樣，皇帝處在金字塔頂，遙控一切。

統一全國後，秦始皇先後五次巡遊全國各地，到處刻石宣揚自己統一四海的功德。

這一連串的巡遊活動，主要是為了鎮壓各地的反抗，宣揚秦皇的威德，神化自己，提高權威。有時借助於神靈，如登臨泰山祭天，表示自己受命於天。有時向神靈示威，表示自己至尊，如伐光湘山樹木，適足以表現其狂妄、傲視一切的心理。這一切都是對韓非勢治理論的實踐和運用。

韓非認為君道在於使群臣不能窺伺。秦始皇對任何人都不相信，天性剛愎自用，不願意讓任何人知道自己的想法。有一次，秦始皇在梁山宮，從山上看見丞相李斯的車騎儀仗甚為隆重，表示不滿。後來，秦始皇周圍有人將此事告訴了李斯，李斯立即減少了車騎人數。秦始皇看到李斯的車騎人數發生變化後，非常惱怒，認為一定有人洩漏了他的話，於是對當時在場的人一一審問。由於無人敢承認，秦始皇竟然殘暴地下令，將當時在場的人全部殺掉。從此再也無人敢洩漏秦始皇的機密了。

當然，秦始皇專政時所製造的遺臭萬年的「焚書坑儒」事件，更是對韓非子，「冰炭不同器而久，寒暑不兼時而至，雜反之學不兩立而治」的文化獨裁專制理論的瘋狂實踐。

【曹操：撥亂之政，以刑為先】

韓非的法治理論基本原則是，強調鐵面無私與嚴酷。法家一般不太強調並相信人，權力主張治人理政以具體而鐵一般的法律為依據與歸宿。韓非的法治理論實質在於通過鐵面無私的獎懲制度，進一步強化司法的威嚴性，以確保各級官員工作程式的正常與工作效率的提高，力圖防止並消除瀆職、急工、浪費及腐敗。韓非的法治理論的特徵就是雷厲風行、嚴肅無情、絕對強制。韓非的這些法制思想對後世的許多治世能臣產生了巨大影響，其中的代表人物就有曹操。

曹操是東漢末年著名的政治家，他的思想受韓非子影響極大。陳壽《三國志・魏志・武帝紀》中評論說：「漢末，天下大亂，雄豪並起，而袁紹虎視四州，強盛莫敵。太祖（即曹操）運籌演謀，鞭撻宇內，攬申、商之法術，該韓、白之奇策，官方授材，各因其器，矯情任算，不念舊惡，終能總禦皇機，克成洪業者，惟其明略最優也，抑可謂非常之人，超世之傑矣！」這段評論符合曹操的本來面目和歷史功績。

曹操非常重視法治的作用，曾下令說：「自命將征行，但賞功而不罰罪，非國典也！」不但統軍如此，在治國上他也強調：「夫治定之化，以禮為首；撥亂之政，以刑為先。」由於他認為當時是亂世，所以把「刑」始終放在首要地位。在他的影響下，社會上出現了一種政治風尚多「師商、韓而上（尚）法術，竟以儒家為迂闊，不周世用。」所以西晉的傅玄說：「近者魏武好法術，而天下貴刑名。」

曹操一生認為：「撥亂之政，以刑為先」，「設而不犯，犯而必誅」。對於法律的執行是十分堅決的。他繼承了韓非「法不阿貴」的思想，認為任何人都必須遵守國家的法律，不論身分、地位如何，違犯了法律，都要給予懲罰。

早在他任洛陽北部尉時，就特製了一根「五色棒」懸掛在門上，規定：「有犯禁者，不避豪強，皆棒殺之。」

例如，有一次漢靈帝的親信宦官蹇碩的叔父依仗權勢，橫行不法。曹操不畏權勢，將他抓起來，砍了頭，官僚貴族大為震驚。後來曹操的兒子曹彰為將出征，臨行，曹操嚴肅地告誡兒子說：「居家為父子，受事為君臣，動以王法從事，爾其戒之！」史載「漢末政失於寬」，而曹操「糾之以猛而上下知制。」所謂「寬」指的是對犯法的行為放縱不管，所謂「猛」指的是嚴格執法，重刑懲治。

曹操在軍隊中還規定了賞罰分明的獎懲制度。他說：「明君不官無功之臣，不賞不戰之士；治平尚德行，有事賞功能。」又說，「勳勞宜賞，不吝千金；無功望施，分毫不與。」這是說，明智的君主不重用無功之臣，對於有功的將士必須給予重賞，無功的人讓他們什麼也得不到。

這些思想主張，韓非早就講過了。韓非說：「法不阿貴，繩不撓曲。法之所加，智者弗能辭，勇者弗敢爭，刑過不避大臣，賞善不遺匹夫。」懲罰要重，獎賞也要重，無功不能受獎。曹操對這些主張進行了全面實踐。

曹操對司法官吏的選拔也是很重視的。他曾說：「夫刑，百姓之命也，而軍中典獄者或非其人，而任以三軍死生之事，吾甚懼之」，因而提出「先明達法理者，使持典刑。」他的部下，凡是通曉法律的，都予以重用。

曹操從多年征戰的實踐中，深深體會到，必須嚴格以法治軍，只有軍紀嚴明，法律嚴明，軍隊才能保持較強的戰鬥力，國家才能富強。也正是由於他堅持以法治軍治國，使軍隊保持了較強的戰鬥力，在消滅軍閥割據勢力，統一中國北方的戰爭中發揮了巨大作用。

曹操根據韓非「選賢任能」的原則，提出了「唯才是舉」的主張。他三次下令求賢，主張凡是有治國用兵才能的人，不問其出身和門第，一律委以重任。史載曹操「拔於禁、樂進於行陣之間；取張遼、徐晃於亡虜之內，皆佐命立功，列為名將。其餘拔出細微，登為牧寺者，不可勝數。」這體現了韓非「宰相必起於州郡，猛將必拔於卒伍」的思想。

曹操還繼承了《韓非子》中的耕戰思想，認為——「夫定國之術，在於強兵足食。秦人以急農兼天下，孝武以屯田定西域，此先代之良式也。」

為了解決糧餉，他獎勵耕戰，設置屯田，把由於連年戰亂而出現的大量無主荒地，分配給被召募來的農民和軍隊耕種。曹操推行了這些措施後，發展了生產，緩和了社會矛盾，支持了統一北方的戰爭。

總這，《韓非子》中的「法不阿貴」、「信賞必罰」、「選賢任能」、獎勵耕戰等思想主張，在曹操的手中都得到了積極的發揮和運用。這是曹操能「總御皇機，克成洪業」的根本原因。

【明太祖朱元璋：取法韓非，重典治國】

韓非的重刑理論追求的是「以刑去刑」的目的，所以，與儒家的「無訟」觀所追求的可謂不謀而合。因此，在歷代的重刑甚至恢復肉刑的主張中，多是其時有影響的儒士，如東漢末的仲長統，強調制訂法律因「時」隨「勢」，主張恢復肉刑；西晉司法官劉頌主張恢復肉刑，強調嚴格依律條斷罪，君臣共同守法；就連後世儒家的代表人物宋代的理學大師朱熹，也主張「明刑弼教」，恢復肉刑，刑罰寬嚴相濟，以嚴為本。

可見韓非所集其大成的法家重刑理論是多麼地源遠流長！

而明太祖朱元璋則更是一位身體力行者。「重典治國」被朱元璋視為明初立法、司法的重要原則。如果說朱熹還只是在理論上為「明刑弼教」原則的貫徹開闢了道路，朱元璋則是從理論與實踐的結合上，把此原則推向了新的高度。

自稱「淮右布衣」，「起自微寒」的明太祖朱元璋，對法制非常關注，朱元璋晚年對其孫朱允炆說：「吾治亂世，刑不得不重。」（《明史．刑法志》）對「賊盜」及「絡項錢糧」之類直接危及專制統治的重大犯罪量刑則「重罪加重」。

明太祖對「賊盜」、「亂臣賊子」不僅據律加誅，且大量法外用刑，甚至到了狂誅濫罰的程式。據《明太祖實錄》載：洪武五年九月，南海「盜」號稱「黑鬼」者為亂，被捕斬者共三百七十餘人。七年三月廣東儋州陳逢愆起義，陳被斬，部屬一千四百多人被劓刑。同年四月廣東雷州王子英「謀亂」，王被斬，擒其部屬二百三十一人均梟首於海濱。十五年十月廣州「鏟平王」起義，被殺者八千八百人。《大誥》則乾脆規定對私除字者處梟首死刑。

另一方面，為裁抑臣僚，強化君主專制集權，明律廢除自魏晉以來完備於唐律的「官當、減贖及蔭法」。對官吏犯罪實行「重罪加重」的原則。明初「嚴犯贓官吏之禁」，太祖曾言：每「見州縣長吏多不恤民，往往貪財好色，飲酒廢事，凡民疾苦視之漠然，必實怒之。」（《明太祖實錄》）下詔「重懲貪吏」，並敕令刑部，官吏受贓，連同行賄者一併處罰，「徙其家於邊」。明律沿用唐律「六贓」罪名。除「常人盜」，「竊盜」外，其餘四贓（監守盜、受財枉法、受財不枉法、坐贓）均與官吏有關。《明律．刑律》專設「受贓」之門，內有「官吏受財」、「坐贓致罪」、「事後受財」、「有事以財請求」、「在官求索借貸人財物」、「家人求索」、「風憲官吏犯贓」、「私受公侯財物」、「克留盜贓」等詳細律條。這也反證出當時官吏貪墨上的「機關算盡」和皇帝防臣下的苦心。

此外，「有祿人」犯法重於「無祿人」，「風憲官」犯者加罪二等。其刑罰手段更是慘酷。《明大誥》記：龍江衛倉庫官吏勾結戶部官吏盜賣官糧，被墨面紋身，挑筋去膝。

太祖還詔令：「凡守令貪酷者，許民赴京陳訴。」官吏贓至六十兩以上，梟首示眾，剝皮實草。史載：府、州、縣、衛官署左旁特設土地廟，為剝皮場所，俗稱「皮場廟」。在官府公堂正座之旁，各懸一個剝皮實草的前任贓官的人皮囊，使現任官吏「觸目驚心」。

洪武十八年，戶部侍郎郭桓盜吞官糧的「秋糧案」，從中央到地方被牽連者數萬人，皆論死罪。朱元璋哀歎：「中外臣庶，罔體聖心，大肆貪墨。」「臨事之際，私勝公徽，以致慾深曠海，罪重巍山，當犯之期，棄市之屍未移，新犯大辟者即至。」

朱元璋深得韓非「臣得樹人則主失黨」教誨的主旨，嚴禁臣下結黨與內外官交結。「尊君抑臣」是歷代宗旨，漢時即有「阿黨」、「左官」之法。《明律．吏律》職制門有專設「奸黨」條，規定「交結朋黨，紊亂朝政」，「上言宰執大臣美政才德」等，均屬「奸黨」罪，尤其後者量刑從重，本人不分首從皆斬，「妻子為奴，財產入官」。司法實踐中大殺「奸黨」之獄，在明初的幾十年間經常不斷。

洪武十三年和洪武二十六年發生的「胡（惟庸）藍（玉）之獄」以及前後連十四年之久的誅殺案即是一例。先後誅殺三千人，並發布《昭示奸黨錄》以戒群臣。受牽連的開國元勳李善長也是「家口七十餘人誅之」（《明史．李善長傳》）。而借涼國公藍玉謀反一案又誅殺一萬五千餘人。公侯宿將重臣坐奸黨被殺，幾無倖免，「實千古所未有」。

正是在大戮奸黨的同時，《大明律》修定完成。明律「猜防臣下」，禁絕奸黨的意圖隨處可見，對皇權空前嚴密的維護是前代所不及的。成祖以後，隨著皇權極端的發展，宦官權勢日盛。如熹宗時魏忠賢專擅朝政，滿朝文武皆成魏黨，且甘願作其義子，為其立生祠。為排除威脅皇權的勢力集團曾起過一定作用的律令，終釀成為宦官專權的惡果，這也是明太祖朱元璋始料不及的。

丁　智語集萃

1. 處鄉不節，憎愛無度，則爭鬥之爪角害之。（《解老》）

——生活於鄉里而行爲不檢點，憎惡他人和寵愛他人都沒有節制，那麼私人間鬥爭的爪牙硬角，就會傷及自身。

2. 小知不可使謀事，小忠不可使主法。（《飾邪》）

——只有點小聰明的不足以謀劃大事，只對私人愚忠的人不足以主管法令。

3. 外舉不避難，內舉不避子。（《外儲說左下》）

——舉薦賢能，外不避仇人，內不避親兒子，唯賢是舉是唯一原則。

4. 夫樹橘柚者，食之則甘，嗅之則香；樹枳棘者，成而刺人；故君子慎所樹。（《外儲說左下》）

——栽種橘柚，吃起來甘甜可口，聞起來香味撲鼻；倘若栽種枳棘，長成了就會刺傷人。因此，君子栽培人時一定要慎之又慎。

5. 刺骨，故小痛在體，而長利在身；拂耳，故小逆在心，而久福在國。（《安

危》）

——用金針刺骨，身體雖然承受小痛，但對於身體的健康有長遠利益；刺耳的話，聽起來不順心，但對於國家和事業有長遠利益。

6. 行賢而去自賢之心，焉往而不美？（《說林上》）

——躬行賢德而沒有自以爲賢德的念頭，到哪裡不會受到讚美呢？

7. 天下有信數三：一曰智有所不能立，二曰力有所不能舉，三曰強有所不能勝。（《觀行》）

——天下有三項必然之理：一者即使智慧超群，也有辦不成之事；二者即使力大無窮，也有舉不起的東西；三者即使強大非常，也有不能戰勝的對手。

8. 古之能致功名者，衆人助之以力，近者結之以成，遠者譽之以名，尊者載之以勢。（《功名》）

——古來那些能獲得功業和崇高聲望的人，是因爲有許多人竭力幫助他，周圍的人眞心與他結交，遠方的人讚譽傳播他的令名，而身居尊位的人用權勢來成就他。

9. 夫智者知禍難之地而辟之者也，是以身不及於患也。（《難二》）

——那些有智慧的人，由於知道災禍和危難在哪裡而善於避開，所以他們不會身處禍患。

10. 倒言反事以嘗所疑，則姦情得。（《內儲說上七術》）

——以說反話、做反事的方式，來試探所懷疑的人和事，那麼，奸邪之事便可眞相大白。

11. 力不敵眾，智不盡物。與其用一人，不如用一國。（《八經》）

——一個人的力量敵不過眾人的力量，一己之智不能盡知天下萬物。因此，與其僅用個人的力量與智慧，不如群策群力，集合眾智眾力。

12. 失火而取水於海，海水雖多，火必不滅矣，遠水不救近火也。（《說林上》）

——如果失火後到大海中去取水滅火，海水雖然很多，但肯定不會及時滅火，因爲遠處的水是無法救近處的火災的。

13. 禍難生於邪心，邪心誘於可欲。（《解老第》）

——世間的禍難大多生自奸邪之心，而奸邪之心則是由貪欲所誘發。

14. 家有常業，雖饑不餓；國有常法，雖危不亡。（《飾邪》）

——家中有固定的生計和產業，雖遇荒年也不會挨餓；國家有固定的法度，雖遭危難也不會滅亡。

15. 法者，見功而與賞，因能而受官。（《外儲說左上》）

——所謂法制，就是有功勞的予以賞賜，根據一個人的才能授予一定的官職。

16. 明主之所導制其臣者，二柄而已矣。二柄者，刑、德也。（《二柄》）

——英明的領導者用以駕馭其下屬的不過是兩種權柄罷了。這兩種權柄就是「刑」（罰）和「德」（賞）。

17. 君無見其所欲，君見其欲，臣自將雕琢；君無見其意，君見其意，臣將自表異。（《主道》）

——在上者不要流露自己的欲求，一旦流露自己的欲求，下屬就會自我雕琢以滿足在上者的欲求；在上者不要表現自己的意圖，一旦表現自己的意圖，下屬就會善巧僞裝自己，以迎合在上者的意圖。

18. 任人以事，存亡治亂之機也。無術以任人，無所任而不敗。（《八說》）

——甄選任用人才去處理各種事務，是事業存亡治亂的關鍵和樞紐。然而缺乏用人的手段和權術，用人沒有不失敗的。

19. 空竅者，神明之戶牖也。耳目竭於聲色，精神竭於外貌，故中無主。（《喻老》）

——人的眼、耳、口、鼻等竅孔，乃是心靈和智慧的窗户。耳目的功能耗竭在聲色之欲上，精神耗盡於外貌追求上，那麼精神世界就會失去主宰。

20. 人臣失所長而奉難給，則伏怨結。（《用人》）

——讓屬下無所施其專長，而去擔任不擅長、難以勝任的工作，那麼屬下口雖不言但心中會怨恨上屬。

21. 太山不立好惡，故能成其高；江海不擇小助，故能成其富。（《大體》）

——泰山對土石不分好惡，所以能成就其巍峨高大；江海對細流小水從不挑剔，所以能擁有豐富無比的水量。

《史記》——秦漢前二千年的智慧結晶

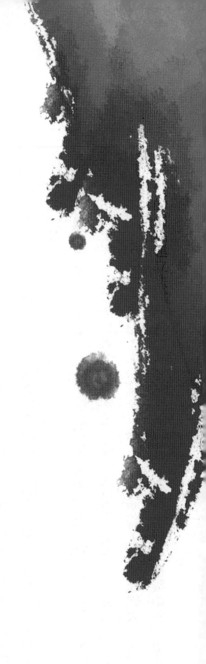

甲 智典概貌

【成書背景】

《史記》是一部具有世界影響的歷史學和文學巨著，是人類文化史上的奇觀。

《史記》產生在西漢盛世漢武帝時代，漢武帝是西漢第五代皇帝。西漢經過高、惠、文、景四代人的治理，中央集權的統治日益鞏固。全國一統，國力充實，「蓄積歲增，戶口寖息。」政治穩定，經濟繁榮，必然帶來文化學術的高漲。武帝即位，深感「四夷未賓，制度多缺。」為了適應大規模的用兵和上層建築的改革，不拘一格錄用人才，所以「群士慕響，異人並出。」

現代歷史學家范文瀾說：「西漢一朝各方面的代表人物，如大經學家、大政論家董仲舒，大史學家司馬遷，大文學家司馬相如，大軍事家衛青、霍去病，大天文學家唐都、落下閎，大農學家趙過，大探險家張騫，以及民間詩人所創作經大音樂家李延年協律的樂府歌詩，集中出現在武帝時期。這是歷史上非常燦爛的一個時期，漢武帝就是這個燦爛時期的總代表。」

具體而言，《史記》這部巨著能在漢武帝時代產生，是由以下幾個原因促成。

其一，如何鞏固西漢王朝的統治，迫切需要進行歷史經驗的總結。

早在漢高祖即位之初，這位馬上得天下的開國皇帝，就讓儒士陸賈總結「秦所以失天下，吾所以得之者何，及古成敗之國」的歷史經驗，尋求長久之術。

到了武帝即位的時候，民則人給家足，而府庫餘貨財。農業生產技術提高了，手工業發展了，城市興起，商業發達，全國一片欣欣向榮。可是，若把時鐘撥回一百年，在秦漢之際，「三十年之間，兵相駘藉」，「死人如亂麻」。陳涉發難，項羽滅秦，劉邦興起，「五年之間，號令三嬗，自生民以來，未始有受命若斯之亟也。」翻天覆地的歷史變化是怎樣發生和發展的？為了西漢帝國的長治久安和不蹈歷史上的覆轍，迫切需要進行歷史經驗的總結。事實上，與司馬談同時而與司馬遷相及的淮南王劉安，就糾集學者編撰了一部「觀天地之象，通古今之事」的《淮南子》，進行這方面的研究總結。

司馬談臨終執兒子司馬遷手而泣曰：「余先周室之太史也。自上世嘗顯功名於虞夏，典天官事。後世中衰，絕於予乎？汝復為太史則續吾祖矣！」又說：「自獲麟以來，四百有餘歲，而諸侯相兼，史記放絕。今漢興，海內一統，明主賢君忠臣死義之士，余為太史而弗論載，廢天下之史文，餘甚懼焉，汝其念哉！」司馬遷也說：「余嘗掌其官，廢明聖盛德不載，滅功臣世家賢大夫之業不述，墮先人所言，罪莫大焉。」歷史使命感，使司馬談、司馬遷父子自覺地肩負起述史的任務，並且確定了「究天人之際，通古今之變，成一家之言」的述史原則，探究歷史之變，回溯以往，推察未來，用以回答漢朝之所以興以及如何鞏固、發展的問題。

清代學者錢大昕說，《史記》的「微旨」有三，「一曰抑秦，二曰尊漢，三曰紀實」，這正是司馬遷所處時代的精神和時代的使命。

其二，西漢的文化發展繁榮，創造了修史條件。

正如當代歷史學家白壽彝先生所言，司馬遷修纂《史記》，「是長期的歷史研究成果的集中體現」。如果沒有《春秋》、《尚書》、《左傳》、《國語》、《世本》、《戰國策》等史書的先後問世，就不可能憑空冒出《史記》這樣的巨著。司馬遷能夠運用這些典籍，是西漢的文化發展繁榮提供的條件。司馬遷有幸能「紬史記石室金匱之書」，即皇室官家的藏書。這些圖書是西漢王朝長期收聚起來的。

早在惠帝四年，漢朝就廢除了挾書律，獎勵獻書，提倡講學。漢文帝曾派晁錯到濟南記錄整理九十餘歲老人、故秦博士伏生口授《尚書》。漢武帝即位之初就「徵天下舉方正賢良文學材力之士，待以不次之位。」漢武帝還下令，「天下計書，先上太史公，副上丞相，序事如古春秋。」

所謂「序事如古春秋」，就是進行年月日的編纂整理，使天下計書皆為有用史料。漢武帝「建藏書之策，置寫書之官」，實際上就是進行文化整理。這個工作由太史主持。司馬遷說：「百年之間，天下遺文古事靡不畢集太史公。太史公仍父子相續纂其職。」也就是司馬談、司馬遷相繼主持文化典籍的整理工作，得以閱讀祕笈圖書，成為最博學的人。太史府等於是國家給司馬遷設立的書局。這為司馬遷搜集素材撰寫史記，提供了直接的便利。

其三，漢武帝宏闊昂揚的時代精神，是《史記》成書的直接背景。

雄才大略的漢武帝外擊胡攘越，開拓疆土；內興功作，改革了上層建築，加大了大一統的皇權統治，造成了西漢王朝的博大氣象。司馬談、司馬遷父子，原本是漢武帝身邊的親信，積極參與了漢武帝事業的興作。司馬談對封禪制禮起了重要作用。司馬遷跟隨漢武帝巡行全國，目睹各種盛大的典禮場面、閱兵儀式，以及遊獵活動，領受了宏闊昂揚的時代精神。司馬遷還奉命出使西南夷，設郡置吏。

《報任安書》說：「絕賓客之知，忘室家之業，日夜思竭其不肖之材力，務壹心營職，以求親媚於主上。」這是青年時期司馬遷思想的真實紀錄。

司馬遷認為——「漢興以來，至明天子，獲符瑞，封禪，改正朔，易服色，受命於穆清，澤流罔極，海外殊俗，重譯款塞，請來獻見者，不可勝道。」

《史記》載武帝一朝史事，篇目和字數均占五分之一。許多篇章都有司馬遷活動的足跡。《史記》的體大思精，是和司馬遷直接參與漢武帝宏偉事業的活動分不開的。這也就是說，武帝一朝的宏偉氣象，激發了司馬遷的創作激情，是《史記》成書的直接背景。

其四，漢武帝後期社會矛盾尖銳化，為司馬遷「原始察終，見盛觀衰」的方法論，提供了現實的依據。

「原始察終」，指歷史研究，要考察其發展變化的因果關係；「見盛觀衰」，指洞察歷史的變化，要能在鼎盛之時看到它衰敗的徵兆。司馬遷用這樣的方法，認識到漢朝的統一和制度，是繼秦朝歷史的發展，從而肯定了秦朝的統一之功。同時，從秦朝覆亡的原因，又看到了當代政治的危機。

西漢社會在「文景之治」的升平時期，就已隱伏著對立的階級矛盾。賈誼、晁錯在政論中就發出了吶喊。到武帝之世，矛盾有了進一步的激化。到了武帝後期，由於漢武帝過度使用民力，造成了「海內虛耗，戶口減半」的殘破局面，階級矛盾日趨尖銳，各地爆發了農民起義，動搖著漢王朝的根基。司馬遷目睹這一事勢的變化，不能不對天命論產生懷疑，不能不對「今上聖明」的述史主題進行修正。

司馬遷從各個方面揭露了當時的社會矛盾，得出「物盛而衰，固其變也」的結論。

當漢武帝和臣僚們正在彈冠相慶的時候，司馬遷卻看出了漢王朝統治的危機。所以《史記》內容呈現出尊漢與暴露的矛盾，正是司馬遷所處時代巨變的反映。

其五，文景之世開明政治的流風餘韻，啟迪了司馬遷自成「一家之言」。

漢文帝即位，發動了對秦王朝暴政的批判，吸取了「雍蔽之傷國也」的歷史教訓，鼓勵臣民直言極諫。舉賢良方正的基本條件就是「直言極諫」。漢武帝專制有別於秦始皇的根本之點，就是還能容忍臣下之言，故有晚年悔征伐之事。汲黯在廷對時說：「陛下內多欲而外施仁義，奈何欲效唐虞之治乎！」漢武帝怒而不罪。

所以在漢武帝時代，雖罷黜百家，而文網未密，臣工士庶，尚能直言議政。因此司馬遷述史，漢武帝未予干涉。儘管衛巨集記載了武帝削除景帝紀、今上紀的流言，但未禁司馬遷著書。在這一環境下，司馬遷才敢於直言，實錄史事，終成「一家之言」。

以上五點，是《史記》這部曠世名著成書的客觀條件。換句話說，《史記》的產生是時代提出的要求，在漢武盛世，應運而生。當然，《史記》之所以能問世，除了這些客觀條件外，一個最根本的原因，是因為在那個時代產生了司馬遷這樣一位偉大的史學家和文學家，他有著超人的才華，豐富的閱歷和曲折坎坷的人生。

【司馬遷其人】

司馬遷是西漢左馮翊夏陽（夏陽縣治在今陝西韓城西南）人，大約在漢景帝中元五年（前一四五年）出生於該縣的芝川鎮華池村，生地附近有山名龍門，下臨滔滔而逝的黃河水，所以司馬遷在《太史公自序》中有「遷生龍門，耕牧河山之陽」句，又寫道：「余先周室之太史也。自上世嘗顯功名於虞夏，典天官事。後世中衰……」

周及以前的司馬氏先人詳情已不可考，只知司馬遷的八世祖司馬錯在秦惠文王（前三三七～前三一一）在位時，曾與謀臣張儀共同輔佐過秦國。司馬錯之孫司馬靳，在秦昭襄王（前三〇六～前二五一）在位時，為秦將白起的部下。司馬靳有一孫叫司馬昌，在統一全國後的秦朝當過主鐵官。司馬昌的兒子司馬無澤，就是司馬遷的曾祖父，在漢初做過管理長安某個商貿區的首席長官，稱為「漢市長」。司馬遷的祖父司馬喜有五大夫爵位，漢初沿用秦二十等級爵位制，五大夫屬第九級，是低級的官爵。司馬遷的父親司馬談從漢武帝建元年間（前一四〇～前一三五）起為史官，任太史令一直到元封元年（前一一〇年）病死為止。司馬談父子雖自負自己家庭「世典周史」，然從司馬錯以後，真正做史官的還是從司馬談與司馬遷開始的，司馬談的人格與治史精神對司馬遷有重要的影響。

司馬談是一位了不起的學問家，他曾「學天官於唐都，受《易》於楊何，習道論於黃子」（《太史公自序》）。唐都是漢初著名的天文學家，楊何是漢初著名的傳《易》學者，黃子是漢初著名的黃老學派學者，在吸取眾多著名學者思想長處的基礎上，司馬談形成了自己以道家為主的思想，從他的《論六家要指》可見他博大精深的學問功底。

司馬談具備中國古代史官的素質，他博聞強記，質實守正，博古通今，識見明達，他以繼承祖先史官偉業為己任，也希望兒子司馬遷能子承父業，於是以史官的標準去培養兒子。

在司馬談的悉心栽培下司馬遷「年十歲則誦古文」（《太史公自序》），後來還跟董仲舒學過公羊派《春秋》，跟孔安國學過古文《尚書》，從小就授受過大學者的指導，受到正規而嚴格教育，奠定了堅實的學問基礎。

司馬遷20歲時的遊歷，很可能是其父司馬談的有意安排，從司馬談以不能參與封禪大典為終身遺憾來看，他深知社會實踐對於培養史官素質的重要性，所以他安排兒子司馬遷壯遊是培養他具備史官才、學、識、德的重要途徑。

司馬遷「二十而南遊江淮」，「北涉汶、泗」，以後又「奉使西征巴、蜀以南，南略邛、笮、昆明」（《太史公自序》），還多次跟隨武帝巡祭天地諸名山川，足跡幾乎遍及當時漢朝各地。如他去曲阜，瞻仰孔子廟堂久久不能離去；去長沙，垂涕憑弔屈原，想見其磊落為人；去淮陰，觀韓信母塚，信服韓信貧賤時就志向非凡；到大梁問故侯嬴所監之所謂夷門，並打聽當年大梁城毀為墟的歷史實況；到北地，行視了秦始皇、蒙恬不惜民力所築的長城；去豐沛，問遺老，觀故蕭何、曹參、樊噲、滕公之塚……

遊歷使司馬遷接觸了各種實際生活，蒐集到許多生動的軼事傳聞，對歷史人物的行跡做了憑弔與訪問，獲得了不少重要的第一手材料。如從周生處得知項羽是重瞳子，從樊噲孫子他侯處了解到劉邦等人的重要情況，所接觸的人中有不少就是傳記人物的後裔或知情者，為《史記》傳記的寫作充實了不可缺少的內容與感受。中華民族發展史如同一幕幕激動人心的歷史劇，而舞臺便是大河上下、長江南北這遼闊的神州大地。司馬遷實際考察了這個舞臺，領略了各地山川形勢、風土人情，眼前的一山一水一草一木，無不與當年威武雄壯的歷史劇相聯繫，這無疑大大激發了他撰寫《史記》的激情。

元封元年時，司馬遷在朝中已為郎中，正受漢武帝派遣，在邛、筰、昆明等地視察。作為太史令的司馬談在這一年本應隨武帝東巡，參加泰山「封禪」，即參加百年難逢的隆重的祭祀天地的大典，但沒想到竟病倒在周南（今河南洛陽一帶）途中。

等到司馬遷趕到周南時，司馬談已病情垂危，他的志向是繼《春秋》寫一部通史，現在看來這個擔子只能交給兒子了。所以彌留之際，司馬談拉著兒子的手，流著淚囑咐道：「無忘吾所欲論著矣！」司馬遷聆聽父親遺志，受到極大的刺激與震動，他「俯首流涕曰：『小子不敏，請悉論先人所次舊聞，弗敢闕。』」（《太史公自序》）

從司馬談的遺囑中，不難看出司馬談已經有了自己的作通史的指導思想，並且蒐集整理了不少材料，甚至可能還寫出了部分草稿，這些為司馬遷的《史記》撰寫做了一些準備工作。但司馬談死後的二、三年內，司馬遷主要忙於隨伴漢武帝進行巡行、祭祀之類的活動。元封三年（前一〇八年）司馬遷做了太史令，但精力主要放在修訂新的曆法上，正式動筆著述《史記》是在太初元年（前一〇四年），這年司馬遷42歲。

正當司馬遷基本遵照父親司馬談的要求，記載著——「明主賢君忠臣死義之士」的時候，天漢二年（前99年）發生了李陵之禍，使司馬遷遭到致命的打擊。

事情的經過是這樣的——

天漢二年秋，武帝派貳師將軍李廣利帶兵西征匈奴，曾令匈奴人聞風喪膽的飛將軍李廣的孫子——李陵是軍中都尉。李陵在一次長途奔襲中陷入了敵人重兵的包圍，雖然他與士兵奮勇殺敵，但終因實力懸殊而使五千人馬損失殆盡，李陵也被迫投降。漢武帝本來希望李陵用自殺來表示盡忠，但沒想到李陵在最後關頭降敵保身。消息傳到朝廷，武帝大怒，不少大臣也紛紛斥責李陵的變節，視其為漢朝的逆臣。

司馬遷雖然平時和李陵並未有太多交往，但對他印象很好，認為他有國士風格，雖然他這次未能以死保全名節，但朝廷中人對他的評價也並不公平，於是站出來替李陵辯解。司馬遷說：李陵對父母極盡孝道，和士兵也相處很好，而且一向對國家忠心耿耿。

在這次作戰中，李陵以區區五千之兵和敵軍大戰十餘天，殺敵一萬多，即使最後失敗，也可以將功抵過。而且李陵的投降也是不得已之舉，他終歸還是心向漢朝的。

從當時的實際情況看，司馬遷並非有意為李陵開脫，他是通過對事情真相的分析，提醒漢武帝公正對待將士的成敗。然而，由於身為主將的李廣利是漢武帝寵姬李夫人的哥哥，在此戰中，他雖然未像李陵一樣遇到匈奴的主力，但也是損兵折將，潰逃而返。武帝是想借助對李陵的批伐，來遮掩李廣利的無能以及自己用人上的失誤。司馬遷此時的言行，無疑是與君作對，最終以「誣罔」之罪被繫下獄。

然而，漢武帝並沒有馬上對司馬遷判刑，只是一直將其拘押在獄。天漢四年（前九七年），武帝派公孫敖率軍深入匈奴打算迎回李陵。公孫敖遭遇了匈奴，作戰失利後便急忙撤退。為了推卸責任，公孫敖編造謊言說自己的失敗是由於李陵在匈奴教單于製造武器防備漢軍。事實上，這是另一個降將李緒所為。武帝聞報，未加詳細審查，立即下令將李陵全家滅族，並判司馬遷腰斬之罪。

根據漢律，凡被處以死刑者，可以繳納「贖死金」二斤八兩，或接受腐刑來免除一死。司馬遷雖然擔任太史令，但為官清廉，自己無錢贖罪。平時的同僚朋友也恐懼於武帝的惱怒，既沒人替他上書鳴冤，也沒有人慷慨解囊助他以錢贖罪。因此，唯一的活路就是接受腐刑。腐刑，又稱宮刑，即閹割男性的生殖器。在忍辱苟活與從容赴死二者之間進行抉擇時，司馬遷經過了激烈的思想鬥爭後，接受了腐刑。

司馬遷的傳世名作《報任安書》中，詳細地記錄了他當時做出此抉擇時痛苦複雜的心情——「人固有一死，死有或重於泰山，或輕於鴻毛」，所以人的死必須有價值有意義。在歷史上那些流芳千古的名人，有誰沒有受過艱苦的磨難呢？自己之所以選擇「隱忍苟活，幽於糞土之中而不辭者，恨私心有所不盡，鄙陋沒世，而文采不表於後世也」，即《史記》尚未完成。為了不辱先祖的事業，為了完成父親的遺願，也為了實現自己的理想，司馬遷甘願接受這種為世人所不齒和不堪的刑罰。

司馬遷受刑免死，隨即出獄，而漢武帝此時也似乎感覺自己的做法有失公允，於是下令讓司馬遷出任「中書令」一職。中書令是皇帝內務府的屬官，主掌收發皇帝的機密文書，包括代皇帝起草和傳達詔令。此職被認為是最為高貴和顯赫的職務之一。然而對司馬遷來說，不但並未感到應有的榮譽感，反而處於極度的痛苦之中，「腸一日而九回」。

為了完成《史記》的撰寫，受腐刑後的司馬遷忍辱含垢，日夜發憤著述，經過八載春秋的奮鬥，到徵和二年（前九一年）時已完成了《史記》的初稿，正當他還要全面修改、審訂時，又碰上了內宮巫蠱事件。這年武帝在甘泉有病，江充說是因巫蠱所致，並指使人言宮中有蠱氣。武帝命江充入宮追查，江充報告說在戾太子宮中掘到詛咒皇上的木偶最多。太子迫於無奈發衛卒自衛，命北軍使者護軍任安發兵，任安佯從太子命，實際上按兵不動。後太子兵敗自殺，任安因「坐觀成敗有二心」，被武帝判為腰斬。

同司馬遷受腐刑一樣，又是一起武帝親手製造的冤案。任安久仰司馬遷冒死替李陵說話的精神，所以在獄中給司馬遷寫信，懇求搭救。此時的司馬遷早已下定決心把自己的一切獻於《史記》著述的偉業，他婉言辭卻了友人殷切的懇求，回覆了一篇《報任安書》，將自己的平生抱負與人生信念，盡傾訴於此書信之中。

司馬遷是卒於哪一年呢？史無記載。

《史記‧匈奴列傳》結尾處有——「貳師聞其家以巫蠱族滅，因並眾降匈奴」，緊接著的「太史公曰」流露了司馬遷多年來對漢武帝偏袒、重用李廣利的憤懣之情。傳文與傳贊文意相連，不像後人所加。李廣利降匈奴是徵和三年（前九〇年）的事，除此之外，在《史記》中再不見有這一年以後的史實記載，如李廣利在徵和四年被衛律所讒遭殺，這本是一件重要的事件，卻沒有再補寫進去，看來司馬遷大概死於徵和三年；或者在徵和四年又一次入獄，被剝奪了繼續執筆的權利，被囚死於獄中。

司馬遷的著作除《史記》外，《漢書‧藝文志》錄有賦八篇，今僅存《悲士不遇賦》。原有集一卷，已佚，今僅見《報任安書》、《與摯伯陵書》和《素王妙論》佚文一段。

縱觀司馬遷一生，緊緊與《史記》相聯繫，他為《史記》而生，而活，而死，當他悄悄離開人間，留下的卻是璨若明星的一部巨著，那裏有他全部的智慧、卓識、希望、幽憤……字字都凝結著他的血淚。

司馬遷曾在《屈原賈生列傳》中讚頌屈原說：「推其志也，雖與日月爭光可也。」一司馬遷自己又何嘗不是如此呢？司馬遷高尚的人格，《史記》豐富的智慧蘊藏，歷久彌新，熠熠光輝，永遠照耀著中華民族的精神世界。

受腐刑，對於司馬遷的肉體是一種莫大的摧殘，對於司馬遷的人格是一種莫大的污辱；但對於司馬遷的發憤著書，對於他觀察歷史的深刻銳敏，對於他的思想的昇華，卻無疑是一種極大的催化，極大的提高。《史記》之所有具有深刻的民主性與批判性，具有強烈的悲劇性與抒情性，千載以來感人至深，都與司馬遷這一千古奇恥大辱息息相關。可以說，這是不幸中的萬幸。如果司馬遷知道自己的著作在中國歷史上所產生的深廣影響，對於自己所遭遇的不公和不幸，大概就可以釋懷了吧！

【內容結構】

《史記》最初並沒有書名，古人著書不像現代人著書，現代人著書為了出版時醒目，為了表明某種思想，為了顯示作者專利，要起個書名，那時候的人既無稿酬又無著作權，所以對書名不太用心，更何況司馬遷寫《史記》要「藏之名山」，出版無望，問世無日。當時司馬遷自己提到這部書時叫它「太史公書」，後來也有人把它稱作《太史公》（見《法言》、《後漢書》），也有人把它稱作《太史公記》（見《漢書》、《論衡》），也有人把它稱作《太史記》（《風俗通義》），還有人把它稱作《太史公傳》（見褚少孫補《史記．龜策列傳》）。《史記》這個名稱始見於東漢末年，本來「史記」二字泛指一切歷史書籍，但自從東漢末年成了司馬遷這部書的專名以後，別人就不好亂用了。

《史記》一共一百三十篇，司馬遷以精心設計的五種體例構成了全書，這五種體例是本紀、表、書、世家、列傳。

1 十二本紀

本紀是按時間順序記述歷代帝王活動的簡史，包括了當時最重要的大事。「本」是根的意思，「紀」就是記的意思，合起來就是記載具有根本意義的大事。古代史家包括司馬遷在內都是把國家的政治、軍事視為頭等大事，這些大事又總是和天下的帝王分不開。帝王是「天下共主」，治亂興衰、征伐禮樂都和他密切相關，要想把天下大事有條不紊地記載下來，只有圍繞著他來作文章，所以本紀就成了帝王的傳記。所謂「綱舉目張」，帝王就是「綱」，緊緊抓住帝王政治生活這個「綱」，把帝王每年每月甚至每天的事情記下來，天下大事也就差不多一一記錄在案了。

《史記》共有十二篇本紀（自卷一至卷十二），先後順序為——

《五帝本紀》第一
《夏本紀》第二
《殷本紀》第三
《周本紀》第四
《秦本紀》第五
《秦始皇本紀》第六
《項羽本紀》第七
《高祖本紀》第八
《呂太后本紀》第九
《孝文本紀》第十
《孝景本紀》第十一
《今上本紀》第十二

上起遠古的五帝，下到當時的漢武帝，中有夏、殷、周、秦、始皇、項羽、漢高祖劉邦、呂后、漢文帝、漢景帝，一下子就把整個漢武帝以前的歷史理出了一條線索，勾勒出了一個大概的輪廓。

在十二本紀中，有兩篇本紀似乎很引起人們爭議。一是《秦本紀》，有人覺得既然有了《秦始皇本紀》，何必再立一篇《秦本紀》？因為在秦始皇以前，秦只是一個西方諸侯國，和齊、楚、燕、趙、韓、魏六國地位相等，為什麼六國用世家體而秦卻用本紀體呢？這於體例乖舛，有違本紀的定義。如果說這是為了凸顯秦始皇的歷史淵源，那麼《周本紀》從周的祖先后稷開始記載，直到周統一天下，這是否也要另立一篇「先周本紀」？這顯然是司馬遷自相矛盾之處。二是《項羽本紀》，從東漢班固起，就有人反對將項羽列入本紀，因為項羽不能算建立一個王朝的帝王，這當然是從正統歷史觀的眼光來看待項羽的偏見，但現代很多人又反過來稱讚司馬遷把項羽列為本紀，覺得他同情失敗的英雄，有獨特的歷史眼光，這又是無端拔高司馬遷思想水準的誤論。

其實，如果說《秦本紀》的確可以說有些自亂體例的話，那麼司馬遷立《項羽本紀》則完全是遵照他的體例原則，並不是他特別看重項羽，而是因為項羽在秦、漢交替之際，的確是「天下共主」。《太史公自序》裏說：「秦失其道，豪桀並擾；項梁業之，子羽接之；殺慶救趙，諸侯立之……」這是一段歷史的事實，所以司馬遷要把項羽立為本紀，以他為「綱」來統攝那一時期的歷史事件。

2 十表

表是運用表格的形式比較清晰地羅列歷史事件與現象的一種體裁，它有縱有橫，縱則依時間次序，一代一代、一年一年，或一月一月陳列歷史事實的發生變化，橫則按地域劃分、齊、楚、趙、韓、魏、燕等，一國一國、一王一王或一侯一侯地排列開來，使人一目了然。

《史記》十表（自卷十三至卷二十二）先後順序為——

《三代世表》第一
《十二諸侯年表》第二
《六國年表》第三
《秦楚之際月表》第四
《漢興以來諸侯王年表》第五
《高祖功臣侯者年表》第六
《惠景間侯者年表》第七
《建元以來侯者年表》第八
《建元以來王子侯者年表》第九
《漢興以來將相名臣年表》第十

《史記》十表，以歷史發展階段為線索，集中反映了司馬遷對歷史分期的觀點。《十二諸侯年表》云：「呂不韋者，秦莊襄王相，亦上觀尚古，刪拾春秋，集六國時事，以為八覽、六論、十二紀，為《呂氏春秋》。」《六國年表》云：「然戰國之權變亦有可頗採者，何必上古。」司馬遷對「上古」的論述前後不盡一致，《十二諸侯年表》中的「尚古」是指春秋之前，《六國年表》則包括春秋，這可以理解為上古時期的兩個不同階段。《三代世表》起於黃帝，訖於共和（前八四一），這是王權高度集中的封建時期。《十二諸侯年表》始於共和，訖於孔子（前四七七），這是王權衰落、挾天子以令諸侯的霸政時期。兩表合起來，構成《史記》上古史的內容。

《六國年表》將「戰國」與「上古」對舉，《項羽本紀》稱項羽起三年而率諸侯滅秦，為「近古以來未嘗有」，這是《史記》對近代史的理解。《六國年表》起於周元王元年（前四七六），止於秦二世之滅（前二〇七），《秦楚之際月表》起於陳涉發難（前二〇九），終於劉邦稱帝（前二〇二），構成《史記》近古史的內容。《漢興以來諸侯王年表》以下六表，是《史記》所寫現、當代史。

3 八書

書是對經濟、文化等方面專門問題進行分類記載與論述的體裁，半是歷史描述，半是解釋闡發。《史記》有八書（自卷二十三至卷三十），其先後順序為——

《禮節》第一

《樂書》第二

《律書》第三

《曆書》第四

《天宮》第五

《封神書》第六

《河渠書》第七

《平準書》第八

這八篇之間有一個隱含的內在理路。首先，《禮書》、《樂書》討論的是禮儀制度、禮制思想、音樂的社會意義等等，這是屬於治人的部分。從人間問題引發開來，自然是要聯繫到天，所以從音樂之律出發，《律書》就討論宇宙之律。由律再探討下去，就涉及了天和律的形式化——曆，於是《曆書》又記敍和研究了曆法。討論曆法不能不研究天文，於是《天宮書》又總結了當時天文觀測與描述的成就。古人認為，天與人之間是有神祕關係的，人世之事應與天上之事彼此對應，因而接下去又有《封神書》記載祭天典禮及其他通天之事。從天又回到地，於是《河渠書》又討論農業社會經濟生產中最重要的水利建設，如治河、開渠等等。

最後，司馬遷又考慮到生產發展之後的交換問題，所以在《平準書》裏又討論了價格、市場、交換、流通。所謂「平準」，就是調節各地市場的價格使之趨於合理和平穩。《史記》認為——「農工商交易之路通，而龜貝金錢刀布之幣興焉，所從來久遠。」這種肯定商業活動必要性的思想，與古代傳統抑商思想不同，很受後來研究者的稱讚。

八書在史書體例上是一個創舉。由於司馬遷作八書，中國古代史學家形成了一種歷史眼光，把自己的視野從狹隘的政治中擴展到了經濟、文學與科學。後來紀傳體史書中不少著作都採用了書的體裁（大多改稱「志」），這種體裁甚至還逐漸擴大，獨立成書，從而開創了另一種記經濟、文化與科學技術的史書形式，這就是以《通典》、《通志》、《文獻通考》為代表的典志類著作。

4 三十世家

世家是記載一代傳一代不斷延續的顯貴家族歷史的體裁，也是記載重要歷史人物身世的體裁。本來，古人對於「世家」的觀念很嚴格，王侯世代相襲才算世家，司馬遷當然也有這種等級觀念。在《史記》裏，本紀等級最高，只有帝王或相當於帝王的家庭才能入本紀。世家其次，記王公侯一等人的家世。

不過，畢竟司馬遷有自己的獨特見解，所以放寬了限制，把一些他認為重要的人物也列入世家，如孔子，為了表彰其文化意義，司馬遷把他列入世家。又像陳涉，為了凸顯他反秦的首義之功，司馬遷也把他列入世家。

《史記》三十世家（自卷三十一至卷六十）先後順序為——

⑴吳太伯，⑵齊太公，⑶魯周公，⑷燕召公，⑸管蔡，⑹陳杞，⑺衛康叔，⑻寧微子，⑼晉，⑽楚，⑾越王勾踐，⑿鄭，⒀趙，⒁魏，⒂韓，⒃田敬仲完，⒄孔子，⒅陳涉，⒆外戚，⒇楚元王，(21)荊燕，(22)齊悼惠王，(23)蕭相國，(24)曹相國，(25)留侯，(26)陳丞相，(27)絳侯周勃，(28)梁孝王，(29)五宗，(30)三王。

三十世家，大致可分為四組。自《吳太伯世家》至《鄭世家》共十二篇，為第一組，載周初所封諸侯；自《趙世家》至《田敬仲完世家》四篇，為第二組，載春秋末年代立四國；《孔子世家》、《陳涉世家》、《外戚世家》三篇，為第三組。這幾篇的主人公並非王侯，在三十世家中較為特殊；自《楚元王世家》至《三王世家》共十一篇，為第四組，載漢代王侯。在這四組中，第一、二、四組所載均為王侯，但西周及漢代諸侯有許多並不見於世家，相反的，孔子、陳涉、外戚並不是王侯，卻列於世家。

5 七十列傳

「列傳」的本意就是個人傳記，《史記》有七十列傳（自卷六十一至卷一百三十），其先後順序為——

(1)伯夷（附叔齊），(2)管晏，(3)老子、韓非（附莊子、申不害），(4)司馬穰苴，(5)孫子（孫武、孫臏）吳起，(6)伍子胥，(7)仲尼弟子，(8)商君，(9)蘇秦（附蘇代、蘇厲），(10)張儀（附陳軫、犀首），(11)樗里子甘茂（附甘羅），(12)穰侯，(13)白起王翦，(14)孟子荀卿（附齊三鄒子、稷下學者及公孫龍等），(15)孟嘗君，(16)平原君，(17)魏公子，(18)春申君，(19)范雎蔡澤，(20)樂毅，(21)廉頗藺相如（附趙奢、李牧），(22)田單（附太史嬓女、王蠋），(23)魯仲連鄒陽，(24)屈原賈生，(25)呂不韋，(26)刺客（曹沫、專諸、豫讓、聶政、荊軻），(27)李斯，(28)蒙恬，(29)張耳陳餘，(30)魏豹彭越，(31)黥布，(32)淮陰侯，(33)韓王信盧綰（附陳豨），(34)田儋（附田榮、田橫），(35)樊酈、滕灌，(36)張蒼，(37)酈食其，陸賈，(38)傅靳蒯成，(39)劉敬叔孫通，(40)季布欒布（附季心、丁公），(41)袁盎晁錯，(42)張釋之馮唐，(43)萬石張叔（附衛綰、直不疑等），(44)田叔，(45)扁鵲倉公，(46)吳王濞，(47)魏其武安侯（附灌夫），(48)韓長孺，(49)李將軍，(50)匈奴，(51)衛將軍驃騎，(52)平津侯主父，(53)南越，(54)東越，(55)朝鮮，(56)西南夷，(57)司馬相如，(58)淮南（劉長、劉安）衡山，(59)循吏（叔孫敖、子產、公儀休、石奢、李離），(60)汲鄭，(61)儒林（申公、轅固生、韓生、伏生、董仲舒），⑹酷吏（郅都、寧成、周陽由、趙禹、張湯、義縱、王溫舒、楊僕、減宣、杜周），⒃大宛（附烏孫、康居、奄蔡、大月氏、安息、條枝、大夏），⒁遊俠（朱家、劇孟、郭解），⒂佞幸（鄧通、韓嫣、李延年），⒃滑稽（淳于髡、優孟、優旃），⒄日者，⒅龜策，⒆貨殖（范蠡、子貢、白圭、猗頓、烏氏倮、巴寡婦清、卓氏、程鄭、孔氏、曹邴氏、刀間、師史、任氏、橋姚、無鹽氏、關中諸田、栗氏、杜氏），⒇太史公自序（司馬氏祖先、司馬談、司馬遷）。

《史記》一百三十篇，列傳占了半數以上。五體之中，要數列傳的內容最為豐富、具體。《太史公自序》云：「扶義俶儻，不令己失時，立功名於天下，作七十列傳。」列傳之中，有捨生取義的高節之士，有功名俱著的大政治家、大軍事家，有著書立說的學者，有縱橫捭闔的策士，有王侯公卿、將相大臣，也有布衣平民，有刺客、遊俠，有倡優贅婿，有日者策龜方技之人，有佞幸之徒，循吏、酷吏、貨殖……只要立功立名，對社會產生一定影響者，無不佔有一席之地。

七十列傳形象地反映出《史記》以無數個人傳記合成一代全史的特徵。列傳中還有匈奴、南越、東越、朝鮮、西夷南、大宛等少數民族傳記，系統地記載了漢周邊民族國家和政體的歷史，使《史記》具備了世界史的記述規模。

《史記》七十列傳各有不同：有的是一個人單獨立傳，如記韓信的《淮陰侯列傳》，有的是幾個人合傳，如記管子、晏子的《管晏列傳》，和記老子、莊子、申不害、韓非子的《老子韓非列傳》；有的是一類人立一個傳，如記循吏的《循吏列傳》、記儒生的《儒林列傳》、記遊俠的《遊俠列傳》、記筮占者的《龜策列傳》；還有的則很特殊，它不是記人而是記地，有點像小型的外國地理歷史書，如記西域各國的《大宛列傳》。

以上本紀、表、書、世家、列傳五種體裁合在一起，就構成了《史記》全書。而用這五種體裁合起來記載歷史的形式，就是所謂的「紀傳體」。它既比較清晰地記載了歷史的時間順序，又比較全面地記載了歷史的橫剖面如政治、軍事、經濟、文化各個方面，而且凸顯了歷史中的人，因而是一種中國特有的、非常合理的歷史著作體例。中國後來官方修史，就沿用了這一體例（但大多無表和世家兩種）。而這一體例正是司馬遷的偉大創造。

【歷代推崇】

司馬遷《史記》完成之日，正是漢武帝「罷黜百家，獨尊儒術」的思想確立之時，戰國時代「百家爭鳴」的局面蕩然無存，人們的思想受到禁錮。在正統思想家眼裏，《史記》是叛經離道之作，是「謗書」，東漢司徒王允說：「昔武帝不殺司馬遷，使作謗書，流於後世。」（《後漢書．蔡邕傳》）魏明帝說：「司馬遷以受刑之故，內懷隱切，非貶孝武，令人切齒。」（《三國志．王肅傳》）視《史記》為洪水猛獸。

這就使《史記》的傳播遇到很大的阻力，直到東漢中期以後，《史記》才在社會上得到比較廣泛的流傳。

漢魏六朝時期，就傳播而言，司馬遷的外孫楊惲是《史記》的第一個傳播者（《漢書．司馬遷傳》）。後來，《史記》在流傳中有所殘缺，褚少孫又補續了某些篇章，使《史記》成為完璧。桓寬《鹽鐵論》、劉向《別錄》已開始節引或直接引用《史記》原文，高誘用《史記》注釋《呂氏春秋》、《戰國策》，他們對《史記》的傳播都做出了一定的貢獻。

魏晉以後，讀《史記》的風氣愈來愈濃，如《梁書．曹景宗傳》說曹景宗「頗愛史書，每讀穰苴、樂毅傳，輒放卷歎息曰：丈夫當如是！」《梁書．文學傳》說袁峻「抄《史記》、《漢書》，名為二十卷。」《晉書．孝友傳》：「劉殷有七子，五子各授一經，一子授《太史公》，一子授《漢書》。一門之內，七業俱興。北州之學，殷門為盛。」《隋書．李密傳》：李密師事包愷，「受《史記》、《漢書》，勵精忘倦，愷門徒皆出其下。」

漢魏六朝時期，儘管對《史記》有許多不同的看法，但學者們一致推崇司馬遷的

「良史之才」。揚雄《法言．重黎篇》：「或曰：《周官》，曰立事；《左氏》，曰品藻；《太史遷》，曰實錄。」《後漢書．班彪傳》班彪說司馬遷：「善述序事理，辨而不華，質而不野，文質相稱，蓋良史之才也。」班固《司馬遷傳》云：「自劉向、揚雄博極群書，皆稱遷有良史之才，服其善序事理，辨而不華，質而不俚，其文直，其事核，不虛美，不隱惡，故謂之實錄。」裴駰《史記集解序》稱讚司馬遷為：「命民宏才」。這些評論，肯定了司馬遷的史才，尤其是肯定了司馬遷秉筆直書的實錄精神。

唐代，奠定了《史記》在史學史和文學史上的地位。由於史學地位的提高，尤其是「正史」地位之尊使《史記》在史學史上備受尊崇，紀傳體成為修史之宗。唐代編纂的八部史書（《晉書》、《梁書》、《陳書》、《北齊書》、《周書》、《隋書》、《南史》、《北史》）全都採用紀傳體。劉知幾是歷史上第一個廣泛評論《史記》的史學理論家，他對《史記》紀傳體的優點也予以肯定：「《史記》者，紀以包舉大端，傳以委曲細事，表以譜列年爵，志以總括遺漏，逮於天文、地理、國典朝章，顯隱必該，洪纖靡失，此其所以為長也。」

唐代以《史記》、《漢書》、《後漢書》為「三史」，並把三史作為科舉考試的一科，形成了學習《史記》的良好風氣，如《舊唐書．儒學傳》載李玄植、高子貢等精學《史記》，《新唐書．孝友傳》載陸士季學習《史記》之事，等等。

唐代有許多學者注釋《史記》，成就最大的是司馬貞的《史記索隱》與張守節的《史記正義》，這兩部書與南朝劉宋年間裴駰所作的《史記集解》，被後人合稱為「《史記》三家注」。

唐代掀起的古文運動，舉起了向《史記》文章學習的旗幟，使《史記》所蘊藏的豐富的文學寶藏，得到空前未有的認識和開發。韓愈愛好《史記》的文章，如柳宗元所說：「退之所敬者，司馬遷、揚雄而已！」韓愈自己在《答劉正夫書》中也說：「漢朝人莫不能文，獨司馬相如、太史公、劉向、揚雄之為最。」在《講學解》中說自己作文時，「上規姚姒，渾渾無涯；下逮莊騷、太史所錄」。清人劉熙載說：「昌黎謂柳州文雄深雅健，似司馬子長。觀此評，非獨可知柳州，並可知昌黎所得於子長處。」「太史公文，韓得其雄。」可見，韓愈文章的雄健風格來自於司馬遷。柳宗元以「峻潔」稱讚《史記》的總體風貌，在《報袁君秀才書》中說「太史公甚峻潔，可以出入」，在《答韋中立書》中說「參之太史以著其潔」，在《與楊憑兆書》中說「峻如馬遷」，可見司馬遷對柳宗元的影響。尤其是韓愈、柳宗元等人從文學實踐上學習《史記》，從人物傳記的類型到文章的章法結構，從創作風格到語言的運用，都向《史記》學習，奠定了《史記》在文學史上的地位。

唐詩中許多作品運用《史記》的典故，如涉及《李將軍列傳》的典故就有一百多篇。有的詠史詩直接取材於《史記》。唐代傳奇小說，在形式結構上學習《史記》人物傳記的特點。這些都說明《史記》在唐代已得到廣泛的流傳，並產生多方面影響。

宋代，由於統治者對修史的重視，加之活字印刷術的發明，宋代大量刊刻印行《史記》，為人們研讀《史記》提供了方便。而且，科舉考試也促進了《史記》的廣泛流傳。宋人也注重學習《史記》的作文之法，歐陽修、曾鞏、王安石、「三蘇」等人都是宋代古文大家，他們繼承唐代古文運動的傳統，提倡學習《史記》，並身體力行，《史記》在文學史上的地位有了進一步提高。宋代始開評論《史記》之風氣，或論史事，或評人物，或談文章，有褒有貶，不宗一派。大部分學者對《史記》持肯定態度。尤其注意用「通」的思想認識歷史、認識《史記》，司馬光的《資治通鑒》、鄭樵的《通志》，充分說明《史記》對其時史學的影響。鄭樵對《史記》甚為推崇，在《通志·總序》中稱《史記》為「六經之後，惟有此作」，指出司馬遷的重大貢獻在於「通」，這是第一個在理論上從「通」的角度評論《史記》的人。

元代人的主要貢獻在於把《史記》中的歷史人物、歷史事件搬上戲劇舞臺，進行廣泛的宣傳。元代許多戲劇的劇碼取材於《史記》，僅據傅惜華《元代雜劇全目》所載就有一百八十多種，如《澠池會》、《追韓信》、《霸王別姬》、《田單復齊》等，這些劇碼的流傳，反過來又擴大了《史記》的影響。這是前代所沒有的成就。

明代由於印刷技術的提高，給刻印《史記》提供了有利條件，明代刻印《史記》達二十多種，對於推動《史記》普及起了積極的作用。由於文學復古運動的出現，《史記》的聲價隨之提高。如前後七子，「文稱左遷，賦尚屈宋，古詩體尚漢魏，近律則法李杜。」《史記》成為他們效法、學習的榜樣。唐宋派代表人物唐順之、歸有光、茅坤、王慎中等人，也對《史記》推崇備至，並且都評點或評鈔過《史記》。

明代從文學角度評論《史記》取得的成就最大，對於《史記》的創作目的、審美價值、刻劃人物形象的方法，多樣化的藝術風格等都進行了有益的探索。如對於《史記》文章的審美價值，許多評論注意到它敍事的簡練、褒貶傾向的寄寓、多變的手法。凌約言說：「太史公敍事，每一人一事，自成一片境界。」茅坤《史記鈔》卷首《讀史記法》：「於中欲損益一句一字處，便如於匹練中抽一縷，自難下手。」王維楨評《史記》筆法說：「或由本以之末，或操末以續顛，或繁條而約言，或一傳而數事，或從中變，或自旁入。意到筆隨，思餘語止。」

對於《史記》刻畫人物的成就，茅坤《史記鈔》卷首《讀史記法》從個性化角度總體上，分析了《史記》中的歷史人物形象，指出：「言人人殊，各得其解，譬如善寫生者，春華秋卉，並中神理矣！」並且用「太史公所得之悲歌慨者尤多」、「文多感」、「太史公所慨於心者」指明太史公寫人物時充滿著強烈的感情。李贄說：「《史記》

者，遷發憤之所為也，其不為後世是非而作也，明矣。其為一人之獨見也者，信非班氏之所能窺也歟。」視《史記》為「發憤之作」。

對於《史記》的藝術風格，方孝孺說：「《史記》之文，如決江河而注之海，不勞餘力，順流直趨，終焉萬里。勢之所觸，裂山轉石，襄陵蕩壑，鼓之如雷霆，蒸之如煙雲，澄之如太空，攢之如綺縠，迴旋曲折，抑揚噴伏，而不見艱難辛苦之態，必至於極而後止。」王世貞《弇州山人四部稿》中用「衍而虛」、「暢而雜」、「雄而肆」、「宏而壯」、「核而詳」、「婉而多風」、「精嚴而工篤、磊落而多感慨」等概括《史記》的多種風格。

由於明代小說的繁榮，人們對《史記》的認識也開闢了新的角度，探討《史記》與小說的關係，這是前所未有的新成就。天都外臣《水滸傳序》把《史記》與《水滸傳》從精神到藝術都進行了比較，甚至把《水滸傳》中「警策」之處與《史記》的「最犀利者」相提並論，認為有相同之處。

李贄不僅指出《史記》是發憤之作，而且在容與堂刊百回本《忠義水滸傳序》中也說：「太史公曰：《說難》、《孤憤》，聖賢發憤之所作，……《水滸傳》，發憤之所作也。」把《水滸傳》看作與《史記》一樣是發憤之作。

金聖歎的評點尤為突出，對《史記》的藝術手法也多有讚揚，尤其是對《史記》與小說關係的認識，在當時是獨樹一幟的。他用讀《水滸傳》的方法讀《史記》，又用讀《史記》的方法讀《水滸傳》，令人耳目一新。他說：

「《水滸傳》方法，都從《史記》出來，卻有許多勝似《史記》處。」

「《史記》是以文運事，《水滸》是因文生事。以文運事，是先有事生成如此如此，卻要算計出一篇文字來，雖是史公高才，也畢竟是吃苦事。因文生事卻不然，只是順著筆性生，削高補低都由我。」

清人對《史記》也極為推崇，如趙翼說：「司馬遷參酌古今，發凡起例，創為全史，本紀以序帝王，世家以記侯國，十表以繫時事，八書以詳制度，列傳以志人物，」「自此例一定，歷代作史者，遂不能出其範圍，信史家之極則也。」章學誠《文史通義》多處涉及對《史記》的評論，且有創新意義，是清代評論中最有代表性的一位，如他認為「《騷》與《史》，千古之至文也；其文之所以至者，皆抗懷於三代之英，而經緯乎天人之際者也。」

清人對《史記》文學成就也進行了多方面的評述，尤其是桐城派的評論，把《史記》藝術研究推向了一個新階段。方苞用「義法」論《史記》，他在《又書貨殖傳後》中說：「《春秋》之制義法，自太史公發之，而後之深于文者亦具焉。義即《易》之所謂言有物也，法即《易》之所謂言有序也。」在《古文約選序例》中又說：「義法最精者莫如《左傳》、《史記》。」劉大櫆《論文偶記》中用「奇」、「高」、「大」、「疏」、「遠」、「變」來概括《史記》文章的特點。

到了近現代《史記》更為普及，許多學者給予了高度的評價。大多數學者認為，司馬遷創作《史記》，是對中華民族三千年歷史文化的全面系統清理總結，其氣魄之宏偉，識力之超人，態度之嚴謹，罕有其匹。同時，《史記》構成一種範式，奠定了傳統史學的基業，後世豐厚著述，沿波討源，莫不宗於此。

梁啟超稱司馬遷為「史界太祖」，魯迅則認為《史記》是「史家之絕唱，無韻之離騷」，顧頡剛則稱「自古迄今，未有能與之抗顏而行者矣！」

上世紀末以來，電視也成了《史記》宣傳的媒介，《史記》的許多內容被拍成電視片，《史記》得到更為廣泛的普及。進入21世紀後，隨著國學的全面復興，掀起了「全民讀史熱」，特別二〇〇六年，河南大學教授王立群登上中央電視臺「百家講壇」，開講《史記》以後，全民掀起了一場洶湧澎湃的讀《史記》熱潮，《史記》中所蘊含的豐富智慧，汩汩滲入「尋常百姓家」。為撰寫《史記》付出血與淚的代價的太史公司馬遷，如果「在天有靈」，大概可以「含笑九泉」了吧！

【海外流播】

司馬遷的《史記》，不但是中華民族的寶貴文化遺產，而且是具有世界意義的歷史巨著和智慧寶典。司馬遷不僅是中國史學之父，也是世界古代最偉大的歷史學家之一。

司馬遷的成就可以和世界上任何一個史學家相媲美。所以，《史記》很早就流傳到東西方各國家，引起了國際漢學家們的廣泛興趣，研究者日益增多，還出現了一批《史記》研究的專家。日本、朝鮮、前蘇聯、法國、德國、美國等國家的《史記》研究，都取得了一定成就。

《史記》是什麼時候流傳到海外的？具體時間就難以稽考。據史書記載，大約在魏晉南北朝時就已傳播到海外了。據唐初李延壽所撰《北史》卷九四《高麗傳》記載，唐以前「三史」已傳到高麗。又《舊唐書．高麗傳》說，高麗「欲愛書籍」，「其書有《五經》，及《史記》、《漢書》、范曄《後漢書》、《三國志》」。所謂「高麗」，即是今天的朝鮮半島。朝鮮人民至今仍然保留著雅愛《史記》的熱情。據韓國《出版雜誌》一九八八年2月5日介紹，韓國漢城大學人文科學研究所出版了《史記》的抄譯本，作為《大學古典叢書》中的一卷。把《史記》作為大學生的基本閱讀書，這在國外是很少見的。

《史記》傳入日本的時間，日本史學界有兩種說法：其一，池田四郎次郎先生在

《史記研究書目解題‧關於史記在我邦的價值》中說道：「司馬遷之《史記》傳至我邦是何朝之事，尚不明白。」其二，野口定男先生在《讀史記》中指出：「《史記》傳至我國，據說為派遣隋使和遣唐使所致。」據我國學者覃啟勳考證，「《史記》是在西元六〇〇年至六〇四年之間，由第一批遣隋使始傳日本的」，到明清之際，「是《史記》東傳日本的黃金時代」。

《史記》傳入日本後，很受重視，閱讀者很多，據《正齋書籍考》、《三代實錄》、《日本紀略》以及《扶桑略記》等日本史書記載，推古以降，歷代天皇都有攻讀《史記》的風氣，著名的明治天皇，就特別愛讀《史記》。比如明治十年，他在東京的住所中，凡逢二、七的日子，專學《史記》，所用課本為鶴牧版之《史記評林》。

此外，為了培養大批了解外國的政治人才，日本朝廷曾將數百「傳生」組織起來專攻《史記》等「三史」。與此同時，日本皇室還經常將《史記》作為賜品賜給府庫，以供政府文武官員學習研究。到了奈良、平安時代，《史記》還被正式列為宮廷教科書，甚至僧侶也讀《史記》。

日本學者對司馬遷的文史成就的評價也很高。如岡本監輔說：「《史記》上補《六經》之遺，下開百史之法，具體莫不兼該，其文章變幻飄逸，獨步千古。」日本另一位學者齋藤正謙則把《史記》比為「群玉圃」、「連城之寶」、「絕佳」之作，極力推崇司馬遷寫人能寫誰像誰、風姿如生的表現藝術，說：「子長同敘智者，子房有子房風姿，陳平有陳平風姿；同敘勇者，廉頗有廉頗面目，樊噲有樊噲面目；同敘刺客，豫讓之與專諸，聶政之與荊軻，才出一語，乃覺口氣各不同。《高祖本紀》見寬仁之氣，動於紙上，《項羽本紀》覺喑叱吒來薄人。讀一部《史記》，如直接當時人，親睹其事，親聞其語，使人乍喜乍愕，乍懼乍泣，不能自止。是子長敍事人神處。」

司馬遷作為我國古代一位良史，他的史才和史識，都是十分卓傑的，對此，日本學者也給予了很高的評價。如長野確說：「修史者，知記歷代事實及文物制度，固不足以為史矣！故修史之難，在不失其時世之本色，使千載之下讀者如身在其時，親見其事也。司馬子長作《史記》，自黃迄漢武，上下三千餘年，論著才五十餘萬言，而三代之時，自是三代之時；春秋戰國之時，自是春秋戰國之時；下至秦漢之際，又是別樣。時人之氣象好尚，各時不同。使讀者想見其時代人品。是所以為良史也。」

司馬遷作為千古良史，受到了古今中外學者的一致好評，司馬遷在世界歷史上的崇高地位，已經得到公認。

前蘇聯人民也很重視司馬遷和《史記》。一九五五年12月22日，蘇聯的東方學家、高等學校的教師和研究中國歷史、語言、文學的青年學生等，在莫斯科舉行晚會，紀念偉大的文學家和史學家司馬遷誕生2100週年。會後，雅．沃斯科波依尼科夫寫了一則消息，發表在一一九五五年12月27日的《光明日報》上。從這篇報導，可以了解蘇聯學者對司馬遷和《史記》的重視與評價。

文章說：「主持晚會的是蘇聯科學院通訊院士古別爾，他在簡短的開幕詞中，稱司馬遷是中國的第一個歷史學家、最偉大的文學藝術家和古代中國的一位卓越學者和《史記》的編輯者。」

「歷史學碩士圖曼在會上對司馬遷的生活和活動做了一篇很長的內容豐富的報告。他指出了司馬遷對中國文化寶庫的偉大貢獻，他又著重指出了中國人民的這個偉大兒子的著作，為中國人民帶來了光榮，並且使他的祖國永遠地揚名於國外。圖曼說，司馬遷真正應當在大家公認的世界科學和文化泰斗中佔有重要的地位。」

除日本、朝鮮、前蘇聯以外，世界其他各國對司馬遷的《史記》也很重視。

在法國，漢學家沙畹曾把《史記》從《五帝本紀》到《孔子世家》這些篇章譯成法文，並加以注釋，這在法國是個有一定影響的《史記》讀本。近年來，法國巴黎還成立了「《史記》研究中心」，這是國際上第一個專門的《史記》研究機構，它對法國漢學家們研究《史記》，起了很好的組織推動作用。

在美國，漢學家瓦特遜著有《司馬遷傳》，羅切斯特大學魏漢明教授完成了《史記·五帝本紀》的翻譯，通過自己的教學和翻譯，向青年學生介紹司馬遷，介紹《史記》。還有威斯康辛大學教授鄭再發、倪豪士等人翻譯過《史記》。英國、德國漢學家也翻譯過《史記》中的一些名篇。一九七九年，大陸外文出版社出版的英方版《史記選》，也為外國朋友閱讀《史記》提供了方便。

從一九五六年司馬遷被列為世界文化名人以後，世界上尊崇司馬遷的人就更多，研究司馬遷和《史記》的人也更多了。

總而言之，中華民族有數千年的文明歷史，產生了輝煌燦爛的古代文化。作為中國古代文化的先驅和精髓——司馬遷和《史記》，它不僅對中國古代社會的形成和發展的歷史產生了巨大凝聚力，而且對世界各國特別是東方漢文化圈的各國產生了深遠影響。《史記》及其所蘊含的取之不竭的智慧寶藏，已成為世界智慧寶庫的重要組成部分。這不僅是中國人的驕傲，也是全世界人的驕傲！

乙 智慧精華

【忍辱奮爭，死得其所】

司馬遷在《史記》中宣揚的人生觀、生死觀是非常積極，非常壯烈的，這種思想觀點貫穿在《史記》作品的各個篇章，貫穿在《史記》所表現的各個人物，各種事件上。

《太史公自序》在表述《史記》選擇什麼人入「列傳」的時候說：「扶義俶儻，不令己失時，立功名於天下，作七十列傳。」所以為商鞅立傳是因為「鞅去衛適秦，能明其術，強霸孝公，後世尊其法」；為穰侯立傳的原因是——「苞河山，圍大梁，使諸侯斂手而事秦者，魏冉之功」；所以把孔子列入「世家」是因為「周室既衰，諸侯恣行，仲尼悼禮廢樂崩，追修經術，以達王道，匡亂世，反之正，見其文辭，為天下制儀法，垂六藝之統紀於後世。」毫無疑問，《史記》所敬佩、所歌頌的都是轟轟烈烈，為國家、為黎民百姓做出了突出貢獻，或是在「立德」、「立言」上有突出表現的人物。

這些勇於事功的人物自幼便與眾不同，懷有雄心壯志，陳勝、項羽、劉邦的故事已

經家喻戶曉了，其他如陳平在落魄為人操刀割肉時就說：「嗟乎，使平得宰天下，亦如是肉矣！」韓信在無法養活自己時還對那位漂母說：「吾必有以重報母！」

司馬遷在《史記》中認為，人在困難面前，應該百折不撓；在災難與逆境中要忍辱發憤；而困難與逆境恰好是激發人前進，鞭策人奪取最後勝利的絕好動力。正是本著這種精神，《史記》以精彩的筆墨描寫了越王勾踐、伍子胥、蘇秦、張儀、范雎等一系列忍辱奮鬥的人物。

越王勾踐被吳大夫差打敗後，「乃苦身焦思，置膽於坐，坐臥即仰膽，飲食亦嘗膽也。曰：『女忘會稽之恥耶？』身自耕作，夫人自織，食不加肉，衣不重彩，折節下賢人，厚遇賓客，振貧吊死，與百姓同其勞。」後來終於打敗吳國，稱霸天下。

范雎早年，曾被魏齊所害。魏齊「令人笞擊雎，折脅拉齒。雎佯死，即卷以簀，置廁中，賓客飲者醉，更溺雎。」後來范雎逃出了秦國，幾經奮鬥，當上了秦相，終於報了深仇。

《范雎蔡澤列傳》中說范雎、蔡澤：「士亦有偶合，賢者多如此二子，不得盡意，豈可勝道哉？然二子不困厄，惡能激乎？」

司馬遷遭受過巨大打擊，受到無以復加的侮辱，這件事激發了他發憤著書的更大動力，這些從《史記．太史公自序》與《報任安書》中，都能強烈地感受到。司馬遷甚至由此更把這種情緒推衍到極致，說一切偉大的事業統統是倒過楣受過屈辱的人們幹出來的。他在《報任安書》中說：

「古者富貴而名摩滅，不可勝計，唯倜儻非常之人稱焉。蓋文王拘而演《周易》，仲尼厄而作《春秋》；屈原放逐，乃賦《離騷》；左丘失明，厥有《國語》；孫子臏腳，兵法修列；不韋遷蜀，世傳《呂覽》；韓非囚秦，《說難》《孤憤》；《詩》三百篇，大抵聖賢發憤之所為作也。此人皆不得通其道，故述往事，思來者。」

司馬遷的這一人生觀對後世產生過非常積極而深遠的影響。它給予舊社會一切受打擊、受迫害、受侮辱而懷才不遇的人們，極大的精神鼓舞，並給他們提供了許多有章可循的光輝範例。

司馬遷通過他筆下的人物，還向世人揭示了如何對待生死的人生智慧：人在生死關頭要慎於抉擇，要死得重於泰山，萬不可死得輕如鴻毛。生命對於人只有一次，因此在生死關頭必須慎於抉擇，既不能無原則地苟且求生，也不能糊塗一時地隨便輕生。

當陳涉謫戍漁陽的時候，遇雨失期，失期依法當斬。如果逃跑，在暴秦的統治下，是絕對跑不掉的，抓回來自然要被問斬。經過衡量，陳涉選擇了造反。反正是死，那就乾脆死出個樣子來吧！司馬遷認為這是好漢子，這種「豁出去」值得。司馬遷把陳涉列為「世家」的理由很多，但司馬遷欣賞陳涉的生死觀，是相當重要的一條。

藺相如先是為了和氏璧，後又為了維護趙國的尊嚴，兩次在強秦面前奮不顧身。司馬遷對此無限敬佩。他說：「知死必勇，非死者難也，處死者難。方藺相如引璧睨柱，及叱秦王左右，勢不過誅，然士或怯懦而不敢發。相如一奮其氣，威信敵國；退而讓頗，名重泰山，其處智勇，可謂兼之矣！」整個說的是生死這一人生大問題。藺相如威折了強秦，這當然好；即使藺相如在這種場合被秦王殺掉了，其死也是「重於泰山」。

屈原屢遭打擊迫害，有志不獲伸，最後在君昏臣佞、大敵壓境的情況下，他不願眼看著自己的國家滅亡，於是投汨羅而死。這種死是令才人志士為之痛心的，但是可以激起人們對於昏君佞臣的憤恨，可以引起人們對於更廣泛、更深層的許多問題的深思，更樹立起了一代愛國知識份子的光輝人格。司馬遷為此歌頌屈原說：「其志潔，故其言物芳；其行廉，故死而不容。自疏濯淖污泥之中，蟬蛻於濁穢，以浮游塵埃之外，不獲世之滋垢，皭然泥而不滓者也。推此志也，雖與日月爭光可也！」

再如項羽烏江自刎以死殉自己霸主之事業，李廣引刀自剄以死來維護自己人格之尊嚴，荊軻威震秦廷以死來向暴君展示人心之不可征服等等，正如司馬遷在《史記．刺客列傳》中所說：「其義或成或不成，然其立意較然，不欺其志。」這種死，司馬遷都認為值得，都在當時以及後世產生過深遠的影響，永遠會給人以精神力量，令一代又一代的炎黃子孫緬懷不已！

然而，司馬遷同時認為，在意義不大的時候，人絕不應該隨意輕生，絕不能動不動地就「豁出去」拼命。為此，他贊成韓信的忍受胯下之辱；他讚揚伍子胥的棄小節，背父兄，去國遠逃；他也肯定季布的東藏西躲，甚至給人當奴隸以逃避劉邦的緝拿。

司馬遷讚揚伍子胥：「向令伍子胥從奢俱死，何異螻蟻？棄小義，雪大恥，名垂於後世。悲夫！方子胥窘於江上，道乞食，志豈須臾忘郢耶？故隱忍就功名，非烈丈夫孰能致此哉？」讚揚季布說：「以項羽之氣，而季布以勇顯於楚，身屨軍搴旗者數矣，可謂壯士。然至被刑戮，為人奴而不死，何其下也？彼必自負其材，故受辱而不羞，欲有所用其未足也，故終為漢名將。賢者誠重其死，夫婢妾賤人感慨而自殺者，非能勇也，其計畫無復之耳。」

在司馬遷看來，韓信、伍子胥、季布等，都是不輕易拼命，不願意死得「輕如鴻毛」，都是寧可暫時受辱，以圖日後幹出更大事業的人物。

司馬遷讚賞這種人，自己也做的這種人。當他觸怒漢武帝，被以「沮貳師」與「誣上」的罪名判處死刑時，他寧可被普天下的人所誤解，所鄙視，而義無反顧地援引當時死刑犯人可以申請改為腐刑的條例，忍辱含憤地自請改判了辱沒族門的腐刑，其目的就是為了留下命來完成他的正在寫作中的《史記》。

他在《報任安書》中說：「勇者不必死節，怯夫慕義，何處不勉焉？所以隱忍苟活，幽於糞土之中而不辭者，恨私心有所不盡，鄙陋沒世而文采不表於後也！」

司馬遷在當時所承受的壓力是可以想像的，他「腸一日而九回」，「居則忽忽若有所亡，出則不知所如往。每念斯恥，汗未嘗不發背沾衣也。」但司馬遷最終還是挺著活了下來，完成了他的著述，博得了古今中外一切世人的敬仰。

既贊成必要的「豁出去」，又贊成必要的「忍辱」，二者的矛盾怎樣統一呢？其取彼捨此，與取此捨彼的原則又是什麼呢？《史記．伍子胥列傳》中伍子胥與其兄伍尚的一段對話，可以給人們一些啟發。

伍子胥的父親伍奢被楚平王所囚，楚平王以伍奢的名義派人來召伍氏兄弟回去，兄弟二人所面臨的情勢是一樣的。伍子胥說：「楚之召我兄弟，非欲以生我父也。恐有脫者後生患，故以父為質，詐召二子。二子到，則父子俱死，何益父之死？往而令仇不得報耳。不如奔他國，借力以雪父之恥。俱滅，無為也。」伍尚說：「我知往終不能全父命，然恨父召我以求生而不往，後不能雪恥，終為天下笑耳！」他對其弟說：「可去矣！汝能報殺父之仇，我將歸死。」於是兄弟二人分別做了各自的選擇，一個束手被擒回去陪著父親死，一個殺出重圍逃到吳國去了。

在這裏他們所考慮的就是怎樣做才能使生命呈現出更大的價值，日後能報大仇的，那就「活」下去，不必顧忌眼下被人視為如何的大逆不道；日後不能有所作為的，那就不如現在「死」，還能落一個忠義孝順之名。可見問題的是非界線並不是非常確定的，這就迫使當事人審時度勢，衡量彼己，儘管當時的緊急可能間不容髮，但卻要正確地做出有關生死的大抉擇。大概「英雄」與非「英雄」的區別，也就表現在此時此刻！

司馬遷在《史記》中高揚的忍辱奮鬥，死得其所的人生智慧，是發人猛省，促人奮起的一曲嘹喨的前進號角。人的一生中，不可能總是一帆風順，總難免要栽一些跟頭，受一些挫折。當面臨災難，甚至是沒頂之災時，要冷靜，要想到司馬遷「忍辱奮鬥，死得其所」的人生哲學。要不怕失敗，不怕挫折，不怕世人的白眼與唾罵，要打起精神，忍辱堅持奮鬥，以爭取時來運轉的時刻。從這個意義上講，《史記》是一部偉大的人生哲學教科書，今日的人們，不可不熟讀之，不可不從中汲取生存的智慧和奮鬥的力量！

【勇於革新，敢於革命】

司馬遷在《史記》中，對於統治階級內部的變法革新，對於廣大人民反暴政的革命行動，都是持肯定和讚揚態度的。縱覽《史記》，可以看出，正是勇於革新，敢於革命的精神，才使中華民族一次又一次地闖過驚濤駭浪，頑強地生存繁衍下來，創造著自己的智慧和文明。

革新，革命，都是生命活力的展現，是以改變或摧毀現實，建立新的生存環境為目標，也是一種崇高的事業。當舊的生存環境已經老化，沒有生機、沒有朝氣時，一些有志之士，尤其是統治階級內部較為清醒的人物，極力想給它注入新的活力。在《史記》中，隨處可以看到大臣向君主上書，或指陳時弊，或提出革新主張，都是滿腔熱情，為國家的長治久安出謀劃策。有些則直接參與革新活動。

《史記．趙世家》中，趙武靈王「胡服騎射」，這是一項重大的軍事改革，保守派以「變古之教，易古之道」指責他，但是趙武靈王堅決不動搖，使改革取得勝利，國勢大盛。

改革，意味著改變傳統，改變舊有的觀念和做法，因而，往往遭到保守勢力的反對。尤其是改革觸動貴族利益時，這些人便以強大的壓力向革新者反撲過來，甚至是以極殘酷的手段進行鎮壓。《史記．商君列傳》記載，商鞅變法時，先以雄辯和果敢打消了秦孝公的疑慮，然後又與甘龍、杜摯等保守勢力進行鬥爭。商鞅變法，更禮，反古，洗掉惰性，終於使秦國獲得新生。但後來，保守勢力又一次抬頭，商鞅被車裂，變法失敗。再如《史記．袁盎晁錯列傳》所記，西漢初年，中央集權和地方勢力之間存在著尖銳的矛盾，晁錯從加強中央集權的願望出發，提出許多變革的策略，最重要的一條就是削弱郡國勢力。這激發了一場軒然大波，諸侯對他恨之入骨。結果，晁錯被腰斬東市。

統治集團內部的改革，這是活力與惰性的交戰。在中國古代，皇權代表著一切，要想變革現實，沒有國君的支持是難以成功的。儘管有些國君在國家機器極為軟弱的情況下，願意進行革新，但也只能是局部的，以不傷害皇權為前提。一旦稍有轉機，君主往往會以「天不變，道亦不變」的理論來限制、阻遏革新，再加上保守勢力的反對以及改革本身的某些弱點，失敗便是難以避免的了。但革新者的精神是值得肯定和繼承的。

革新還只是對現實進行輕微的改造，而革命則是更激烈的改造現實的方式。湯伐桀，武王伐紂，改朝換代，這是革故鼎新。《周易．革》云：「天地革而四時成。湯武革命，順乎天而應乎人，革之時大矣哉！」一個王朝因為政治弊壞而走向覆滅，但同時又意味著另一受人民歡迎的王朝的誕生。對華夏民族來說，改朝換代是暫時的曲折和苦難，而不會走向滅亡。中華民族不屈不撓的精神正體現在這偉大的變革之中。《史記》中的「本紀」，就是這種變革的具體體現。

與改朝換代相聯的是奴隸起義、農民起義，也正由於這些起義，推動了社會的向前發展。這些偉大壯舉，從一個側面反映出華夏民族積極進取、勇於革命的精神。有壓迫，就有反抗。當老百姓再也無法忍受殘酷現實的重壓時，出路有兩條；一條是毀滅，被現實吞沒；一條是爆發，向現實挑戰。

《史記．陳涉世家》中記載的陳勝、吳廣，是中國歷史上第一次農民起義的領袖，在他們身上體現著如烈火般的鬥爭精神。司馬遷對他們伐無道、誅暴秦的功績予以高度評價：「桀紂失其道而湯武作，周失其道而《春秋》作，秦失其政而陳涉發跡。」被壓迫者生命的火焰一經燃燒，就具有無窮的衝擊力量。儘管這些起義往往以失敗而告終，但最終留給後人的，卻是一種可歌可泣的反抗暴政、改變命運的鬥爭精神！

【逆取順守，文武並用】

司馬遷撰寫《史記》的主旨正如他自己所說的，是為了「究天人之際，通古今之變」。在「古今之變」中，如何「取天下」，又如何「守天下」，是古今哲人們探求不已的大命題，在《史記》中，司馬遷委婉地表達了自己對這一命題的觀點：那就是「逆取」、「順守」，文武並用。

司馬遷在探討秦漢之際「成敗興壞之理」時，十分重視對「逆取」而「順守」這一歷史經驗的闡述。他深刻地意識到「逆取」、「順守」之理是由興衰存亡的歷史積澱而成的，其中蘊涵著豐富的治國之道。他通過對秦帝國的興起與滅亡、項羽的失敗與劉邦的成功、漢初統治者的基本國策的闡釋，深刻地揭示了這一歷史規律。

秦帝國的興起與滅亡，司馬遷借用漢初著名政論家賈誼的《過秦論》，對這一問題進行了評論。

賈誼《過秦論》分析秦國自繆公以來不斷強大，並最終統一全國的原因主要有三條：一是有利的地理形勢，即所謂「被山帶河以為固，四塞之國也」。二是能用人，「當此之世，賢智並列，良將行其師，賢相通其謀」，同時還採取了「安土息民，以待其敝」的政策。三是得力於商鞅變法和張儀之謀，「內立法度，務耕織，修守戰之備，外連衡（橫）而鬥諸侯」。以上三條即地理形勢、用人、改革是秦國強大的主要原因。所以，到了秦王嬴政時，才可能「續六世之餘烈，振長策而禦宇內，吞二周而亡諸侯，履至尊而制六合，執棰拊以鞭笞天下，威振四海」，成就統一大業。

秦朝的崛起，並未帶來長治久安，反倒招致速亡，原因何在？賈誼在《過秦論》中從多方面進行了分析與評論：「秦王懷貪鄙之心，行自奮之智，不信功臣，不親士民，廢王道，立私權，禁文書而酷刑法，先詐力而後仁義，以暴虐為天下始。夫並兼者高詐力，安定者貴順權，此言取與守不同術也。秦離戰國而王天下，其道不易，其政不改，是其所以取之守之者無異也。孤獨而有之，故其亡可立而待。」

賈誼認為，秦朝之所以速亡，不僅是由於秦始皇的剛愎自用，尤其重要的是沒有制定守成的法度，沒有以「王道」、「仁義」去代替「私權」、「詐力」，而是用取天下的辦法去治天下，這就必然導致迅速地亡國。賈誼明確指出，「攻守之勢異也」，「取與守不同術也」。秦始皇不懂得這個道理，「並兼」時期與安定時期採取了同樣的政策，所以導致了秦朝的速亡。

司馬遷對賈誼的觀點十分贊同，熱情地評價道：「善哉乎賈生推言之也！」看上去司馬遷是以賈誼的《過秦論》抨擊秦朝統治者的為政之失，實則是在充分表達了自己取天下與治天下的看法。

項羽的失敗與劉邦的成功也給後人以深刻的啟示。出於對項羽英雄氣概和直率性格的讚賞，司馬遷對項羽這位失敗的悲劇英雄確實帶有幾多同情，但歷史學家的使命與責任，使他對項羽失敗的分析更為冷靜與理智。他批評了項羽的剛愎自用、不懂得羅織人才和總結經驗教訓，甚至面對失敗還認為是——「天亡我，非戰之罪也。」項羽的悲劇，就在於當他從轟轟烈烈走向失敗時，仍然不知何以失敗，至死不悟。

與項羽的失敗相反，劉邦則由弱小走向強大直到統一天下。在楚漢戰爭中，劉邦多次失敗，以至父母、妻子都成了項羽的俘虜，為什麼最後終於獲得了成功？司馬遷在《史記．高祖本紀》中說：「秦政不改，反酷刑法，豈不謬乎！故漢興，承敝易變，使人不倦，得天統矣！」項羽「欲以力征經營天下」，而劉邦則是「承敝易變」，即對過去的弊病加以革除，順民之俗，將政治得失與人心向背緊密聯繫在一起。劉邦在楚漢戰爭中獲得成功，原因當然是多方面的，但「承敝易變」，順應民心，無疑是最根本的原因。

西漢初統治者制定的國策，為其統治的鞏固、經濟的發展帶來了深刻的影響。說到漢初國策的制定，就要從陸賈以及他在漢初所做的一件具有重大歷史意義的事情說起。

據《史記．酈生陸賈列傳》記載，陸賈是楚地人，因有辯才而跟隨劉邦定天下，並獲得劉邦的信任。陸賈時常在劉邦面前稱引《詩》、《書》。劉邦罵他說：「你老子的天下是從戰馬上取得的，哪裡需要《詩》《書》！」陸賈回答說：「居馬上得之，寧可以馬上治之乎？且湯武逆取而以順守之，文武並用，長久之術也。昔者吳王夫差、智伯極武而亡；秦任刑法不變，卒滅趙氏。向使秦已併天下，行仁義，法先聖，陛下安得而有之？」

劉邦聽了陸賈的這番話，心中很不愉快，面有慚色。但他從陸賈的話中獲得了啟示，所以他命陸賈總結秦何以失天下、漢何以得天下，以及往古成敗之國的歷史經驗。陸賈便粗略地論述了國家存亡的歷史，一共著述了十二篇。他每奏上一篇，劉邦沒有不稱讚的。陸賈寫的書被稱為《新語》。

劉邦的文化素養並不高，有時還帶有幾分無賴習氣，但他畢竟是一位具有雄才大略的政治家，所以他能夠採納臣下的合理建議。作為漢初統治者，能如此重視對歷史經驗的總結，顯然是英明的舉措，而指代不明對於西漢初年乃至西漢前期基本國策的制定和貫徹，無疑產生了重大的影響。

尤為值得注意的是，陸賈總結出的「逆取而以順守之，文武並用」這一歷史經驗，深刻地揭示出了奪取天下和治理天下有著根本的區別，對不同的歷史情勢，應採取不同的方略。陸賈針對漢初統治者亟待鞏固統治、發展經濟的歷史現實，引導統治者思考「逆取而以順守之，文武並用」這一歷史經驗教訓，從現實出發，調整治國方略，採取順應民心的政治舉措，這對漢初社會的穩定與發展起到了極其重要的作用。漢初社會得以迅速恢復和發展，無不與此有著密切的聯繫。

《史記．呂太后本紀》所記述的史事，大多是關於諸呂同劉氏宗室及開國功臣，爭奪權力的鬥爭，是關於呂后在這個鬥爭中的種種殘酷手段的描述。但是司馬遷在總結惠帝、呂后統治時期的功過得失時，沒有局限於統治集團內部的紛爭，而是著眼於這一時期的總的社會發展趨勢。在這篇傳記中司馬遷著重指出——「孝惠皇帝、高后之時，黎民得離戰國之苦，君臣俱欲休息乎無為，故惠帝垂拱，高后女主稱制，政不出房戶，天下晏然。刑罰罕用，罪人是希。民務稼穡，衣食滋殖。」

這正是司馬遷歷史見識的卓越之處。而所謂「君臣俱欲休息乎無為」同陸賈提出的「逆取而以順守之」的歷史經驗，是一脈相承的，這裏貫串著一個基本的國策，即「順守」——順應民心，與民休息。

這一國策在文、景時繼續得到貫徹，在惠帝、呂后時期「民務稼穡，衣食滋殖」的基礎上，進而發展成為——「海內殷富，興於禮儀」的局面。

漢初統治者能穩坐天下，其經濟由恢復走向繁盛，以至於文帝時「會天下新去湯火，人民樂業，因其欲然，能不擾亂，故百姓遂安」，這是因為從漢高祖劉邦開始，經由惠帝、呂后、文帝、景帝相繼執行了「從民之欲」的基本國策。司馬遷對「順守」這一歷史經驗，做了具體而生動的總結。

司馬遷對秦漢之際歷史經驗的總結，可以說是其《史記》中最為豐富、最為精彩的部分。其中關於「逆取」與「順守」治國智慧的論述，表現出這位偉大歷史學家的深邃而卓越的歷史見識。這一歷史經驗，對於今天治國安邦，實現中華民族的偉大復興，仍然具有深遠的借鑑意義。

【舉賢授能，事業必興】

「千金之裘，非一狐之腋也；台榭之榱，非一木之枝也；三代之際，非一士之智也。」歷史並非帝王的個人業績，而是包含著一大批賢臣良將的共同努力。司馬遷在《史記》的「世家」、「列傳」中熱情謳歌了將相的政績，揭示了良將、賢相的任用，對國家興亡的舉足輕重的作用。舉賢授能，是古今一如的治國智慧和用人智慧。

縱覽《史記》，周文王、周武王之所以有天下，因為有太顛、閎夭、散宜生、鬻子、辛甲大夫等人佐文王；有周公、召公、畢公、尚父輔武王。秦併天下，因為有尉繚、李斯、王翦、王賁、蒙武、蒙恬等助秦始皇。楚漢之爭，與其說是統治政權之爭，不如說是人才之爭。

劉邦曾這樣說過：「夫運籌策帷幄之中，決勝於千里之外，吾不如子房。鎮國家，撫百姓，給饋餉，不絕糧道，吾不如蕭何。連百萬之軍，戰必勝，攻必取，吾不如韓信。此三者，皆人傑也。吾能用之，此吾所以取天下也。項羽有一范增而不能用，此所以為我擒也。」這段話道出了劉邦得天下的一個重要原因，是他善於用人。在《史記・留侯世家》、《史記・淮陰侯列傳》、《史記・蕭相國世家》中，司馬遷熱情歌頌了張良、韓信、蕭何才能傑出的「三傑」為漢王朝建樹的卓越功勳。

司馬遷在《史記・楚元王世家》中議論道：「安危在出令，存亡在所任。」司馬遷的這種思想，充分體現在《史記・廉頗藺相如列傳》中。《廉頗藺相如列傳》是廉頗、藺相如、趙奢、李牧的合傳。他們都是才幹卓越，忠心為國的將相，他們的命運，關係著趙國的興亡。明代茅坤說：「兩人為一傳，中復附趙奢，已而復綴以李牧為四人傳，須詳太史公次四人線索，才知趙之興亡矣！」司馬遷通過對這幾位人物事蹟的描寫，把趙國興亡的歷史，勾勒得非常清楚。

司馬遷通過對「完璧歸趙」、「澠池會」這兩件事的描述，表現出藺相如為了國家的榮譽和利益，把個人的生死置之度外，機智勇敢地爭得外交上的勝利的傑出才幹。藺相如不僅是一個出色的外交家，而且是一個有風度的政治家，這主要表現在處理他和廉頗的關係上。由於他的兩次出使，都為國家建立了特殊的功勳，因而拜為上卿，位於廉頗之上。廉頗不甘心在他位下，要當面給他難堪。藺相如採取了退讓態度，他表示要：「先國家之急而後私仇也。」這種大公無私的崇高精神，終於感動了廉頗，他「肉袒負荊，因賓客至藺相如門謝罪。」

對於廉頗、趙奢、李牧，司馬遷主要稱道他們的將才。廉頗不僅在趙國有重要的地位，顯著的戰功，而且在其他諸侯國也有一定的聲望。藺相如之所以能完璧歸趙，是因為秦王「怕絕秦趙之歡」，實際上暗示到趙國有廉頗率領的重兵在澠池之會上，藺相如逼使秦王屈服，最後，「秦終不能加勝於趙，趙亦盛設兵以待秦，秦不敢動。」則更加明確地點明了廉頗是這場政治鬥爭的後盾。

正因為廉頗和藺相如在政治和軍事上的有力配合，抵禦了強秦，保衛了趙國。但在趙孝成王時，秦用反間計，趙以趙括代替廉頗，結果四十萬大軍全軍覆沒。後來，燕國用國相栗腹的計策攻打趙國，趙王復用廉頗為將，使趙國從潰敗之中再次振作起來。誰想到了趙悼襄王時，廉頗又被罷斥，使廉頗這樣的名將，終生飲恨，死於楚國。

趙國最後一位名將是李牧，他為將十多年，為趙國建立了累累戰功，但是這樣一位忠心耿耿的名將，最後竟被聽信讒言的趙悼襄王殺害了。趙國不久就滅亡了。

司馬遷通過對廉頗、藺相如等歷史人物命運的描寫，反映了趙國興亡的過程。從而說明了一個道理：舉賢授能者昌，失賢害能者亡，為政者要想治平天下，「唯在擇任將相哉！

在《史記．管晏列傳》中，司馬遷用對照的筆法頌揚了晏子知人薦賢的美德。在贊文末尾，司馬遷以願為晏子執鞭來抒發自己對晏子的崇敬之情，體現了作者賢人治政的思想。

在《史記．循吏列傳》中，司馬遷熱情歌頌了春秋時五位官吏的政績：有教化百姓，團結人民的孫叔敖；深受人民愛戴的良相子產；清廉奉公的公儀休；嚴以律己的李離；秉公執法保護良民的石奢。充分說明良相是國家安定之基。

《史記》中，司馬遷還以飽蘸感情的筆觸記述了許多才華出眾，但卻不被統治階級賞識的歷史人物。

《史記．屈原賈生列傳》中的屈原和賈誼，他們都忠貞正直，具有卓越的才能和政治主張，但都不為當時的貴族勢力所容，一生不得志，遭受打擊、陷害。理想的破滅，促使屈原以死來抗爭，而賈誼則在抑鬱中死去。但屈原那種「路漫漫其修遠兮，吾將上下而求索」的精神，卻永遠激勵著後世的仁人志士。

《史記．李將軍列傳》中的李廣，他的武功天下無雙，卻一生不得志，最後竟引頸自刎。但是李廣的品德得到人們的敬重，「及死之日，天下知與不知，皆為盡哀。」《史記．絳侯周勃世家》的周亞夫，是漢代有名的將軍。他忠心耿耿，在平定七國之亂中立下功勳，但由於剛正不阿，不為統治者所容，竟逼迫絕食而死。

屈原的自沉，賈誼的悲死，李廣的自刎，周亞夫的餓死，這些都是專制制度壓抑人才的悲劇，是司馬遷對不平世道的強烈控訴。

《史記》中，司馬遷還暴露和批評了統治者親近、任用奸佞無能小人的弊病。在《史記．佞幸列傳》中，主要描寫了佞幸鄧通、韓嫣、李延年。他們皆無品行才學，但卻善於察顏觀色，取悅皇上，深受寵倖和重用。司馬遷為佞幸立傳，就是希望後世統治者根除這種弊病，真正做到舉賢授能，遠離奸佞小人。

在《史記．楚元王世家贊》中，司馬遷對用人問題進行了相當精彩的議論：「國之將興，必有禎祥，君子用而小人退。國之將亡，賢人隱，亂臣貴。」在這裏，司馬遷把用人的得失，提高到政治成敗、國家興亡的高度來立論，充分地表現出了他的賢能治國的主張。

貫穿於《史記》始終的舉賢授能的治國用人智慧，對於今日各部門、各機關、各組織的人才甄別和幹部提拔，仍然具有強烈的啟迪作用。人才興，則事業興，必須杜絕任人唯親、賣官鬻爵的不正之風，深入貫徹舉賢授能，唯才是用，事業才能興旺發達。

【用兵之道，謀略為本】

《史記》用大量的筆墨描寫了西漢以前的許多著名的戰爭。司馬遷在記述這些驚心動魄的戰爭場面時，著重突出了謀略決定生死成敗的作用。可以說，一部《史記》，就是一部生動形象的「兵典」。

戰爭不僅是政治、經濟的大比拼，也是智謀策略的較量。《百戰奇略．計戰》指出：「用兵之道，以計為首。」「計」就是謀略，謀略可以分為兩個層次，其一是戰略，一是策略。戰略是為了實現總的戰爭目標而制定的計畫、部署，它具有長期性、全局性、整體性、原則性等特點。策略是為了實現某一具體戰役的勝利，所採取的方法、手段，它具有短期性、具體性、實踐性等特點。戰略、策略是既有聯繫，又有區別的。在《史記》的大量戰例中，都突出戰略、策略決定戰爭勝負的重要作用。

《史記》中塑造了大量高瞻遠矚、深謀遠慮的戰略家形象，漢高祖劉邦就是其中最典型的一個。在楚漢戰爭中，敵強我弱，劉邦審時度勢，著眼全局，從長遠利益出發，制定了正確的戰略計畫，精心部署，嚴密組織，而且堅持不懈，最終打敗項羽。在相持階段，劉邦本人率領主力在正面與項羽作戰，牽制項羽。同時，他派韓信征戰北方魏、趙、代、燕各地，然後向東推進，佔領齊地，直接威脅項羽的彭城；又拉攏彭越，命令他不斷騷擾項羽的後方，切斷其糧草供應；再使劉賈、黥布南下，控制楚國勢力薄弱的江南地區。不僅如此，在戰爭最危險的時刻，劉邦卻在關中廢除秦社稷，立漢社稷，冊封太子，減免租稅，安撫百姓。

劉邦的戰略部署的確是非常高明的。韓信在北方作戰，屢戰屢勝，壯大了實力，給劉邦提供兵力，起到了以戰養戰的作用。彭越在項羽後方的活動，使其顧此失彼，疲於應付。劉賈、黥布佔領江南也極大削弱了項羽的實力。在後方一系列舉施，爭取並安定了人心，鞏固了國家根本。劉邦作為最高統帥，他高瞻遠矚，統籌全局，開闢多個戰場，使各個戰場協調作戰，互相配合，終於使項羽力窮勢屈，被迫烏江自刎。

在《史記》中，司馬遷還塑造了大量用兵如神、足智多謀的將帥，其代表人物為田單。《史記·田單列傳》敍述了田單先後使用一系列奇謀妙計大破頑敵的過程。他用反間使惠王撤換樂毅；遺食米以集飛鳥，拜神師等穩定人心；宣言懼劓齊軍降卒，掘齊城外塚墓，使燕軍劓齊軍降卒，掘齊塚墓而激勵了齊軍士氣；送燕將財物約降，使燕人痲痹大意；最後使用火牛陣，突襲燕軍，收復失地。田單能以數千人，打敗燕國數十萬軍隊，主要靠的計謀策略。司馬遷在該傳贊中說：「兵以正合，以奇勝。善之者，出奇無窮。奇正還相生，如環之無端。夫始如處女，敵人開戶；後如脫兔，敵不及距；其田單之謂邪！」這是對田單策略的高度讚揚。

《史記》中還有既是戰略家，又極富策略的傑出人物，其代表就是韓信。《史記·

淮陰侯列傳》寫韓信拜將後，替劉邦分析天下大勢，比較劉、項長短，勸劉邦乘天下未定，借助人心所向，出兵關中，與項羽爭奪天下，表現出其遠大的眼光、非同尋常的見解。後人對此評價甚高。董份說：「觀信智略如此，真有掀揭天下之心，不但兵謀而已！」唐順之也說：「孔明之初見照烈論三國亦不能過。予故曰：淮陰非特將略也。」這表現出韓信戰略家的眼光和胸襟。

在戰場上，韓信首次指揮作戰，就導演了「明修棧道，暗渡陳倉」一幕，迅速佔領關中，成為中國古代戰爭史上一個經典戰例。與魏作戰時，他如法炮製，佯攻臨晉，暗襲夏陽，又一舉破魏。在與魏、趙、楚的三次大戰中，面對三條大河，韓信因勢利導，因地制宜，靈活運用兵法，大膽部署，結果均取得重大勝利。孫子說：「兵無常勢，水無常形，能因敵變化而制勝，謂之神。」韓信是名副其實的「戰神」。垓下之戰，韓信擔任總指揮，向項羽發起最後一擊，鎖定勝局。在中國古代史上，很少有像韓信這樣用兵如神，屢戰屢勝的將領。因此，南宋陳亮說：「信之用兵，古今一人而已！」這又表現出韓信卓越的軍事才能和指揮藝術。

既有戰略頭腦，又富於策略思想的另外一位名將就是孫臏。《史記．孫子吳起列傳》描述孫龐鬥智中，魏伐趙，齊去救趙。田忌為將，孫臏為軍師。田忌想率軍直取邯鄲，孫臏勸說：「夫解雜亂紛糾者不控卷，救鬥者不搏撠，批亢搗虛，形格勢禁，則自為解耳。今梁、趙相攻，輕兵銳卒必竭於外，老弱罷於內。君不若引兵疾走大梁，據其街路，沖其方虛，彼必釋趙而自救。是我一舉解趙之圍而收弊於魏也。」他的戰略構想是攻其所必救，然後以逸待勞，消滅敵人。孫臏的「圍魏救趙」成為我國軍事史上，最為經典的戰略指導思想之一。在此思想指導下，孫臏用潛藏在軍中、減灶示弱、利用馬陵地形等策略，先後兩次打敗魏軍，最後射殺龐涓。桂陵之戰、馬陵之戰的勝利，就是孫臏將正確戰略思想和靈活多變的策略相結合，所取得的碩果。

《史記》對不用謀略，或者謀略失誤的人，也精心塑造。這從反面襯托了謀略在戰爭中的重要性。

《史記．高祖本紀》中記述：在劉項相持廣武之際，項羽對劉邦說：「天下匈匈數歲者，徒以吾兩人耳，願與漢王挑戰，決雌雄，毋徒苦天下之民父子為也。」劉邦笑謝曰：「吾寧鬥智，不能鬥力。」這段對話不僅表現出劉、項兩人的性格特徵，而且也突出了戰爭的重要特徵。戰爭是「鬥智」，而絕非「鬥力」之事。

《史記．黥布列傳》記述——九江王黥布反叛，劉邦問計於薛公。薛公說：「布反不足怪也。使布出於上計，山東非漢之有也；出於中計，勝敗之數未可知也；出於下計，陛下高枕而臥矣！」而且他認為黥布目光短淺，胸無大志，一定會採取下策。不出薛公所料，黥布採取下策。不久，黥布兵敗人亡。黥布不善於知己知彼，昧於奇正變化，缺乏對戰局的全面掌握，戰略決策失誤，其失敗亦在情理之中。

《史記．吳王濞列傳》記述：劉濞擁兵叛亂，大將軍田祿伯、少將桓將軍等人，先後獻奇計，但卻被劉濞拒絕。結果，叛亂很快就被粉碎。劉濞野心勃勃，也有一定實力，但他自己無韜略，又不能接受將軍們的策略，只能是死路一條。

用兵之道，謀略為本。謀略正確與否，直接關係著戰爭勝敗得失，生死存亡。這是司馬遷在《史記》中提示的一條戰爭鐵律。

在你死我活的戰爭中，既然要出奇計、用奇謀，就不能不使用欺詐，欺詐也成為戰爭的重要特徵之一。所以《孫子兵法》中說「兵以詐立」。《史記》中許多精彩戰例，充分證明了戰爭的這一規律。

《史記．商君列傳》中，商鞅率軍進攻魏國，寫信給魏軍主帥公子卬，希望看在昔日同學的情分上，進行和談，化干戈為玉帛，避免生靈塗炭。公子卬欣然前往，卻被武力扣押。商鞅乘機進攻魏軍，大獲全勝。

《史記．晉世家》中，晉獻公卑詞厚禮向虞國借道伐虢。大臣宮之奇以唇亡齒寒為例，反對借道與晉國。虞君卻認為晉國與他同姓，不會使用武力消滅自己。結果，晉國滅掉虢國後，順手也把虞國給滅了。由此可見，在戰爭中，友情、親情也能成為詐騙對方的手段。

《史記・高祖本紀》中，劉邦打到嶢關時，張良用重利誘使秦守將和談，達成聯兵西向的協定後，卻突然襲擊秦軍，斬殺了麻痺大意的秦守將。劉、項相持廣武之際，曠日持久的戰爭使雙方均筋疲力盡。於是，秦漢簽訂和約，以鴻溝為界，中分天下。項羽剛率兵東歸，劉邦就接受張良、陳平之計，尾隨追擊，再次挑起戰端。由此可見，戰爭中的許諾、和約多為誘敵之策，權宜之計，對此絕不能迷信盲從，以防處於被動。

《史記・李將軍列傳》中，李廣追殺匈奴射雕者，突遇匈奴大隊人馬，形勢非常嚴峻。他卻處變不驚，臨危不懼，不但命令部眾接近匈奴人，而且解鞍下馬，佯為休息。李廣神色自若，親自射殺敵人數名，使匈奴人堅信李廣等為誘兵，始終未敢衝殺。後來趁著天黑，李廣率領大家逃離虎口。李廣採用欺詐手法，使敵人弄不清虛實，而自己掌握了主動。

其實，戰爭中的欺詐無處不在，謀略、外交、用間，甚至在所謂的「將德」中，都隱含著欺詐。

兵以詐立，欺詐是戰爭最重要特徵之一。戰爭中的欺詐與政治、道德中的欺詐相比，它不應受到譴責，而是應該得到肯定。如果不明此理而領兵打仗，那是很危險的。《史記》中宋襄公「君子不困人於厄，不鼓不成列」，陳餘「義兵不用奇詐謀奇計」，結果導致自己兵敗身死，為後世指導戰爭者敲響了警鐘。如果有誰在戰爭中講所謂的

「仁義道德」，用毛澤東的話說，就是「蠢豬式」的人物。

【富無經業，必以奇勝】

《史記》的作者司馬遷是古今少有的奇才，他不僅是偉大的史學家、文學家，而且對於經商致富之道也頗有研究，也就是說，他很有「經濟頭腦」。《史記》中所表達的「治生之術」和經營思想，對於今天我們的經營創新仍然富有啟發。

《史記．貨殖列傳》是研究司馬遷經濟思想的最基本文獻。這篇史傳，歷來為學者所重視，並形成各種不同看法。但學者對「善因論」的「富國之學」關注頗多，而對其「治生之學」的論述不多。「治生之學」屬微觀經濟管理思想，和宏觀國民經濟管理思想的「富國之學」是相對的，研究的是個別生產單位或經營單位的經營創新思想。

司馬遷在《貨殖列傳》中列舉了很多種「治生之術」，其經營思想的精華集中在傳文末尾幾句：「富無經業，貨無常主。有者輻湊，不肖者瓦解。」

大意是貧富無定，經營有道者能聚財斂富，經營無方者則財產蕩盡。

縱觀全傳，此處的「富無經業，貨無常主」可做兩種解釋：其一，致富無固定的行業，任何行業均可以致富，經營者要善於發掘機會，找到致富的竅門；其二，致富沒有恆久不變的行業，即不能死守一業、墨守成規，否則就不能獲得永恆的贏利。

不難看出，無論前者還是後者都蘊涵著——經營必須不斷創新，也就是司馬遷所說的「富者必用奇勝」、「變化有概」，只有不斷創新，才能圖存，才能致富。

在《貨殖列傳》中，司馬遷勾畫了一幅天下物產圖，列舉了釀酒、製醋、販穀、賣柴、植樹、畜牧、開礦、製漆等等不下幾十種的致富手段，為富商大賈在全國範圍內經商提供了「周流指南」。他把一些著名商人的致富經驗歸結為「皆誠一之所致」，意在指出無論在哪一個經營領域，只要始終一貫，務實專精，達到一定的經營規模，就能開發地區性市場，並獲得豐厚的利潤，從而「比千乘之家」。

但是，「誠一」並不是百試不爽的靈藥，司馬遷所列的是一些「常規」經營專案，並不是每個經營者都能借此獲得豐利，只適用於有雄厚資本的「智者」、「巧者」。

司馬遷在《貨殖列傳》中列舉了一些所謂的「小業」、「薄技」：「田農，掘業，而秦揚以蓋一州。掘塚，奸事，而田叔以起。博戲，惡業也，而桓發用富。行賈，丈夫賤行也，而雍樂成以饒。販脂，辱處也，而雍伯千金。賣漿，小業也，而張氏千萬。灑削，薄技也，而郅氏鼎食。胃脯，簡微耳，濁氏連騎。馬醫，淺方，張裡擊鐘。」

種田、盜墓、賭博、小販、賣油脂、磨刀、賣漿、賣醃貨、獸醫等都是贏利甚微的薄技微業，但也出了張氏、郅氏等等這樣腰纏萬貫的大富翁。為什麼呢？不難看出，這些經營者不管是為生活所迫，無意識地或真正覺察到那些無人經營，甚至恥於為之的行業存在著廣闊的市場，而有意識地去經營，無疑是開闢了新的市場需求，加上「誠一」經營，就擁有了相對穩定的消費群體，積少成多，「累至巨萬」。這就創造了全新的市場，用今日時髦的話講，就是進入一片「藍海」。經營者注意到別人未曾覺察到的領域，創造了一種資源，並賦予其經濟價值，獨享其利。這一策略對那些財富資本相對薄弱的經營者來說，是一條很好的生財之道。「少有鬥智」，立足現實，認真觀察周圍的市場環境變化，迅速佔領空白，開發新的服務專案。

當然，全新的市場不是時時可以發現的，對於擁有雄厚資本的富商大賈們來說，更重要的是在已經營的領域內進行創新，才能促使利潤最大化。

創新經營並不一定全憑開拓全新市場和全新的產品和服務，經營者完全可以通過觀念的更新，或只是改變一下過去的做法，就可以創造出一個巨大的市場空間，帶來巨大的商業利潤。

《貨殖列傳》中多次提到「智者」、「巧者」、「能者」，他們都是腰纏萬貫的「富者」。他們的巨額財富從何而來？祕訣就是「用奇勝」。《孫子兵法》有云：「善出奇者，無窮如天地，不竭如江河」，「奇正之變，不可勝窮也。」這裏所說的「奇」，用現代經濟學術語來表達，就是創新意識和行為。「富者」必是創新者，只有創新才能不斷推陳出新，獲取超過平均利潤的超額利潤。

從《貨殖列傳》中所記載的宣曲任氏的致富守富過程中，就可分析出經營者樸素的創新經營意識及行為。「宣曲任氏之先，為督道倉吏。秦之敗也，豪傑皆爭取金玉，而任氏獨窖倉粟。楚漢相距滎陽也，民不得種，米石至萬，而豪傑金玉盡歸任氏，任氏從此起富。富人爭奢侈，而任氏折節為儉，力田畜。田畜人爭取賤價，任氏獨取貴善，富者數世。」

先看看這個「智者」任氏是如何致富的：他人「爭取金玉」，己則「獨窖倉粟」。創新經營貴在審時度勢，任氏的高明之處就在於他能洞察時勢先機，認識到戰亂必使民眾無法維持正常的生產活動，但人「以食為天」，在缺糧的形勢下，「饑不可食，寒不可衣」的金玉，其利潤遠不如糧食來得高。任氏正是看到市場的結構變動趨向，覺察到糧食必奇貨可居，於是及時改變觀念，採取應變措施，不取金玉而「獨窖倉粟」，將自身擁有的資源從產出低、獲利少的貯藏金玉，轉移到產出高、獲利豐厚的囤積糧食，贏得先機並最終取得成功。反觀「豪傑」們，囿於陳舊觀念，認為金玉是任何形勢下「放之四海皆有用」，不適時宜地「與時逐」，結果替別人做嫁衣裳，使「金玉盡歸任氏」。

再看看任氏是如何守富的：他人「爭奢侈」，己則「力田畜」。戰後，人民歸於平靜。這時，封建時代「以末致財、用本守之」的經營思想回歸正位，理該適應時勢，實行相應的經營策略轉移。任氏再一次及時轉變經營思想，進行創新經營。他一方面努力耕種，勤儉持家，一方面鞏固自己的經營成果，確立牢靠的市場信譽，從而數世富足。再看所謂的豪傑們「爭奢侈」，不思進取，最終結局可想而知。有鑒於此，司馬遷強調說：「變化有概，故足術矣。」

事實上，宣曲任氏的經營活動並不是什麼技術創新，也沒有開闢一個全新的市場，但是，他充分發揮自己所擁有的資源的財富創造潛力，通過重新組合資源的應用領域，使效益最大化。這同樣也是一種創新經營。而「豪傑」們往往為近期的利益所牽制，用現代經濟學術語表達就是「現時導向」、「短線操作」行為居多，無暇顧及長遠的經濟利益，「其智不足與權變」，對市場的微變甚至突變毫無反應，當然更不會及時應對。

司馬遷主張的「以奇求勝」即創新經營思想，還具體表現在《貨殖列傳》中，其他的一些事例中。

蜀卓氏「不求近遷而求遠遷」，最終「富至童僕千人，田池射獵之樂，擬於人群」，其成功的原因在於他深知「汶山之下，沃野，下有蹲鴟，至死不饑，民工於市，易賈。」良好的經營環境，生產銷售無後顧之憂，無形中比其他「求近遷」的經營者降低了成本。這也是一種創新的表現，充分利用了現有資源的財富創造潛力，並使之發生有利於己的改變。師史任用貧人經商，「數過邑不入門，設任此等」，「致七千萬」。

宛孔氏則通過交遊諸侯提高知名度，拓展銷售管道，「家致富數萬金」。刁閑任用「桀黠奴」以「逐漁鹽商賈之利」，其實這就是一種初始的「管理創新」。他知人善任，用別人所不用，發揮其潛在能力，節省自己的具體操作時間，以觀大局，從而「起富數千萬」……凡此種種，都是特定意義上的創新行為，只是所採取的手段和方式不相同罷了！

「以奇求勝」即創新經營，不可避免地會遇到風險。被司馬遷看做「治生者祖」的白圭曾說過：「吾治生產，猶伊尹、呂尚之謀，孫吳用兵，商鞅行法也。」商戰如兵戰，利潤越高，風險越大，這就是現代經濟學中所謂的「風險利潤。」《貨殖列傳》中也有這樣的例證：「吳楚七國兵起時，長安中列侯封君，行從軍旅，齎貸子錢。子錢家以為侯邑國在關東，關東成敗未決，莫肯與。唯無鹽氏出捐千金貸，其息什之。三月吳、楚平。一贈之中，則無鹽氏之息什倍，用此富埒關中。」

吳楚七國發生叛亂時，長安的高利貸者因勝負未分，不敢貿然借貸給上前方打仗的列封侯君，惟獨無言氏不怕風險，「出捐千金貸」。因此改變了相對比較保險的借貸對象，轉而投資於看似風險較大的一方，從而充分發揮了其所擁有的資源的潛在孳息能力，使利潤達到最大化。這種利潤，顯然是一種「風險利潤」。

總之，司馬遷在《貨殖列傳》中提出的「富者必以奇勝」，正是創新經營的樸素表達。不難看出，創新經營的關鍵在於經營者的素質，如果素質欠佳，機遇再好也無用。

經營者如欲創新，必須具備敏銳的洞察力，靈活的思維，準確的判斷，適應變化的應變能力，深層次的創新意識。綜合這些能力才能使經營者永遠充滿創新的活力，始終在強烈的憂患意識下進行創新經營，以永遠佔領市場先機。「富無經業，貨無常主」，提醒經營者必須時刻重視創新經營，不斷發展新的經營理念、新的經營手段，創造性地把握各種商機，以立於不敗之地。

因此，在創新成為時代主題、全民都在探索創新經營之道的21世紀的今天，經營者要想成為「智者」、「巧者」，就不可不熟讀深研《史記》中的《貨殖列傳》這一千古奇文。

丙 智者妙用

【梁啟超：以《史記》為例教作文之法】

梁啟超先生是近代《史記》研究專家，在他的許多演講和論著中，他都大力提倡人們閱讀和學習《史記》，推崇司馬遷的文章是作文範本。

梁啟超在南開和清華借大學講壇開設《中國歷史研究法》、《要籍解題及其讀法》、《中學以上作文教學法》等課程，都用了很大的篇幅來評介《史記》。對《史記》的讀法，明清時代的學者已滲透在評點之中，但他們的議論都比較細碎，不成系統。梁啟超的《史記》讀法則是一種系統的指導，對一般讀者和專門研究者都有指導意義。他在《史記解題及其讀法》中，分別討論常識的讀法和專究的讀法，以及如何做準備工作，熔鑄了自己的治學經驗，使讀者備感親切。梁啟超在專究的讀法中提出了幾項具體工作，如辨識後人竄亂，考證先秦史實，為《史記》做新注，編制《史記》古今地名對照手冊，補大事年表等，這些恰是爾後《史記》深入研究的緊要課題。

一九二二年，梁啟超先生在東南大學做了《中學以上作文教學法》的講座，在這個講座中，他為了讓人們掌握寫文章的藝術和手法，多次以司馬遷的《史記》創作為例。例如他在講到如何描寫人物個性時，舉了《史記》中《廉頗藺相如列傳》和《李將軍列傳》為例，他說——

描寫個性的惟一原則，就是——「凡足以表個性之言動雖小必敘，凡不足以表個性之言動雖大必棄。」做一個人的列傳，將他的一生事業胡亂寫出，是不行的（大事固然可以表見本人，小事也可以看出本人人格）。有幾個例——

例一：《史記．廉頗藺相如傳》。這兩人是趙國的一文一武，《史記》寫這兩人剛剛相反；寫藺相如專寫他一生兩件大事（完璧歸趙、澠池之會），因為寫這兩件便可將相如敏捷、強毅、忠誠完全表出，相如整個人格活現紙上。記廉頗便換一個方法，專寫他的小事。我們想一想，廉頗是一個武人，當然打仗是他的大事，況且他打的勝仗很多，兩次勝齊，兩次勝魏，三次勝燕，由本傳可以見出，做廉頗的傳，當然是要極力的寫他的戰功了。哪知道《史記》寫他八次勝仗，不到二十字，反囉囉嗦嗦地寫他如何與藺相如吃醋嘔氣，如何負荊請罪。後來在異國又是如何對趙使者表示自己還沒老，想趙王用他，一氣寫上幾百字。這是什麼緣故呢？因為若寫他的戰功，那時戰法總是一樣，要寫他的智勇，那吳起、王翦也是一樣的忠勇，從此都不能表出他的整個人格，寫他幾件小事便可看出他老人家是一位極忠誠的軍人，氣量很小，然而很知大體，待人很厚。

例二：《李將軍傳》。《史記》中好文章很多，上例中的《廉藺傳》和這篇都是超等文章。

不過這一篇能否考超等，還有疑問。就文論文，是一定考上等。但是史公和李陵相好，不知道他對於這位老伯伯有沒有偏阿，所以還不能定這篇能否考一等。這篇文舉李廣許多瑣碎事情，射石，挾匈奴，殺關吏……諸事，令讀者可以看出他是個勇將，氣量狹，不大聽人號令，結果自己倒楣，這篇的確是傳文的好模範。

再比如，梁啟超在講到如何描寫人物的內心活動時，以《史記》中《魏公子列傳》和《淮陰侯列傳》、《魏其武安列傳》為例，他說——

記一人的事，有時不能專記本人，須兼記他人來做旁襯。因為一人的動作必定加在他人身上，所以不必專寫本人，而寫因本人動作所發生的事，或別人對於他有什麼動作，可以烘托出本人人格。

例一：《史記．魏公子傳》。專寫侯生朱亥……這一班下流社會的人，似乎專替他們作傳，寫信陵君的地方反而很少。這是什麼緣故？因為信陵君的地位是國王胞弟，寫他竟能對於這班下賤人如此恭敬有禮貌，這一班人又怎樣的幫助他，從此處便可將信陵君的整個人格看出。

例二：《史記．淮陰侯傳》。這一篇也是超等文章。可拿它和《漢書．淮陰侯傳》比較。《漢書》這篇《淮陰侯傳》便壞極了，若要我替他看卷子，必定不許他及格；不但不及格，還要打手板子。《漢書》多抄《史記》，這一篇傳獨將《史記》中蒯通遊說一事刪去（在《史記》中占全篇三分之一以上），使全篇黯然無色（《漢書》特為蒯通立傳，蒯通這種人怎配立傳，這已經弄錯；班固又因為蒯通沒有別的事，只有說韓信造反一件事，便硬把韓信傳中蒯通的事拿開，真是胡鬧）。我們讀《淮陰侯傳》最令人敬重而且憐憫他的，是因為他不忍背漢高祖，而高祖反要殺他，這一點最為緊要。蒯通勸他反，他不肯反，便可見出他的心情。《漢書》刪去，便是不知利用他心表現人格……

《史記．魏其武安傳》。這篇也是《史記》中超等文字，寫竇嬰、田蚡、灌夫三人都活現紙上。寫田蚡的驕橫（田蚡以外戚做當朝宰相），足令讀者心中抱不平，若在不會做文的人，寫到田蚡驕橫的事，少不得要臭罵他一頓。《史記》只在末了記田蚡死後發現他一件不妥的事。帝曰：「武安侯而在者族矣。」（武安侯是田蚡封爵）上面並未說武安侯如何的壞法，而罪可至滅族，只借漢武帝口中的話輕輕的一點，便令讀者全身鬆快。這才是傳記中的言論和批評的良法。

梁啟超先生還在《中國歷史研究法補編》中，對於如何學習司馬遷的寫人藝術做了具體分析，並認為可以為新史學撰寫人物傳記提供借鑒。

【毛澤東：引《史記》典故激勵下屬】

毛澤東特別愛讀「二十四史」。所謂「二十四史」，是指清代乾隆年間欽定的記載清以前歷史的24部「正史」。

在中南海毛澤東故居藏書中有一部清乾隆武英殿版的「二十四史」，是一九五二年購置的。翻開這部卷帙浩繁的「二十四史」，其中許多篇章，毛澤東都做了標點、斷句，加了著重線和各種不同的讀書標記，寫有不少批注，有的還改正了書中的錯別字。不少冊的封面上，都有他用不同顏色筆跡劃著多次閱讀過的圈記。

「二十四史」裏，除了《史記》是「一家之言」的通史性質外，其他諸史均為官方組織或授意編撰的斷代史。

毛澤東對「二十四史」中的幾種，或原作或其他注本，做過比較，批寫或談及了一些評議意見。他對《史記》獨有鍾情：「像《史記》這樣的著作和後來人對它的注釋，都很嚴格、準確。」（《黨的文獻》1994年第5期）

毛澤東讀《史記》不囿於前人已有的結論，而注意在去蕪存精，去偽存真，分析研究，得出自己的獨到見解。特別注重總結歷史經驗教訓。

例如《史記．陳涉世家》記敘秦末陳勝、吳廣的起義，毛澤東批注他們的起義失敗有「二誤」。「一誤」是指他們功成忘本，殺了舊時的夥伴，脫離了本階級的群眾；

「二誤」是指他們任用朱房、胡武等人不當，偏聽偏信，脫離了兄弟。其結果是眾叛親離，本來在軍事上佔有很大優勢，萬眾歸心，但其政權卻僅僅維持了六個月便夭折了。

一九六二年1月30日，毛澤東在擴大的中央工作會議（即「七千人大會」）上，做了長篇講話，其中談道：

「降到下級機關去做工作，或者調到別的地方去做工作，那又有什麼不可以呢？一個人為什麼只能上升不能下降呢？為什麼只能做這個地方的工作而不能調到別個地方去呢？我認為這種下降和調動，不論正確與否，都是有益處的，可以鍛鍊革命意志，可以調查和研究許多新鮮情況，增加有益的知識。我自己就有這一方面的經驗，得到很大的益處。不信，你們不妨試試看。司馬遷說過：『文王拘而演周易，仲尼厄而作春秋。屈原放逐，乃賦離騷。左丘失明，厥有國語。孫子臏腳，兵法修列。不韋遷蜀，世傳呂覽。韓非囚秦，說難孤憤。詩三百篇，大抵聖賢發憤之所為作也。』這幾句話當中，所謂文王演周易，孔子作春秋，究竟有無其事，近人已有懷疑，我們可以不去理它，讓專家去解決吧！但是司馬遷是相信確有其事的。文王拘，仲尼厄，則確有其事。司馬遷講的這些事情，除左丘失明一例以外，都是指當時上級領導者對他們做了錯誤處理的。我們過去也錯誤地處理過一些幹部，對這些人不論是全部處理錯了的，或者是部分處理錯了的，都應當按照具體情況，加以甄別和平反。但是，一般地說，這種錯誤處理，讓他們下降，或者調動工作，對他們的革命意志總是一種鍛鍊，而且可以從人民群眾中吸取許多新知識。我在這裏申明，我不是提倡對幹部，對同志，對任何人，可以不分青紅皂白，做出錯誤處理，像古代人拘文王，厄孔子，放逐屈原，去掉孫臏的膝蓋骨那樣。我不是提倡這樣做，而是反對這樣做的。我是說，人類社會的各個歷史階段，總是有這樣處理錯誤的事實。在階級社會，這樣的事實多得很。在社會主義社會，也在所難免。不論在正確路線領導的時期，還是在錯誤路線領導的時期，都在所難免。不過有一個區別。在正確路線領導的時期，一經發現有錯誤處理的，就能甄別、平反，向他們賠禮道歉，使他們心情舒暢，重新抬起頭來。（見《毛澤東著作選讀》下冊，第816、817頁）

毛澤東在講話中所引用的司馬遷的「這幾句話」，出自千古奇文《報任安書》。《報任安書》是司馬遷寫給朋友任安的一封信。任安，字少卿，西漢滎陽人。所以這封書信有的選本上題之曰《報任少卿書》。任安經大將軍衛青推薦，做到益州刺史、北軍使者護軍等職。因接受戾太子劉據的命令，起兵討漢武帝信任的江充，失敗後被判死刑。任安在獄中時致信司馬遷，希望他盡「推賢進士」的責任，出面援救自己。司馬遷曾因為替敗降匈奴的李陵說話，遭受了殘酷的宮刑，對任安的要求十分為難，久未答覆。在任安就要被處決時，便寫了這封信。信中，司馬遷述說了自己蒙受的奇恥大辱，傾吐了鬱積內心的痛苦和憤懣；同時引用了許多命運坎坷而德才傑出的歷史人物，在逆境中多有創作的事蹟以自勵，決心忍辱負重，完成自己的《史記》創作。該文見《漢書・司馬遷傳》，《昭明文選》也收入。

太史公司馬遷在這封書信中一連舉了七件事情。「文王拘而演《周易》」，說的是周文王姬昌（本是紂王時的西伯侯）曾被商紂王囚禁於羑里，他在於羑里獄中將八卦重疊組合起來，變成六十四卦，這就是——「演《周易》」。

「仲尼厄而作《春秋》」，說的是孔子一生遊說無所立足，窮困中回到魯國，修刪魯國史書《春秋》。

「屈原放逐，乃賦《離騷》」，說的是屈原被楚懷王貶斥後，流放到漢北、江南，途中寫了傳世名作《離騷》。

「左丘失明，厥有《國語》」，相傳魯國史官左丘明在寫《國語》的時候，雙目已經失明了。

「孫子臏腳，兵法修列」，說的是孫子因受過臏刑（剜去膝蓋骨），在齊魏之戰中，與田忌用「圍魏求趙」之計，在馬陵道大敗魏軍，由此天下顯名，所著《孫臏兵法》傳世。

「不韋遷蜀，世傳《呂覽》」，說的是秦國丞相呂不韋的故事。呂不韋曾廣招門客，作有《呂氏春秋》一書，其中有「八覽」，故又稱《呂覽》。史載秦王政親政後，下令罷免呂不韋的丞相之職，並將其遷徙到蜀郡。

「韓非囚秦，《說難》、《孤憤》」，說的是韓非到秦國後，遭陷害下獄，又被毒酒所害，身後留有《韓非子》一書，《說難》、《孤憤》是其中的兩篇。

《報任安書》是司馬遷除《史記》而外的一篇千古名文，對這篇文章，毛澤東很早就讀過，幾乎是熟讀成誦。他一九四四年在發表的那篇著名的《為人民服務》的演講中說：「人總是要死的，但死的意義有不同。中國古時候有個文學家叫司馬遷的說過：『人固有一死，或重於泰山，或輕於鴻毛。』」

這裏引的，便是《報任安書》中的話。

毛澤東在一九六二年1月30日擴大的中央工作會議上的講話中，再次引用這篇文章，做了頗有新意的發揮。司馬遷舉周文王、孔子、屈原、左丘明、孫臏、呂不韋、韓非等遭受種種磨難，創造了不朽的傳世之作，是用來說明自己遭受了宮刑這奇恥大辱後，仍隱忍苟活的原因，便是為了寫《史記》。

在毛澤東看來，司馬遷所說的這些人，「都是指當時上級領導者對他們做了錯誤處理的。」這樣，受到「錯誤處理」的人，就有一個怎樣對待隨之而來的磨難，如下降或調動工作。毛澤東認為，只要正確對待，不消極沉淪，這種逆境，恰恰可以鍛鍊意志，汲取許多新知識，所以「有很大益處」，還說自己就有這方面的經驗。這大概是指他在中央蘇區時屢遭打擊的那段經歷。

毛澤東說這番話，除了表明他樂於在逆境中進取的個性特徵外，在當時也有其具體的針對性。20世紀50年代後期，反右、大躍進、廬山會議等，確實是「錯誤處理」了不少人。一九六二年1月召開的擴大的中央工作會議，毛澤東曾稱之為「出氣會」，也是意在糾正中央的一些錯誤做法，給一些曾經受過錯誤處理的幹部摘帽子，即「平反」。

前文已述及，一九七五年，病中的毛澤東同護士孟錦雲談論司馬光主持編纂的《資治通鑒》時曾說：「中國有兩部大書，一曰《史記》，一曰《資治通鑒》，都是有才氣的人，在政治上不得志的境遇中編寫的。看來，人受點打擊，遇點困難，未嘗不是好事。」此語同《報任安書》裏列舉遭受磨難的人，因為「意有所鬱結，不得通其道也，故述往事，思來者」，有所創造，其思路是一致的。

丁 智語集萃

1. 防民之口，甚於防水。《周本紀》

——防堵民眾的言論造成的危害，比防堵洪水更爲嚴重。

2. 壯士不死即已，死即舉大名耳，王侯將相，寧有種乎！（《陳涉世家》）

——壯士不死也就罷了，要死就要成大名。王侯將相難道是天生的貴種麼？

3. 良賈深藏若虛，君子盛德，容貌若愚。（《老子韓非列傳》）

——傑出的商人深藏不露，好像囊中空空的樣子。君子具有崇高的道德，但從外貌看上去，好像很愚鈍。

4. 千羊之皮，不如一狐之掖；千人諾諾，不如一士之諤諤。（《商君列傳》）

——一千張羊皮，價值不如一隻狐狸腋下的皮；一千個人唯唯諾諾，不如一名志士仁人的直言諍諫。

5. 君子以義死難，視死如歸；生而辱，不如死而榮。（《范睢蔡澤非列傳》）

——君子會爲了大義而從容赴難，視死如同回家一樣；與其活著受辱，不如爲榮譽

而死。

6. 君子交絕，不出惡聲；忠臣去國，不絜其名。（《樂毅列傳》）

——君子絕交時，不講互相中傷的難聽話；忠臣離開國家的時候，不爲了修飾自己的美名而辯護（不亂說國君的過失）。

7. 以色事人者，色衰而愛馳。（《呂不韋列傳》）

——以美貌姿色侍奉人者，一旦美貌衰退，紅顏不在，寵愛也就隨之消失了。

8. 風蕭蕭兮易水寒，壯士一去兮不復返。（《刺客列傳》）

——風聲蕭蕭啊，易水寒徹骨，壯士這一去啊，永不再回來！

9. 一死一生，乃知交情；一貧一富，乃知交態；一貴一賤，交情乃見。（《汲鄭列傳》）

——一生一死之間，才知交情眞假；一貧一富之間，才見態度冷暖；一貴一賤之間，交情深淺一目了然。

10. 為治者不在多言，顧力行何如耳。（《儒林列傳》）

——治理國家不在於言詞誇飾說得動聽，完全看實際執行成效如何罷了。

11. 家貧則思良妻，國亂則思良相。（《魏世家》）

——家境貧寒的就想要有賢能的妻子，國家治理不好就想要有賢能的宰相。

12. 大行不顧細謹，大禮不辭小讓。（《項羽本記》）

——幹大事不要太顧慮於細枝末節，奉行大禮節不計較一言半語之失。

13. 智者千慮，必有一失；愚者千慮，必有一得。（《淮侯列傳》）

——聰明的人即使考慮一千次，也會有一次失誤；愚笨的人如果能考慮一千遍，必定會得到一個好的主意。

14. 忠言逆耳利於行，良藥苦口利於病。（《留侯世家》）

——忠諫之言聽起來刺耳，但有利於事業的運行；好藥雖然味道很苦，但有利於治病癒疾。

15. 蓋世必有非常之人，然後有非常之事；有非常之事，然後有非常之功。（《司馬相如列傳》）

——簡而言之，世上必定要有非常之人，然後才能幹出一番非常的事業；幹了非常的事業，然後才能成就非常的功勳。

16. 貴上極則反賤，賤下極則反貴。貴出如糞土，賤取如珠玉。財幣欲其行如流水。（《貨殖列傳》）

——價格偏高的到極限就會轉而下跌，價格偏低到極限就會轉而上漲。價格偏高時應視之如糞土一樣，毫不吝惜地售出；價格偏低時應視之如珠玉寶貝，毫不猶豫地買進。貨幣要讓它如同流水一樣暢行流通。

17. 士為知己者死，女為說己者容。（《刺客列傳》）

——大丈夫可以爲知己之人去死，弱女子總是爲喜歡她的人打扮自己。

18. 王者以民人為天，而民人以食為天。（《酈生陸賈列傳》）

——君王把老百姓當作天大的事，而老百姓把吃飯當作天大的事。

19. 一日不作，百日不食。（《趙世家》）

——一天不耕作，一百天吃不上飯。

20. 泰山不讓土壤，故能成其大；河海不擇細流，故能就其深；王者不卻眾庶，故能明其德。（《李斯列傳》）

——泰山不辭讓任何土壤，所以能成就自己的高大，江河大海不選擇排除細小的支流，所以能成就自己的淵深；稱王者不會去拒絕眾多的庶民百姓，因此能夠彰顯自己的德行。

21. 相馬失之瘦，相士失之貧。（《滑稽列傳》）

——評判一匹馬的優劣，常犯的錯誤是千里馬因爲牠太瘦而錯看了牠；評判一個人才，易犯的錯誤是，因爲他貧困潦倒，而輕看了他。

22. 居視其所親，富視其所與，達視其所舉，窮視其所不為，貧視其所不取，五者足

以定之矣！（《魏世家》）

——日常中看他親近誰，富了看他拿什麼給予他人，發達了看他舉薦什麼人，落難時看他不做什麼事，貧困時看他不拿什麼東西，從這五個方面入手，足以判定一個人的本質了。

《三國演義》——古代民間文學的奇葩

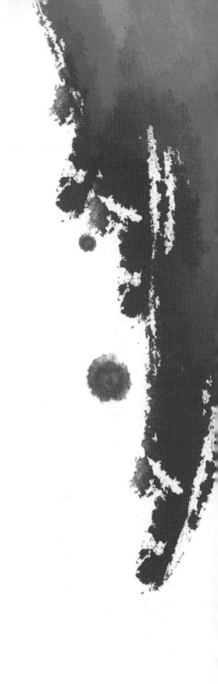

甲 智典概貌

【成書背景】

在中國古典小說中，《三國演義》的崇高地位，沒有任何一部小說能比得上，近三百年來，它被譽為「第一才子書」或「第一奇書」。這部巨著將東漢末年至西晉初年近百年的歷史高度濃縮，描繪了一幅波瀾壯闊的歷史長卷，涉及當時社會生活的多個層面，從宮廷王府到鄉野茅廬，從帝王將相、英雄豪傑到庶民百姓，刻畫了一大批猶如歷史浮雕般的人物，展現了歷史風雲的波譎雲詭。

作為明清「四大奇書」之一的《三國演義》所依據的材料有正史，有野史，也有民間傳說。

三國時代是一個軍閥割據、戰亂頻仍的時代，也是一個雲蒸霞蔚、英雄輩出的時代。這個時代不僅誕生了許多傑出的政治家、軍事家，也誕生了許多著名的文學家。西晉史學家陳壽撰寫的著名史書《三國志》，生動地記載了曹操、諸葛亮、劉備、孫權等風雲人物的奇聞軼事，為《三國志》做注，極大地豐富了歷史記載，也給一些人物增添了傳奇色彩。

統治階級內部的矛盾鬥爭及其各派政治力量的充分表演，為人民群眾了解和認識社會提供了充分的素材，也為他們評價社會生活和表明自己的態度，提供了事實依據。加之三國時期「事無楚漢之簡，又無春秋列國之繁，故尤宜於講說」（魯迅：《中國小說史略》），因而三國故事不脛而走，在閭里村頭和街談巷議中傳播開來。民間藝人們自然不會放過這些素材，他們按照自己對社會的觀察和對生活的理解，不斷地傳講著三國英雄人物的動人故事。

晉代葛洪的《神仙傳》、裴啟的《語林》、干寶的《搜神記》、王嘉的《拾遺記》，南朝宋劉敬叔的《異苑》、劉義慶的《世說新語》，梁殷芸的《小說》等，都記載有當時人們對三國人物的一些傳說。

到了隋代，三國故事已經成為水上雜戲表演的重要節目，《大業拾遺記》記載有隋煬帝於三月上巳日會群臣於曲水觀水飾（即水上木偶雜戲），命令學士杜寶修撰《水飾圖經》再現這一情景，其中的節目就有《曹瞞（即曹操）浴譙水擊水蛟》、《吳大帝臨釣台望葛玄》、《劉備乘馬渡檀溪》等。

大唐初年，民間流傳著《死諸葛嚇走生仲達》，即死了的諸葛亮嚇跑了活著的司馬懿的故事，唐代著名史學家劉知幾在《史通．採撰》中說這些故事——「皆得之於行路，傳之於眾口」，在當時民間流傳非常廣泛。這些故事裏的人物已經有了鮮明的性格特徵，受到男女老幼的喜愛。晚唐著名詩人李商隱在《嬌兒》詩中談到小孩子喜歡聽三國故事，「或笑張飛胡，或笑鄧艾吃」，可見三國故事在平民百姓中的普及程度已經很高，人物形象相當鮮明。

隨著「說話」、「雜劇」等民間藝術的逐漸成熟和不斷發展，三國故事的內容不斷地被藝人們充實和完善，藝術感染力也越來越強。北宋時期，影戲有表演三國故事的，說話藝人有專說「三分」的。據北宋著名文學家蘇軾在《志林》中引述王彭的話說，當時街道上有一些不太聽話的小孩，他們的家長管束不住，就給錢讓他們去聽人講說古代故事。講三國故事時，聽到劉備失敗，有的傷心得掉淚；而聽到曹操失敗，卻拍手稱快。可見，北宋時期講說或表演的三國故事，已經有了鮮明的情感傾向，即同情劉備，厭惡曹操。並且，這些演出都有較高的藝術水準，能夠感染聽眾或觀眾。

孟元老《東京夢華錄》就記載，當時北宋都城開封有「說三分」的著名說話藝人「霍四究」，他的說話藝術具有很高的水準。可惜霍四究所講的三國故事未能保存下來，今天所能看到的說話人講說三國故事的說話，只有元代建安（今福建建寧）虞氏新刊的《至治新刊新全相三國志平話》（簡稱《三國志平話》），和內容大致相同的《至

（或「照一」）元新刊全相三分事略》（簡稱《三分事略》）。這些話本儘管文詞譾陋，描寫粗糙，基本保留了宋元說話的原始風貌，但構思宏大，結構完整，故事性強，已經初具《三國演義》的雛形。

在宋、金、元的戲曲舞臺上，三國故事也是藝人們搬演的重要題材。宋戲文、金院本中都有三國戲。元代以及元明之際的三國戲劇碼有六十餘種，從《劉關張桃園結義》到《司馬昭復奪受降台》，《三國演義》中的一些大節目在這個時期幾乎都搬上了戲曲舞臺。而現存二十一個三國戲劇本中，半數以上是以蜀漢人物為中心的，擁劉反曹傾向十分明顯，反映出民間對三國時期各種政治力量和各方代表人物的情感傾向。

《三國演義》正是在真實的歷史人物和歷史事件的框架內，在長期的民間流傳的三國故事的基礎上，由文人蒐集、整理、改編、加工而成的著名歷史演義小說。至於《三國演義》的作者及成書年代，一直以來是一個爭議不息的問題，到現在也沒有達成一個一致的結論。

一般認為，《三國演義》成書於元末明初，作者是羅貫中。所以說，《三國演義》是集中國古代民間智慧之大成，這正是它深受一代又一代中國人喜愛，在低層社會廣泛傳播的根本原因。

【羅貫中其人】

《三國演義》的作者羅貫中，約生於西元一三三〇年，約卒於西元一四〇〇年，歷史上留存下來的材料很少，唯一比較確實的材料，是明初戲劇家賈仲明在《錄鬼簿續編》中的一條記載——

「羅貫中，太原人，號湖海散人。與人寡合。樂府隱語，極爲清新。與余爲忘年交，遭時多故，各天一方。至正甲辰復會，別來又六十餘年，竟不知其所終。」

賈仲明是生活於元代至正到明永樂年間的一位戲曲作家。他和羅貫中既然是「忘年交」的朋友，而且在至正甲辰（西元一三六四年）還相會過一次，由此可知羅貫中也是元末明初人。賈仲明在《錄鬼簿續編》中，是把羅貫中作為一個戲曲家著錄的，在上面的一段介紹之後，著錄了羅貫中的三部戲劇創作，其中只有《趙太祖龍虎風雲會》一種留存下來，這個劇敘寫宋太祖趙匡胤與宰相趙普遇合的故事，和《三國演義》中劉備禮遇諸葛亮，在思想上頗相似。賈仲明所了解的可能就是作為戲劇家的羅貫中的情況，至於作為小說家的羅貫中，那已經是他們分別之後的事了。

《三國演義》的創作，應該是明朝建國以後的事。至正甲辰羅貫中與賈仲明分別後的第四年（一三六八），元順帝退出大都（今北京市），同年，朱元璋建立明王朝。之後，社會秩序趨於安定，生產得到恢復和發展。羅貫中正是在這樣的社會條件下，開始寫作《三國演義》的。

事實上，像《三國演義》這樣煌煌75萬言的大部頭著作，很難想像可以在動亂的年月裏寫成。當明王朝建國以後十年、二十年，社會得到統一、安定，在這樣的環境中，羅貫中坐下來對動亂的歲月，進行一番歷史反思和梳理，才是可能的。自然，羅貫中本人如果不經歷那番大動亂，沒有對戰爭、對動亂時代人民生活的深切體驗，他就不會有那種創作的激情和衝動，因而也就寫不出千古巨著《三國演義》來。

《三國演義》儘管是一部歷史題材的小說，但它首先是一部小說，是文學創作，而作為文學創作基礎的必然是某種激情。明王圻《稗史彙編》說羅貫中「有志圖王」，清顧苓《塔影園集》還說他曾參加元末農民起義軍張士誠的幕府，或許都有某種根據。總之，羅貫中是在明代初年安定的社會環境中，經過了艱巨的勞動，才完成這部巨著的。

前面已述及《三國演義》不是羅貫中一個人關著門獨立創造出來的，而是羅貫中在長期流傳的三國故事的基礎上，吸收了歷代民間藝人的創造成果，又參考了陳壽的《三國志》及裴松之注等歷史材料，而進行的一次藝術再創造。在《三國演義》中凝聚著各個時代中國人的歷史經驗和創造智慧。從這個意義上講，《三國演義》也可說是一部集體創作。但是，這絲毫無損於羅貫中的偉大。

在《三國演義》之前，還沒有任何一部形態同它類似的文學作品出現。唐代的傳奇，是一種文言短篇小說，主要在上層士大夫中傳閱，對下層民眾影響甚小。宋人的「話本小說」是說話人的底本，粗疏簡略，也還沒有具備小說的結構形態，缺少可讀性。而《三國演義》一出現，即具有史詩性的規模，完美的藝術結構，生動而曲折變化的敍述方式，精練通俗的文學語言，一句話，即具備了完美的相當成熟的長篇小說形式，這在中國敍事文學發展史，乃到世界文學史上，都是空前的。《三國演義》的出現，開闢了中國敍事文學發展的新紀元。

羅貫中在明初完成《三國演義》以後，直到嘉靖以前的上百年間，小說一直以手抄本的方式在少數士大夫中流傳。在現在最早的《三國演義》刻本即嘉靖本《三國志通俗演義》的前面，有一篇署名「庸愚子」的《序》。《序》中說道：

「前代嘗以野史作為評話，令瞽者演說，其間言辭鄙謬，又失之於野。士君子多厭之。若東原羅貫中以平陽陳壽傳，考諸國史，自漢靈帝中平元年，終於晉太康元年之事，留心損益，目之曰《三國志通俗演義》。文不甚深，言不甚俗，事紀其實，亦庶幾乎史。蓋欲讀誦者，人人得而知之，若《詩》所謂裏巷歌謠之義也。書成，士君子之好事者，爭相謄錄，以便觀覽……」

這段話給後人傳達了多種資訊：一，他說羅貫中是「東原」（今山東東平）人，不知何所依據；二，他說羅貫中寫《三國演義》時，以陳壽的《三國志》等正史作依據，目的是想寫一部通俗小說，面向廣大人民群眾；三，在羅貫中寫這部小說之先，在元代甚或元代以前，就有民間藝人在講說三國故事，這種民間的三國故事，儘管「鄙俚粗俗」，無疑也是羅貫中寫作時取資材料之一；四，在庸愚子寫這篇《序》的時候，即明弘治七年（西元一四九四年），小說還沒有刻本，還只是在士大夫中「爭相謄錄」。

在這種長期的傳抄過程中，傳抄者難免對原作做些增添刪改，因此，羅貫中著作的原貌也許已有些改變。庸愚子寫「序」之後二十八年，即明嘉靖元年（一五二二），《三國演義》首次雕刻印刷，從此，《三國演義》就在社會上廣泛流傳開來。

明嘉靖元年刻印的這個本子名為《三國志通俗演義》，它的首頁刻有兩行題署：晉平陽侯陳壽史傳；後學羅本貫中編次。這是最接近羅貫中原著的一個版本。在這個本子中，全書分為二十四卷，二百四十則，每一則有單句七言標目。這是中國章回體小說早期的形式。

但是，近三百年來在社會上廣為流傳的，並不是這個明嘉靖刻本《三國志通俗演義》，而是清初江蘇人毛綸、毛宗崗父子，做了修訂加工以後重新出版的《三國演義》。毛氏父子對明代流行的《三國志通俗演義》進行了詳細的修訂，整頓了全書回目，增加或刪去某些細節，刪除一些論贊，改換某些詩文，修正一些文詞，並加以大量評語，定名為《三國演義》，共一百二十回，於大清康熙年間出版。

從此以後，這個有毛氏父子批語，經過他們修訂的《三國演義》成為《三國志通俗演義》的定本，得到最廣泛的流傳。所以，毛氏父子對於《三國演義》的最終定本和廣泛流傳，發揮了很大的作用。

毛氏父子對《三國志通俗演義》的修訂工作有好的一面，也有不好的一面。從思想上說，他們加強了原作的封建正統觀念，把蜀漢列為正統，把曹操當作篡逆之賊。這種「帝蜀寇魏」的正統觀眾，與「愛劉憎曹」這種體現人民理想和願望的思想傾向性，並不是一回事。毛氏父子把原作中多次出現的「天下者天下人之天下，非一人之天下」這樣的句子刪去，這就可以看出他們思想上的保守和拘謹。

從藝術上說，原作中有許多體現人物性格的生動口語，都改成了較為雅順的文言，也影響了人物的傳神性。但是，從另一方面說，毛氏父子評改本《三國演義》糾正了原本堆砌史料的毛病，改正了原書描寫人物性格的矛盾之處，使語言更加精煉，特別是附上許多有獨特見解的評語，能幫助讀者理解小說在藝術描寫上的許多精微之處，因而使讀者獲益匪淺。

現在，明嘉靖刻本《三國志通俗演義》和毛評本《三國演義》都已排印出版，讀者可以對照參看。

【內容結構】

《三國演義》全稱《三國志通俗演義》，共一百二十回，約75萬字，七分真實，三分虛構，以三國時期魏、蜀、吳三個統治集團相互間的鬥爭為主要題材。小說從劉備、關羽、張飛桃園三結義寫起，生動傳神地再現了從東漢靈帝中平元年（西元一八四年）開始，直到晉武帝太康元年（西元二八〇年）吳國滅亡為止，近一個世紀間發生的重大歷史事件。其內容梗概是這樣的——

東漢末年，漢靈帝時，十常侍專權，張角率黃巾軍起義。漢室宗親劉備與江湖英雄關羽、張飛桃園結義，應募「討賊」，和曹操、孫堅等屢建戰功。

靈帝崩，大將軍何進立少帝，詔董卓等四路軍馬進京，謀誅宦官。宦官發覺，誅何進，袁紹、曹操等又誅宦官。董卓乘勢擁兵入都，廢少帝，立獻帝，弄權朝廷。曹操行刺董卓失敗，逃到陳留，發矯詔舉兵討董卓。未久，因眾諸侯心不齊，敗散各處。

討董卓時，孫堅在洛陽得傳國璽，回江東圖大事，袁紹使荊州刺史劉表截之，孫堅跨江擊劉表，擒黃祖，隨即又中伏喪命。

董卓聞孫堅死，兼以其義子呂布勇武無敵，愈加恣肆弄權。司徒王允巧施連環計，先以府中歌舞女貂蟬許嫁呂布，後又獻與董卓，離間二人。呂布遂與王允合謀誅殺董卓。董卓黨李傕、郭汜等求赦不得，犯長安，王允跳樓死節，傕、汜秉朝政。

青州黃巾軍又起，曹操奉命往破，招安降兵三十餘萬，又招賢納士，得謀臣武將多人，勢力大增。徐州太守陶謙部下殺曹操父，曹操興兵報復，繼而又與呂布戰於濮陽。陶謙以徐州讓劉備，劉備固辭。謙死，劉備方領徐州牧。曹操破呂布於定陶，呂布敗投劉備，屯小沛。

李傕、郭汜橫行天下，太尉楊彪施反間計，二人遂相鬥，一劫天子，一劫百官。楊奉、董承救駕還東都，改元建安，詔曹操入輔。曹操擊潰李傕、郭汜，移駕幸許都，自封為大將軍，用部下文武掌朝中要職。

獨攬朝政的曹操患袁紹、袁術、劉備、呂布，施「驅虎吞狼」之計，詔劉備攻袁術。

孫堅長子孫策投奔袁術，思繼父業，以傳國璽為質，借兵回江東，得周瑜、張昭等為輔，擊敗劉繇，佔領曲河，征嚴白虎，取吳郡，遂霸江東。

袁術派紀靈攻劉備，呂布轅門射戟，勸雙方罷兵。紀靈勸袁術結連呂布以圖劉備。袁術在淮南稱帝，分七路攻徐州，為呂布、劉備所敗。曹操復會兵擊袁術，破壽春。曹操約會劉備同攻呂布，擒之，斬於白門樓。

曹操班師，引劉備見漢獻帝，獻帝認備為皇叔。操請帝田獵，僭越至甚。國舅董承密受衣帶詔，暗結馬騰、劉備等，謀誅曹操。備恐操疑，假作學圃懼雷。

袁術歸帝號於袁紹，且約親送玉璽。劉備為脫操羅網，請兵於徐州截袁術。袁術敗死，劉備入據徐州，結連袁紹以拒操。董承和太醫吉平謀毒殺曹操，家奴告密，衣帶詔事發，曹操殺董承等千餘人，起兵征劉備。劉備大敗，匹馬投袁紹，二夫人被俘。關羽被困，約三事而降，操待羽甚厚。劉備勸袁紹攻曹操，關羽不知備已投紹，連斬紹大將顏良、文丑，旋得劉備消息，乃護二夫人，過五關、斬六將而尋劉備，終於與劉備、張飛及新投奔劉備的良將趙雲等會於古城。

建安四年，孫策破黃祖，旋遇刺，重傷致死，其弟孫權繼大業。周瑜薦魯肅於孫權，肅為權定鼎足江東大計。孫權自此威震江東。

袁紹起兵七十五萬攻曹操，操領七萬兵敵紹於官渡。謀士許攸勸紹襲許昌，紹斥而不納。攸投操，操用攸謀，燒袁紹烏巢糧草，又得紹將張郃、高覽來降，遂大敗袁紹。翌年，又擊破袁紹諸子，曹操大定北方。

劉備擊曹操，先勝後敗，遂依劉表，屯新野。劉表後妻蔡夫人之弟蔡瑁謀於襄陽宴上殺劉備，劉備乘的盧馬躍檀溪而逃。

劉備三顧茅廬，始見諸葛亮，諸葛亮為劉備建策：占人和，跨荊、益，成鼎足，圖中原。劉備乃苦請諸葛亮同歸新野。

建安十三年夏，曹操自為丞相，派夏侯惇領兵十五萬南征。諸葛亮誘敵至博望坡，火燒曹軍。曹操復起兵五十萬南下。劉表死，蔡氏矯立次子劉琮為荊州之主，投降曹操。曹操入襄陽，殺劉琮。劉備敗走江陵，十數萬百姓相隨，備不忍棄，日行僅十數里，至當陽長阪坡為曹軍追及，慘敗。趙雲孤身於萬軍中救出備子阿斗。猛將張飛大鬧長阪坡，嚇退曹軍。劉備逃至江夏。曹操一面傳檄孫權共擒劉備，一面起八十三萬人馬沿江而來。

孫權接曹操檄，部下魯肅及武將主戰，張昭等眾文官主降，孫權猶豫不決。諸葛亮至柴桑，舌戰群儒，智激孫權，巧說周瑜，孫權遂決計拒曹，以周瑜為大都督。瑜忌亮之才，幾番設謀害之，皆不遂。周瑜巧施反間計，誘蔣幹盜書獻操，曹操遂斬水師將領蔡瑁、張允。諸葛亮草船借箭，周瑜自歎不如。操失箭，派蔡中、蔡和詐降周瑜，以通消息，瑜故作不識破，當二蔡面痛打黃蓋，密令蓋詐降曹操。又得龐統獻連環計，使曹操將戰船釘在一處。

諸葛亮設壇借東風。風起，瑜、亮各自分撥兵馬，與曹軍決戰。黃蓋帶火船駛近曹操水寨，一起舉火，岸上各路軍亦在曹營放火。火遂風飛，映天徹地，曹軍大敗。操帶敗軍奔逃，連遭截擊。過華容道，人困馬乏，關羽奉諸葛亮令截殺。曹操哀告，關羽念舊情義釋之。

曹操既敗，孫、劉復爭荊州各郡。諸葛亮與周瑜鬥智，三氣周瑜，周瑜箭瘡三裂而死，臨終歎曰：「既生瑜！何生亮！」魯肅繼周瑜為東吳大都督。

曹操差馬騰征劉備。獻帝密令騰圖操。謀泄，操斬騰全家，僅騰侄馬岱逃脫。騰子馬超聞訊，與韓遂盡起大軍奪取潼關。曹操巧施離間計，使馬超、韓遂相疑，以至相拼。韓遂降操，馬超敗逃。

漢中五斗米道師君張魯欲取西川而稱王，益州牧劉璋大憂，派張松說曹操取漢中。張松暗畫西川地圖欲獻曹操，因受操侮慢，轉獻劉備，勸備取川，約與契友法正、孟達為內應。劉璋納張松議，派法正、孟達結好劉備，劉備與龐統等率軍入川。劉璋親迎劉備，部下多有以死諫者。

孫權聞劉備取川，想乘機奪取荊襄，先派人騙孫夫人帶劉備子阿斗回。趙雲聞知，截江奪回阿斗。忽報曹操起兵四十萬報赤壁之仇，孫權遷治建業，築石城、濡須塢。曹操與孫權戰於濡須，無功而回。

劉備藉口回荊州助孫權破曹，向劉璋索兵、糧，劉璋只敷衍，劉備怒，誘斬璋部將，取涪城，進軍雒城。蜀將張任在落鳳坡設伏，亂箭射死劉備軍師龐統。劉備遣人迎取諸葛孔明，孔明留關羽守荊州，率張飛、趙雲等入川。張飛計取巴郡，孔明計斬張任，劉璋向張魯借兵，張魯命馬超、馬岱攻葭萌關。孔明用計招降馬超、馬岱，超、岱進逼成都，劉璋遂降。劉備入成都，自領益州牧。

孫權聞劉備得西川，使諸葛謹索荊州，劉備偽許三郡，關羽不肯交割。魯肅宴請關羽，關雲長單刀赴會，劫魯肅，肅謀遂敗。

曹操起兵取東川，招降張魯及其部將龐德等。劉備患之，割江夏等三郡讓孫權，令權起兵襲合淝。孫權與曹操大將張遼大戰於逍遙津。曹操聞訊，起兵四十萬救合淝。孫權求和，雙方罷兵。操班師回，自封魏王，立子曹丕為世子。

劉備起兵圖漢中，曹操率兵四十萬征劉備，屯南鄭，令夏侯淵進兵。黃忠首或斬夏侯淵。曹操親提大軍報仇，連續敗績，中箭受傷而回。於是劉備進位漢中王，立子劉禪為王太子，以諸葛亮為軍師，封關羽、張飛、趙雲、馬超、黃忠為五虎大將。

曹操聞之，遣使約孫權夾擊荊州。關羽麾師取襄陽，圍樊城。曹操令于禁為將軍，龐德為先鋒，率七軍援樊城。龐德抬棺與關羽決戰，射中關羽左臂。

值秋雨連綿，關羽水淹七軍，擒于禁、龐德。孫權遣呂蒙、陸遜謀取荊州，關羽敗走麥城，後遭伏擊被殺。

關羽既死，孫權行移禍之計，將羽首級送與曹操，曹操禮葬之。此後曹操合眼便見關羽，驚懼成病，不久病死。子曹丕繼魏王位。

建安二十五年，曹丕篡漢，國號大魏。

劉備聞關羽死，悲憤成疾。經孔明等苦勸，劉備稱帝，國號大蜀，以孔明為丞相。劉備思為關羽報仇，不顧眾人苦諫，興兵伐吳。張飛部下末將殺張飛投吳。劉備兩勝吳軍，盡殺前此害關、張諸將。吳遣使求和，劉備不許。吳以年輕書生陸遜為都督，火燒劉備連營七百里，大破蜀兵。劉備敗走白帝城，染病，託孤於孔明而崩。劉禪即位。

魏聞劉備亡，乘機五路下西川，孔明設計阻其四路，又與吳通和，魏伐蜀五路俱罷。

蠻王孟獲犯境，孔明出師南征，用馬謖攻心之計，七擒孟獲而又七縱之，孟獲心服，南方遂定。

魏主曹丕崩，子曹叡繼位，以司馬懿提督雍、涼等處兵馬。孔明患之，施離間計。叡為所惑，以曹休代司馬懿。

孔明上《出師表》，引兵伐魏，用智取三郡，服良將姜維，出祁山，接連獲勝。魏太傅鐘繇保舉司馬懿拒蜀。

司馬懿引兵取街亭，斷蜀兵咽喉之路，孔明遣馬謖守街亭，謖違令於山上下寨，遭魏兵圍困，遂失街亭。孔明聞訊，於西城行空城計，嚇退司馬懿十五萬大軍，連夜退兵漢中，揮淚斬馬謖，又上表自貶三等。

吳魏交兵，吳請蜀伐魏，孔明再上《出師表》，起兵復出祁山，因無糧而乘勝退兵。

孫權稱帝，孔明遣使作賀，吳蜀又聯盟。孔明三出祁山，屢勝司馬懿。劉禪復孔明丞相職，不久諸葛亮又因病退兵。

建興八年秋，魏伐蜀。諸葛亮大敗曹真，四出祁山，在渭濱與司馬懿鬥陣交戰得勝。

後主劉禪惑於宦官，宣諸葛亮班師。諸葛亮殺妄奏宦官，帶一半人馬五出祁山，屢勝，因李嚴謊報吳魏連和而退兵。退兵時，埋伏弓弩手於大門道，射殺魏先鋒張郃。

三年後，諸葛亮統全師分五路六出祁山，造木牛流馬運軍糧，並設計奪取魏軍糧數萬石，又誘司馬懿至上方谷，縱火燒之，逢天大雨，懿復得脫，回寨堅守。

諸葛亮病重，仍日夜操勞，將身後諸事一一籌畫了當，於五丈原奄然歸天。諸將依孔明遺計，嚇退司馬懿追兵，退兵漢中，斬反將魏延。劉禪為諸葛亮治喪，舉國哀痛。

魏主曹睿死，太子曹芳繼位，司馬懿與曹爽輔政，後司馬懿殺曹爽，與子司馬師、司馬昭相繼秉政。曹爽從弟夏侯霸聞訊造反，敗而投蜀，姜維因之以伐魏，先後九伐中原，與魏將鄧艾等戰，雖幾番取勝，終無所成。司馬昭遣鍾會、鄧艾兩路取西川，劉禪出降。

司馬昭死，子司馬炎逼魏主曹奐禪位，國號大晉。晉伐吳，吳主孫皓降。至此，三國鼎立歸一統，西晉建立。

《三國演義》的戲劇葛藤和情節構架是和作者的政治觀和道德評價一致的。根據陳壽《三國志》演義的小說卻不遵從陳壽的曹魏正統觀，而遵從民間傳來的《三國志平話》的尊劉抑曹的態度。雖不像《三國志平話》那樣幾乎是蜀漢故事壓倒一切，但仍然以蜀漢一方為主線。

一開頭就是桃園結義，在讀者心目中樹立了敍述的意向中心。同時，為了以後小說演述三國史這一主題，在第二回以前，就在漢末群雄的混亂局面中率先讓曹操和孫堅次第登場。蜀漢為主，曹魏次之，孫吳又次之的內容架構一開始就有目的地擺了出來，並在以後的敍述中漸次將這三股勢力的衝突明朗起來，凝聚起來，形成全書主題。

雖然，小說按照史實，曹操先掃蕩北方群雄，建立了自己的地盤；孫吳繼起開拓江東根據地；劉備最後才成氣候。但小說在敍述中，有關蜀漢一方人物的故事，一直是肆意渲染的重點。張飛鞭督郵，關羽斬華雄，三英戰呂布，陶謙三讓徐州，青梅煮酒論英雄，關羽斬顏良文丑，過五關斬六將，古城會等情節，無不濃墨重彩，成為故事發展中最奪目的章節。而到諸葛亮出山以後，以蜀漢一方為主角的視角一直延續到諸葛亮之死為止。

以至於諸葛亮死後，令讀者有精華已竭，此後的故事也已不大有勁的感覺。只要看一百一十九回蜀漢滅亡至末回東吳滅亡之間的近二十年（二六三－二八〇年），只用了一回文字就草草結束，就可以判斷羅貫中用力之所在和思想傾向了。

【後世影響】

《三國演義》是中華傳統智慧的寶藏。《三國演義》從它的最早刻印本明嘉靖元年（一五二二年）刻本算起，至今快五百年了。幾百年來，它對中國人思想、精神、人格，特別是謀略智慧的影響，是難以估量的。幾百年來《三國演義》究竟刻印了多少版，印行了多少冊，有多少人讀過它，恐怕難以用數字來統計。

當然，《三國演義》的影響與三國故事的影響既有關係，又不是一回事。三國故事從三國時代便開始流傳，至《三國演義》成書時，已過了一千多年。在這期間流傳的三國故事，無論是評話藝人的講說還是戲劇藝人的演唱，都摻雜不少荒誕不經的東西。羅貫中吸收了民間藝人創造的積極性成果，參照正史和各種史書寫成的《三國演義》，摒棄了荒誕不經的成分，加強了歷史真實感。因此，從《三國演義》面世，無論是民間說書藝人的講說，還是戲劇藝人的演唱，便都是以《三國演義》為準的。所以，自明代以後，民間所受的三國故事的影響，實際上也就是《三國演義》的影響。

《三國演義》對於各個時代的各種讀者，都有著強烈的吸引力。明陳際泰在《太乙山房文稿》中記下了他自己的經驗，他說：

「從族舅借《三國演義》，向牆角曝日觀之，母呼我食粥，不應；呼食飯，又不應。後忽饑，索粥飯，母怒捉襟，將與之杖，既而釋之。母后問舅：『何故借爾甥書？書中有人馬相殺之事，甥耽之，大廢服食。』」

這種廢寢忘食地讀《三國演義》的經驗，恐怕是古今相通的。但是，《三國演義》給予人們的影響，卻因時因地因人而異。有的人可以直接從《三國演義》中受到精神上的鼓舞，直接模仿英雄們的行為。馮夢龍在《警世通言敘》中說：

「里中兒代庖而創其指，不呼痛，或怪之。曰：『吾頃從玄妙觀聽說《三國志》來，關雲長刮骨療毒，且談笑自若，我何痛為！』」

在舊社會，由於歷史條件的相類，模仿劉關張桃園結義而結拜兄弟的行為，在民間團體會社中就更普遍了。統治者為了統治利益，有時也以結義為手段。近人蔣瑞藻在《小說考證拾遺》中引用《闕名筆記》說：「本朝（指清朝）羈縻蒙古，實是利用《三國志》一書。當世祖之未入關也，先征服內蒙古諸部，因與蒙古諸汗約為兄弟，引《三國志》桃園結誼事為例，滿州自仞為劉備，而以蒙古為關羽。」

《三國演義》是寫戰爭為主的小說，是文學作品。但是，小說中寫到的戰略戰術的運用，具有軍事實踐的意義，簡直可以作為軍事教科書來讀。事實上，《三國演義》在軍事方面發揮的影響也是巨大的。

清人劉鑾在《五石瓠》中說：「張獻忠之狡也，日使人說《三國》、《水滸》諸書，凡埋伏攻襲咸效之。」這是說張獻忠從《三國演義》等書中學習作戰方法。清統治者在入關之前，已將《三國演義》譯成滿文，並將翻譯的《三國演義》頒賜給武將，讓他們學習，因而許多人成了戰無不勝的著名將領。魏源在《聖武記》中說：「國朝滿州武將不識漢文者，類多得力於此。」

清人張德堅在《賊情匯纂》中也說：「賊之詭計，果何所依據？蓋由二三黠賊，採稗官野史中軍情，仿而行之，往往有效，遂寶為不傳之祕訣。其取裁《三國演義》、《水滸傳》為尤多。」可見清代起義農民也從《三國演義》中學習戰略戰術。

《三國演義》在近現代戰爭中的作用，同樣是不可低估的。毛澤東在《中國革命戰爭的戰略問題》一文中為闡述戰略防禦原則而引述的戰例中，就包括了袁曹官渡之戰、吳魏赤壁之戰和吳蜀彝陵之戰。在《三國演義》的各個戰例中，包含著豐富的軍事辯證法，現代人可以從中得到許多智慧謀略啟迪。

《三國演義》概括了三國時代魏蜀吳三國的興亡史，前人說它「陳敘百年，該括萬事」，是毫不過分的。它描寫了四百多個人物，構成了一個龐大的形象體系，對中國封建社會中期的社會生活做了廣闊而多元化的、立體式的反映。它以軍國大事為重點，著重表現這個英雄時代英雄人物的智術武勇，同時也涉及社會生活的其他各個領域。

因此，《三國演義》不僅是一部文學作品，給人以審美教育，同時還具有社會歷史文獻的價值。除上述的軍事學的價值外，還有政治學、外交學、歷史學、民俗學、人才學、甚至管理及領導科學的價值。中國有句俗話說：「少不看《水滸》，老不看《三國》。」意思是說《水滸》會影響年輕人起來造反，《三國》會使老年人更「老奸巨猾」。這個觀點自然是錯誤的。應該反過來說，《水滸》可以使人更有反抗精神，《三國》可以使人變得更加聰明睿智。

毛澤東一生酷愛《三國演義》，善於從軍事、政治方面靈活解讀和運用《三國演義》。在一九三八年10月召開的中共六屆六中全會期間，毛澤東對賀龍、徐海東兩位戰將說：「中國有三部小說，《三國演義》、《水滸傳》、《紅樓夢》，誰不看完這三部小說，誰就不算中國人。」

經濟領域裏的競爭與政治軍事上的鬥爭具有某種意義上的共通性，在激烈的市場經濟中，現代企業的經營管理者，特別是企業經營的決策者，他們閱讀《三國演義》，從中獲取經營謀略：從「隆中決策」中學到了謀全局謀長遠的決策藝術；從諸葛亮舌戰群儒中學到了因人而異的談判術，啟示他們在經濟談判中對對手有所了解，知己知彼，百戰不殆；從諸葛謹索要荊州的反覆奔走中，學到了「踢皮球」的談判術，啟示他們在談判中用模糊語言來拖延時間，以達到自己的談判目的；從「內事不決問張昭，外事不決問周瑜」中學會了用人所長，科學分配人才資源，力求最大限度地發揮人才作用，以創造更大的經濟價值。

更多的經營者、行銷人員從《三國演義》中學到了處世之道和交往方式。

《三國演義》不僅吸引了政治領域和經濟領域的讀者的推崇，而且吸引了文藝界的小說家、戲劇家、演員以及形形色色的改編者。

小說家們閱讀《三國演義》，從內容、藝術形式上進行了借鑒。《三國演義》一書，不僅使當時的讀者「爭相謄錄」，而且激發了小說家和書商們繼續編寫和出版同類小說的熱情。孫楷第《通俗小說書目》「明清講史部」著錄《三國演義》之外的歷史小說共一百六十三部。

小說家閱讀《三國演義》，在內容和藝術上多有借鑒，從內容上借鑒主要是為了作續書。明酉陽野史撰《續編三國志後傳》，此書追蹤《三國演義》而續蜀之時，後主幼子劉璩改名劉淵，與諸葛亮、關羽、張飛等功臣後裔共剪西晉，是三國時期蜀魏鬥爭的繼續。晚清小說家陸士諤在一九〇九年撰寫了續書《新三國》，此書主要寫國體的變革，在此書的開端道出他的創作主旨，「在下特撰出這部新三國來，第一要破除迷信，第二是懸設一立憲國模範，第三是殲吳滅魏重興漢室，吐瀉歷史上萬古不平之憤氣。」珠溪漁隱的《新三國志》，煙霞山人的《繡像三國演義續編》也是此類作品。這些續書中的角色，是原著中讀者熟悉的人物，只是所寫的事情是作者所處時代的再現。

當代小說家更是借用《三國演義》中讀者熟悉的人物，創作出許多翻新作品來，將三國人物置身於現代社會中，借用他的名字及性格來展開小說情節，如《諸葛亮求職記》、《三國外傳》、《水煮三國》等小說。這些小說借用了讀者熟悉的名字來演繹當代生活。如楊超的《三國外傳》，開篇就出現了這樣的詞句——「詞曰：滾滾長江東逝水，浪花淘盡狗熊，是非成敗會議定，報告依舊在，幾度酒味濃。」顯然是在諷刺各單位會議多卻不辦實事的現實現象。

電視劇《三國演義》在神州大地的熱播、二〇〇八年電影《赤壁》票房的火爆，使我們感受到《三國演義》在21世紀中國的巨大影響力真正是無處不在。

總之，以三國爭雄為題材的《三國演義》是一曲亂離爭霸之世的英雄譜，是一首封建王朝興衰更疊的歷史挽歌，更是一部集中華民族智慧大成的寶典。因為品讀《三國演義》，不僅能獲得獨特的藝術享受，更其重要的是，能獲得歷史彌新的智慧啟迪。

《三國演義》中的沙場爭雄方略——曹阿瞞官渡敗袁紹，孫劉赤壁破曹操等等。這些以弱勝強的經典戰例，至今對於指導戰爭、指導商戰仍然具有難以估量的價值，《三國演義》中舉賢用人制度——曹操用郭嘉乃至來自敵方陣營的人才，劉備三顧茅廬請諸葛亮，孫權破格重用周瑜等等，這些任人唯賢、放手使用人才的智慧，仍然值得今日政界、企業界領導者供鑒；《三國演義》中的韜光養晦之計——諸葛亮高臥隆中、劉皇叔後園種菜，司馬懿裝病作老等等，都是身處逆境時明哲保身的妙法，一旦風雲際會，則如蒼龍入大海，雄鷹擊長空，大展宏圖……

一部《三國演義》，就是一部「三十六計」的演義，瞞天過海、釜底抽薪、聲東擊西、假癡不癲等等奇招式比比皆是，招招讓人眼花撩亂，連環計、空城計、美人計、反間計、苦肉計，妙計層出不絕，計計讓人拍案叫絕……

《三國演義》被譽為「第一奇書」，奇就奇在它的奇智、奇謀、奇策、奇計。所以它是一部渴望成為謀略滿腹、智慧不竭的「奇傑」的現代人，不可不終身精研深思的智慧寶典！

【海外流播】

據報導，20世紀50年代以來，《三國演義》已被國外學者譯成多種文字出版，其中以英文本、俄文本最為有名。前蘇聯於一九五四年出版了《三國演義》的摘譯本，一九八四年出版了全譯本，五萬套全譯本面市後很快就銷售一空。美國繼出版《三國演義》

摘譯本之後，該國的紐約大學羅巴茨教授即已譯完全書，並交付出版。在東南亞，馬來西亞語文出版局早已出版《三國演義》的馬來文譯本，以饗讀者。泰國文學學會把《三國演義》的泰文譯本評為優秀小說，泰國教育部還曾明令將它作為中學作文範本。泰國的高等學校在考試新生時，經常出有關《三國演義》的試題，這可與朝鮮在封建時代的科學考試中常出《三國演義》的試題相媲美。一個世界性的「三國熱」正在各大洲興起，它彌漫著東西半球，吸引著不同膚色的人們的關注。

至於與我們一衣帶水的東瀛日本，三國文化更是千古光照。據日本學者狩墅直禎的考證，三國文化至遲在八世紀就已傳入日本。

在中國元、明交替時期，《三國演義》已經成書問世。此時，日本的《太平記》裏也已引用了「三顧之禮」，劉備和諸葛亮「君臣魚水之情」，「死孔明嚇走生仲達」等故事情節，可見三國文化這時候在日本已獲得了迅速的傳播。至於《三國演義》的最早的譯本，據考證是由湖南文山等人譯出的。湖南文山就是京都天龍寺的和尚義徹。他和其弟月堂於元祿二年（一六八九年），據說是以李卓吾的評本為根據，將《三國演義》譯成日文，定名為《通俗三國志》。

日本著名文學史家青木正兒在其《中國文學與日本文學》中說：「《通俗三國演義》一經問世，為嗜好軍談的國人所歡迎。講中國歷史的種種軍談，一霎時望風競起。」著名的日本漢學家鹽谷溫在其《中國小說概論》中評價說：「《三國演義》是最適於家庭的讀物，明宮中此書為皇帝必讀之書，與《四書》、《五經》、《通鑒》等同，有內府的刻版。從隆中三顧到赤壁之戰，很有趣味。文章雖小說體而近雅馴典麗的古文，讀來非常痛快而容易，可編入漢文教科書內。中國人沒有不讀《三國演義》的，無論如何我勸大家要讀讀。」在《三國演義》日譯本及各種插圖本廣泛流布的情況下，加之這些日本名流學者的評價鼓動，可以說三國歷史及其人物故事，在日本民間早已成為街談巷議的話題之一。

一些日本企業家對《三國演義》最為酷愛，並能活學活用。出身軍界的兵法學者兼企業家大橋武夫，一九五一年接管了瀕臨破產的小石川工廠，經過他的整頓，該廠一躍而成為生機盎然、業績優良的東洋精密工業公司，數十年間保持著興旺不衰的良好紀錄。大橋是日本兵法經營塾的塾長，曾任過炮兵參謀，喜好兵法，對中國古典兵書愛之尤篤。他自任東洋精密工業公司經理後，即開始了他的兵法經營生涯。他一面經商，一面著述，從一九五九年到一九八四年共發表了55部著作。其中有《用兵法經營》、《兵法・三國志》等。大橋說過：「《三國演義》是一本探討如何分析形勢、調動有利因素、戰勝對手、壯大自己的書，值得日本企業家好好研讀。」

日本的一些大型工業集團首腦用《三國演義》治廠，不搞紙上談兵，而是實實在在地去做，並且創造出了良好的業績，真可謂別具一格。據報導，有的廠家、公司在培訓幹部時，選用的教材就有《三國演義》。如本田公司培訓中層幹部，要求他們學習《三國演義》，按書中的有關戰例總結經驗教訓，用之於經營管理實踐。關西大學教授谷澤永一說：「松下電氣公司的大老闆松下幸之助，因為善於運用諸葛亮的戰略戰術，使該企業終於成為日本的大企業之一。」一位印刷工業公司營業部長表示要仿效劉備，把得心應手的部屬團結在自己的周圍，搞好行銷工作。日本社會工業研究所的所長牛尾治郎說：「無論在國際或國內，日本要增強競爭力，就必須學習和應用《三國演義》。」日本的一個經濟刊物《願望》雜誌，在一九八五年6月號的一期還出了《三國志——商業學的寶庫》專輯。在專輯上發表意見的企業家、企業員工都認為，《三國演義》可以用來指導企業的外部競爭和內部管理，需要加以深入研究。

日本人為什麼這樣重視《三國演義》的研究？這應當從書本身的價值中去找答案。因為《三國演義》這部書不僅蘊涵了三國人物的才智和韜略，而且也是中國人數千年智慧的結晶，因此它所展示的原本是人類的共同智慧，故可供各國人汲取和享用。

從文化價值的角度講，它是超越國界、超越民族的東西，是人類的共同財富。由於日本人是一個善於吸收外來文化的民族，特別是對中國傳統文化更有很深的情節，加之日本的地理、資源等方面的因素以及國際商貿的激烈競爭環境，這就使得他們對三國群雄角逐的故事特別感興趣，更要從《三國演義》這部書裏去尋找智慧和啟示。

我們的鄰邦日本如此重視學習和運用《三國演義》的智慧，作為產生《三國演義》這樣世界級智慧巨著的國度，中華民族的每一個後代，怎能不對《三國演義》精讀深思一番呢？

乙 智慧精華

【圍魏救趙】

「圍魏救趙」是可與《孫子兵法》相媲美的兵法經典《三十六計》中的一計。《三十六計》中對該計的解釋是——「共敵不如分敵，敵陽不如敵陰。」即與其攻打集中的正面之敵，不如先用計謀分散它的兵力，然後各個擊破；與其主動出兵攻打敵人，不如迂迴到敵人虛弱的後方，伺機殲滅敵人。

在中國古代戰史上以少勝多著稱的「官渡之戰」中，弱小的一方曹操劫燒袁紹的烏巢糧草，就使用的是此計，正是此計，決定了曹操的崛起和袁紹的敗亡。

官渡之戰之初，曹袁第一次交鋒，曹操因寡不敵眾，被袁紹驅兵掩殺，大敗而歸。袁紹移軍逼近官渡下寨，並在曹操寨前築起五十餘座土山，分撥弓弩手，控制了曹軍的咽喉要路，曹軍大懼。

一日，袁軍細作落到曹軍手中，得知袁將韓猛運糧將至，曹操命徐晃前去劫糧，結果大獲全勝。袁紹見敗軍還營大怒，欲斬韓猛，眾官勸免。謀士審配說：「行軍以糧食為重，不可不用心提防，烏巢乃屯糧之處，必得重兵守之。」於是袁紹遣大將淳于瓊，帶領眭元進、韓莒子、呂威璜、趙睿等諸將，率二萬人馬守烏巢。那淳于瓊性剛好酒，至烏巢後終日與諸將聚飲。

曹操軍糧告急，派人往許昌籌辦糧草。使者行至半路被袁軍截獲，捆住見謀士許攸。當下搜出曹操催糧書信，許攸立即見袁紹說：「曹操屯軍官渡已久，許昌必定空虛。若趁曹操糧草已盡，兵分兩路，許昌可拔，曹操可擒。」袁紹非但不聽，還因許攸少時與曹操為友，認為有意誆騙他，說：「本當斬首，今權且寄頭在項。」許攸出，仰天歎曰：「忠言逆耳，豎子不可與謀。」欲拔劍自刎，左右勸他棄暗投明，點醒了許攸，當夜直奔曹營。

曹操見到許攸，興奮異常，立即請教破袁紹之計。許攸道：「我曾教袁紹用輕騎乘虛襲許昌，首尾相攻。」曹操大驚說：「若如此，我的事就敗了。」並拉著許攸的手說：「子遠，你很看重我們舊日的友情，你肯為我出個良策嗎？」許攸說：「袁紹的軍糧輜重，全都囤積在烏巢，現今派淳于瓊把守。淳于瓊嗜酒而又沒有戒備，您可選精兵，詐稱袁將蔣奇領兵到他們那裏護糧，乘機燒其糧草輜重，則紹軍過不了三天，便不戰自亂了。」曹操大喜。

曹操完全採納了許攸的計謀，當機立斷，果斷實施。第二日，曹操親自挑選了五千名馬步軍，命令張遼、許褚在前，徐晃、于禁在後，曹操帶領諸將居中，打著袁軍旗號，軍士皆負草柴，人銜枚，馬勒口，黃昏時便向烏巢進發。

暗夜中，曹操兵馬經過袁紹的別寨，寨兵問是何處軍馬，曹操讓人回答說：「蔣奇奉命往烏巢護糧。」袁紹軍見是自家旗號，便不再疑惑。這樣經過數座營寨，都詐稱是蔣奇的軍隊，一點也沒受到阻礙。等到了烏巢，四更已盡。曹操命令將捆好的草柴點著，圍著烏巢高舉火把，眾將校擊鼓高喊，徑直衝去。

此時嗜酒如命的烏巢守將淳于瓊與眾將飲酒作樂後正醉臥帳中，聽到擊鼓和吶喊之聲，連忙跳起身問：「為什麼喧鬧？」話沒說完，早被撓鉤拖翻。眭元進、趙睿運糧剛剛回來，見糧囤起火，急忙救應。曹軍飛報曹操說：「賊兵已到大軍後面，請分兵阻擋。」曹操大聲喝道：「諸將只顧奮力向前，等到賊兵殺到背後，才可以轉身迎敵！」於是眾軍兵無不爭先掩殺。一時間，火焰四起，煙彌夜空。眭、趙二將驅兵來救，曹軍勒馬回身大戰，二將抵擋不住，全被曹軍所殺，糧草也都被燒盡。淳于瓊被擒，曹操命人割去他的耳朵、鼻子和手指，再把他捆在馬上，放回袁紹營中，意在羞辱袁紹一番。

優柔寡斷的袁紹在大帳裏，聽報告說正北方向火光滿天，知道烏巢失守，急忙走出大帳召集文武官員商議派兵援救。張郃說：「我與高覽同去救助。」謀士郭圖說：「不可！曹軍劫糧，曹操必然親自前往。曹操既然出來了，軍寨必然空虛，可以率兵襲擊曹操軍寨，曹操聽到，必定速歸。這是孫臏圍魏救趙之計啊！」張郃反駁道：「不可！曹操足智多謀，外出必然做了防備。現在如果攻擊曹操不成功，淳于瓊被活捉，我們也要被擒了。」郭圖說：「曹操只顧劫糧，難道還留兵在大寨嗎？」再三請求劫曹營。於是，袁紹派張郃、高覽率領五千兵馬，去官渡攻打曹營，派蔣奇領兵一萬，去救烏巢。

在烏巢，曹操殺散淳于瓊的軍兵，盡數繳獲了他們的衣甲旗幟，詐稱淳于瓊的部下，敗退回寨。走到山僻小路，正好與蔣奇的軍馬相遇。蔣奇的軍士問話，回答稱是烏巢敗軍。蔣奇不疑，驅馬徑直過去。張遼、許褚忽然趕到，大喝：「蔣奇休走！」蔣奇措手不及，被張遼斬於馬下，又將蔣奇之兵斬盡殺絕，又派人謊稱：「蔣奇已殺散了曹兵。」袁紹因此不再派兵接應烏巢，只向官渡添兵。

張郃、高覽攻打曹營，不料曹操早有佈置，左邊夏侯惇，右邊曹仁，中路曹洪，一齊衝出。三下攻擊，張、高軍大敗。不久，曹操又從背後殺來，四下圍住掩殺。張郃、高覽奪路逃脫。

袁紹見淳于瓊耳鼻皆無，手指盡落，當得知他因飲酒誤事時，大怒，當即把他斬了。郭圖恐怕張郃、高覽回寨證對是非，施計逼著張、高投降了曹操。

袁紹失去了許攸、張郃、高覽，又丟了烏巢糧草，軍心惶惶。當夜三更時分，曹軍出動三路劫袁寨，混戰到天明，各自收兵，袁軍損失大半。

荀攸向曹操獻計道：「現在可以揚言，說調撥人馬一路取酸棗，攻鄴郡；一路取黎陽，斷袁兵歸路。袁紹聞知，必然分兵拒我。我方可乘其兵動時擊之，袁紹可破。」

曹操讚賞其計，果斷實施。沒主意的袁紹聽說果然大驚，急遣袁譚、辛明分兵援救鄴郡、黎陽。曹操分派八路大軍，直衝紹營。袁軍全無鬥志，四散奔走。袁紹披甲不迭，曹將張遼、許褚、徐晃、于禁四員戰將，率軍追趕。袁紹急忙渡河，圖書、車仗、金帛全部丟棄，只引八百餘騎逃走。曹操盡獲所遺之物，所殺計八萬餘人，血流盈溝，溺水死者不計其數。

在官渡這場驚心動魄的大戰中，袁紹擁有大軍十萬，戰馬萬匹，佔有冀、并、青、幽四州之地。曹操用來抵抗的兵力只有一兩萬人，僅占兗、豫二州。而曹操劫燒烏巢糧草，最終大敗袁軍，創造了歷史上著名的以少勝多的光輝戰例。

在官渡之戰中，從袁、曹兩家當時的決策看，此戰至少有四處講到或實際運用了圍魏救趙之計。

一是，決戰前，謀士許攸曾向袁紹獻計，認為袁、曹兩軍在官渡相持，許昌必然空虛，若分一軍星夜掩襲許昌，則許昌可拔，曹操可擒，這是運用「圍魏救趙」的一招絕妙之計。如果袁紹採用此計，袁、曹兩軍當時的勝負結局就不同了。但袁紹「不足與謀」，他不但不聽，反而因故要治許攸的罪，結果逼反了許攸。

二是，曹操劫燒烏巢之糧，實際上也是成功運用了「圍魏救趙」之謀，「敵陽不如敵陰」，明打不如暗襲。袁軍因糧草被燒，軍心渙散，根基搖動；曹操則因這一勝算，逐漸變劣勢為優勢，為取得官渡之戰的最終勝利打下了基礎。

三是，在袁紹得知曹操劫烏巢之糧的消息後，謀士郭圖曾向袁紹獻計說，曹操率兵劫糧，其寨必然空虛，可縱兵攻擊曹寨，迫使曹操回救，「此孫臏圍魏救趙之計也」。此計並非不善，但曹操謀高一籌，事先有備，因而未能得逞。

四是，曹操採納了荀攸之計，讓軍中謠傳曹兵將分兩路攻取鄴郡和黎陽，斷絕袁兵歸路，誘使袁紹分兵營救兩地，致命袁紹在官渡的兵力大減。曹軍則乘機一齊出擊，直衝袁紹營寨，最後大敗袁軍。荀攸此計，也是對「圍魏救趙」之策的靈活運用。

【隔岸觀火】

隔岸觀火是《三十六計》妙計之一，意同「坐山觀虎鬥」。此計的特點是：根據敵方正在發展的矛盾衝突，採取「隔岸觀火」之計，即「坐山觀虎鬥」。當敵方矛盾已經很突出，相互傾軋的氣氛越來越激烈的時候，切不可急於去趁火打劫，因為操之過急常常會促成敵方達到暫時的聯合，從而增強他們的還擊力量。如果故意讓開一步，坐待敵方矛盾繼續向對抗發展，出現自相殘殺的動亂局面，便可相機行動，及時出擊，坐收漁人之利。

《三國演義》中講，官渡之戰，曹操大敗袁紹。不久，袁紹去世，曹軍又進攻其子袁譚和袁尚，連戰皆克。諸將紛紛建議乘勝追擊，但謀士郭嘉卻持反對意見。

郭嘉說：「袁譚、袁尚均為袁紹愛子，但迄今未定誰繼袁紹之位，日久必然爭位。現在我們對其急攻，其兄弟二人必合力與我軍拼死相爭；我軍若緩攻，其兄弟二人必自相爭鬥。我軍不如先撤軍向南，以待其變，然後而攻之，便可一舉而定。」曹操稱善，於是收兵南攻劉表。

不久，袁家兄弟果然為爭奪冀州而戰，曹操乘機回軍，將其各個擊破，奪得冀州，殺了袁譚，袁熙、袁尚嚇得星夜逃往烏桓。曹操整軍備戰，打算遠征烏桓。

劉備聞訊，立即趕往荊州，勸劉表趁曹操北征烏桓之機去奪取許都，迎獻帝，興漢室。曹操聽此消息，對北伐烏桓便猶豫不決。

正當此時，郭嘉又獻計，力勸曹操堅決北征，他說：「曹公雖然威震天下，但烏桓遠離中原，必然不會防備，若乘其不備，突然襲擊，可一戰而勝。另外，袁氏在河北根基深厚，若不及時剿滅逃往烏桓的袁家兄弟，萬一他們捲土重來，河北四州便有得而復失的危險。」郭嘉見曹操默然不語，接著又說：「至於劉表，其自知才能遠遜於劉備，雖接納劉備，但怕難以駕馭，不予重用，又怕他不真心助己。二劉離心，難成大事。因此即使我們虛國遠征，曹公也不必擔憂。」曹操聽罷，茅塞頓開，於是立即率軍起程。行至易州（今河北雄縣西北），郭嘉又獻策說：「兵貴神速。今千里襲人，輜重多，難以趨利，況且敵人聞之，必然防備；不如留輜重，輕兵兼道以出，掩其不意。」曹操依計而行，率軍直指單于王庭。烏桓發現曹軍突至，便倉皇舉兵迎戰，不料一觸即敗。單于被殺，袁尚、袁熙兄弟又倉皇逃往遼東。

東征途中，郭嘉染病，不幸英年早逝，年僅37歲。曹操哀痛不已，派人扶郭嘉靈柩回許昌厚葬。曹操在易州，按兵不動。夏侯惇、張遼對曹操說：「丞相快下令大軍前進，如攻下遼東，便可早回許都。後方虛空，只怕劉表、劉備乘機發兵攻我許都。」曹操說：「且等袁熙、袁尚的首級一到，我大軍便可回兵。」眾人暗笑，心想：「丞相坐守易州，又沒出兵，怎能得到袁氏兄弟首級，這豈不是白日說夢話嗎？」正笑問，忽報遼東公孫康派人送來袁熙、袁尚的首級，眾人大驚。

曹操哈哈大笑道：「果真不出郭嘉所料。」眾將官忙問：「為何不出郭嘉所料？」曹操這時拿出郭嘉臨死之前寫的信給眾人看，信上說：

「今聞袁熙、袁尚去投遼東，明公切不可加兵。公孫康久畏袁氏吞併，二袁去投，必遭疑忌。若以兵攻之，必合力迎敵，急不可下；若緩之，公孫康、袁氏必自相殘殺，其勢必然也。」

眾人看了都連連讚歎。就這樣，曹操聽從郭嘉之計，隔岸觀火，坐收漁利。從此，河北、遼東都歸曹操所有。

郭嘉諳熟隔岸觀火之計，先是採取分化瓦解的韜略，讓曹操坐等袁紹兩子袁譚、袁尚爭位火拼，從而各個擊破。後來袁尚、袁熙逃往烏桓，當曹操擊敗烏桓後，袁氏兄弟又投奔遼東公孫康，曹操又採用郭嘉的「隔岸觀火」之計，坐等公孫康與袁氏兄弟互相爭鬥，終於如願以償。

由此可見，施行「隔岸觀火」之計的關鍵在於：以靜觀變，隨變而動。敵方自相殘殺、自相削弱之時，既不援助，也不魯莽干涉，靜觀其變，直到事情發展到有利於自己的地步，再相機行動，從而一舉取勝。

隔岸觀火並非全然坐觀，等到時機成熟時，就要由「坐觀」轉為果斷「出擊」。同時，實行隔岸觀火之計，要以軍事實力作為後盾，並常常配以政治爭取。

【卑而驕之】

「卑而驕之」是《孫子兵法》詭道十二法中的一種：此法在兵法計謀中也可稱之為「驕兵之計」。《三國演義》中，有萬夫不當之勇、目空天下英雄的關羽關雲長，就是被手無縛雞之力的東吳儒雅書生陸遜的「驕兵之計」所算計的。

《三國演義》第七十五回中講，關公水淹七軍，圍攻樊城，威脅許都，華夏為之震驚，曹操驚惶失措，遣使者致書東吳，要孫權暗中對關公採取軍事行動。孫權因劉備久借荊州不還及曾向關羽求親未成，早已懷恨在心，決定應曹操之邀襲取荊州。關公也知道防備東吳，早在沿江上下每隔二、三十里設烽火臺，防止吳兵偷襲。

呂蒙接到孫權作戰命令後，並沒有採取同步行動，他突然「託疾」辭職，使得孫權一時如墮入五里霧中，怏怏不樂。陸遜當時還是一位沒沒無聞的無名小輩，但他卻老成持重，呂蒙愛其賢，推薦他代替自己的職務。陸遜到任後立即採取「卑而驕之」的計謀，使關公放鬆警惕。他修書一封，「書詞極其卑謹」，同時又準備名馬、異錦、酒禮等物，「遣使齎樊城見關公」。本來對東吳存有戒心的關公，見東吳用「孺子為將」，且陸遜又是那樣卑謙恭謹，就「無復憂江東之意」。

《百戰奇法．驕戰》中說：「凡敵人強盛，未能必取，須當卑詞厚禮，以驕其志，候其有釁隙可乘，而後一舉破之。」可見實施「驕兵之計」的要點：一是敵人正於屢戰屢勝之時，必恃兵力強盛而輕敵，當以佯順敵意實施計謀；二是故意貶低自己，美譽對方，使對方有恃無恐，放鬆警惕；三是投其所好，饋贈厚禮，使對方感到正有求於他，促其驕情日盛，奪其心，亂其謀；四是把握好時機，乘敵之不備，突然發起進攻。

陸遜的計謀之所以能成功，是因為值關羽水陸士軍軍勢強盛之時，關羽剛愎自用，自恃文武雙全，一貫就有驕矜之心，視陸遜為無名小輩，根本就不把他放在眼裏。陸遜就勢順水推舟以強示弱，有為示無為，讓關公更加驕橫自大，從而不能客觀地判斷形勢，正確地認識自己。但陸遜並不怕關公瞧不起他，反而想方設法讓敵人視己為興不起大浪的無名小輩。而關公水淹七軍大獲全勝以後，一時被勝利衝昏了頭，他一心只做著「取樊城，徑取許都」的大計畫，早就把東吳對自己的威脅拋諸腦後，此舉正中呂蒙、陸遜之計。

兵無機難以稱雄，最有利的戰機就是乘敵無備。呂蒙稱病，陸遜卑下示弱，兩人一唱一和，配合默契，就是要關羽輕敵東吳，使他在兩面受敵的態勢下，毫無顧忌地調荊州之兵進攻樊城，為東吳奇襲荊州留下可乘之機。關羽的輕敵驕矜，為自己的敗走麥城、身死人手埋下了禍根。

其實，《三國演義》在此回之前，就寫道了「驕兵之計」的運用，施此計的人是蜀漢老將黃忠。《三國演義》第七十回的下半回，「老黃忠計奪天蕩山」，老黃忠的「計」正是「驕兵之計」。

孔明聚集眾位將領在大堂上曰：「如今葭萌關正緊急，必須閬中取來張翼德，方可退張郃之兵也。」法正答曰：「今張翼德屯兵瓦口，鎮守閬中，也是緊急之地，不可取回。須從帳中諸將中選一人去破張郃。」孔明搖頭笑笑曰：「張郃乃魏之名將，非等閒可及。除非張翼德，無人可抵當。」實際孔明此時正用激將法。果然有一人厲聲而出曰：「軍師何以如此輕視眾人耶？吾雖不才，願斬張郃首級，獻於麾下。」此乃老將黃忠，字漢升。孔明進而再激之曰：「漢升雖勇，怎奈年老，恐非張郃對手。」黃忠立時白髮倒豎而應曰：「某雖老，兩臂尚能拉開三石之弓，渾身還有千斤之氣力，難道不足以敵擋張郃那匹夫？」孔明又是反激之：「將軍年近七十，如何不老？」只見黃忠趨步下堂，取架上大刀，輪動如飛，扯壁上硬弓，連拽折二張。一言不發。孔明笑曰：「將軍要去，誰為副將？」「老將嚴顏，可同我去，但有疏錯，先納下我這白頭好了。」孔明在最後又正激曰：「吾料漢中必於二人手內所得。」表示深信不疑。孔明何以不先點老將黃忠呢？關鍵就在於此番對付張郃甚要緊，料定黃忠必請戰。而反覆激之，鼓舞其威風，使其務要謹慎嚴峻以待，莫出任何差池。

對於老將黃忠之主動請戰，孔明深信之，使趙雲等諸將哂笑而去，應說皆不解其中之深妙也。而黃忠、嚴顏到了關上，連孟達、霍峻見了，心中也暗自覺得好笑，孔明太欠調度了，「這般緊要，如何只教兩個老的來！」有勇有謀而心細的黃忠對嚴顏曰：「你看見諸人情緒動靜了麼？都笑我二人年老，今可建奇功，以服眾心！」此又是黃老將激嚴老將也。嚴顏曰：「願聽將軍之令！」兩個仔細商議。從此二位老將毫不輕敵，同心協力，以防各種不測。

黃忠凜凜威武之風，引軍下關，與張郃對開了陣勢。張郃正犯尋思，蜀方大將為首者何人也？不意忽閃出黃忠來，竟十分輕蔑，說：「你許大年紀，猶不知羞，尚能出戰邪！」黃忠被激得大怒道：「豎子欺吾年老，吾手中寶刀卻不老！」便拍馬向前與之決戰，約計二十餘合，背後忽然喝殺聲起，乃張郃被嚴顏抄後。兩軍夾擊，直殺得張郃大敗，遂連夜追趕，逼得張郃兵退八、九十里。

夏侯惇之侄夏侯尚並韓玄之弟韓浩引五千重兵以助張郃，韓浩在陣前，大罵不止，拍馬直取黃忠，夏侯尚便出夾攻，煞是驚心動魄，老黃力戰二將，分別各鬥十餘合，頗似單刀匹馬招架不住急敗而走。被二將趕二十餘里，直奪了黃忠營寨。

次日，夏侯尚、韓浩又趁勢趕來，想擴大戰果。黃忠又出陣，戰約數合，又敗走矣！二將又趕二十餘里，又奪了營寨，並喚張郃守後寨。張郃特意諫道：「黃忠連退二日，於中必有詭計。」夏侯尚驚怒叱曰：「你如此膽怯，可知你屢次戰敗！今再休多言，看吾二人建功好了！」張郃無奈而退。又次日，二戰將又戰，黃忠又敗退二十里，二將緊跟迤邐趕上。第三日，二將自然乘勝出兵，黃忠望風而走，連敗數陣，直退在關上，堅守不出。

孟達深感不妙，遂暗自發書申報劉玄德。玄德甚是著急慌忙，問孔明，孔明說：

「此乃老將驕兵之計也。」趙雲等竟不相信。

玄德心中不安，差劉封來到關口接應黃忠。果然黃忠笑對劉封說：「此老夫驕兵之計，看今夜一陣，可以全部恢復諸營寨，奪其糧草馬匹。今天只留霍峻守關，孟達將軍可與我搬糧草馬匹，小將你看破陣吧！」

黃忠連續以敗詐敵，越發使夏侯尚、韓浩覺得黃忠老矣，否則他何以如此？二將終日喜不自勝，常自覺不自覺間盡皆懈怠。黃忠當夜引五千兵大開城關直出，衝破魏寨。因為其寨毫無準備，人不及甲，馬不及鞍，二將亦各自逃命而走，軍馬自相踐踏，死者不計其數。等到天明之時，黃忠連續奪取三寨，曹軍丟下軍器鞍馬無數，全部令孟達搬運入關去了。黃忠催軍馬隨後而進。劉封從未見到這樣迅猛異常，認為應暫歇一陣。黃忠曰：「不入虎穴，焉得虎子？」繼續策馬先進在前，士卒亦皆被鼓舞得努力爭先。

張郃軍兵本來應該嚴整有序，卻沒料到被夏、韓兵退湧衝動，紮而不穩，只有向後而走，丟棄了許多寨柵，直奔漢水之傍。

稍後，日已西沉，黃忠與韓浩交戰，只一回合，立斬於馬下。此前黃忠與嚴顏定計，嚴顏早埋伏在天蕩山山後偏僻之處，放起大火，慌亂之中的夏侯尚被嚴顏手起刀落斬之。張郃只得棄了曹操屯積糧草的要地天蕩山，投奔定軍山夏侯淵去了。

這裏不能不提第七十三回中，當關羽問費詩曰：「漢中王封我何爵？」答曰：

「『五虎大將』之首。」又問：「哪五虎將？」曰：「關、張、趙、馬、黃是也。」關羽怒道：「翼德吾弟也，孟起（馬超）世代名家，子龍久隨吾兄，即吾弟也；位與吾相並，可也。黃忠何等人，敢與吾同列？大丈夫終不與老卒為伍！」竟不肯接受封印。多虧費詩一番將古比今，方接了印。

此時的關羽已驕氣十足，頭腦發脹，他在第七十五回中中陸遜的驕兵之計也就不足為怪了。事實上，他沒有理由瞧不起黃忠，黃忠比他成熟厚道，忠勇兼善，有勇有謀，黃忠能給敵人施驕兵之計，而關羽則為敵人的驕兵之計所算，孰高孰低，顯而易見。

【假癡不癲】

「假癡不癲」也是《三十六計》中的妙計之一，在《三國演義》中，劉備、司馬懿等人都成功地上演過此計。

《三十六計》中對假癡不癲的解語為——

「寧偽作不知不為，不偽作假知妄為。靜不露機，雲雷屯也。」

意思是：寧可假裝糊塗而不採取行動，也絕不假冒聰明而輕舉妄動。要沉著冷靜，深藏不露，就像雷電在冬季蓄力待發一樣。

《三國演義》第二十一回《曹操煮酒論英雄》中說：劉備因被呂布打敗，投奔曹操，曹操將他帶回許昌，表奏給漢獻帝。獻帝認劉備為皇叔，拜劉備為左將軍，宜城亭侯。曹操名義上是將劉備留在許昌作天子近臣，實質上是為了將劉備置於自己的掌控之中，因為他對劉備疑心很重，怕劉備一旦翼羽豐滿，成為自己的死對頭。

獻帝為除專國弄權的曹操，血寫衣帶詔，暗地裏交給車騎將軍國舅董承，命他糾合忠義之士，復安社稷。董承深夜帶詔來訪劉備。劉備看了衣帶詔，不勝悲憤。董承又拿出馬騰等六位所立的義狀，劉備也在義狀上書寫了——「左將軍劉備」。

劉備也防曹操猜疑和謀害，假裝胸無大志，竟在住處後園種菜，親自澆灌。有一天，關羽、張飛不在，劉備正在後園澆菜，曹操手下的猛將許褚、張遼帶著幾十人進入園中說：「丞相有命，請使君馬上走。」劉備吃驚地問道：「有什麼緊急的事？」許褚說：「不知道，只管叫我們來相請。」劉備不得已隨二人入府見曹操。

曹操一見面，大笑道：「在家做的好大事！」唬得劉備面如土色。曹操拉著劉備的手，一直來到後園，說：「玄德學種菜不易呀！」劉備這才把懸著的心放下，回答說：「沒事消遣罷了！」

曹操說：「剛才我看見樹枝上梅子青青，忽然想起去年征討張繡時，道上缺水，將士都很渴。我心中生了一計，用鞭子隨意一指說：『前面有梅林。』軍士聽說，口中全生唾液，於是就不渴了。今天見了這梅子，不可不欣賞。又趕上煮酒正熟，所以邀請使君在小亭相會。」只見小亭裏已準備好：盤中放著青梅，還有一樽煮酒，二人對坐，開懷暢飲。

酒至半酣，忽然烏雲密佈，大雨將至。侍從指著遠處天外的「龍掛」，曹操跟劉備憑欄觀賞。曹操說：「使君知龍的變化嗎？」劉備說：「不知其詳。」

曹操說：「龍能大能小，能升能隱。大則能興雲吐霧，小則能隱藏身形；升能飛騰於宇宙之間，隱便會潛伏在波濤之中。現在正是深春，龍趁時變化，就好像人得志而縱橫四海。龍這動物，可以比做世上的英雄。玄德久歷四方，一定知道當世英雄，試且說說看。」

劉備說：「我肉眼凡胎怎能識英雄？」曹操說：「不要過於謙虛。」劉備說：「我受您的恩惠和庇護，在朝為官。天下英雄，實在不知！」曹操說：「沒見過英雄的面，也聽過他們的名字吧！」

劉備說：「淮南袁術，兵多糧足，可稱為英雄嗎？」曹操笑著說：「他是墳中枯骨，我早晚一定會捉住他！」劉備說：「河北袁紹，四世三公，門下故吏眾多。現在虎踞冀州之地，部下能謀事的極多，可以稱為英雄嗎？」曹操笑著說：「袁紹色厲內荏。雖有謀略但不果斷，想幹大事卻愛命，見小利又忘義。非英雄也。」劉備說：「有一人名稱八俊，威鎮九州，劉景升可稱做英雄嗎？」曹操說：「劉表有名無實，不是英雄。」劉備說：「有一人血氣方剛，江東領袖孫伯符是英雄嗎？」曹操說：「孫策借父親的名聲，不是英雄。」劉備說：「益州劉季玉，可以算是英雄嗎？」曹操說：「劉璋雖然是宗室，卻只能算是守家的狗罷了，怎麼能成為英雄呢？」劉備說：「像張繡、張魯、韓遂這些人怎麼樣？」曹操大笑說：「這些碌碌無為的小人，不值一提！」

劉備說：「除此以外，我實在不知道了。」

曹操說：「提起英雄，必胸懷大志，腹有良謀，有包藏宇宙之機，吞吐天地之志！」劉備說：「誰能稱得上這樣的英雄？」曹操用手指指劉備，然後又指指自己，說：「今日天下的英雄，只有你劉使君和我曹孟德！」

劉備聽到這話，大吃一驚，手中拿著的筷子，不覺落在地下。當時大雨將至，雷聲大作。劉備從容低頭拾起筷子說：「雷聲震響威猛，才把我嚇成這樣。」曹操笑著說：「大丈夫還怕雷聲嗎？」劉備說：「聖人孔夫子面對迅雷驟風還變顏色呢，我怎麼能不害怕？」這樣，劉備將聞言落筷子的緣故，輕輕地掩飾過去了。竟騙過了曹操，使曹操不再懷疑玄德，認為他也不過是一個連雷都怕的「草包」。

劉備巧使「假癡不癲」之計，他又是後園種菜，以示胸無大志，又是裝作懼怕驚雷的膽小鬼，這不僅遮掩了怕曹操識破自己的韜晦之計的失態，而且免除了曹操對他的戒備。在老謀深算、對自己心存戒心的曹操面前，一時失態而能瞬間便藉機掩飾過去，從此事就不難看出，劉備確實讓曹操說中了，他才真是一位有膽有識的英雄！

為西晉開國奠定堅實基礎的司馬懿，也是一位善於運用假癡不癲之計以麻痹政敵、保存自己的實力、笑到最後的謀略家。

司馬懿要奪魏國軍政大權，不知費盡了多少心血，才躲過一次又一次被殺頭的危險；低聲下氣表了無數次的忠心，才獲得曹家祖孫三代的信任，最後他又有幸遇著當時掌實權的曹家那位庸才曹爽，才能取而代之。司馬氏之得天下既憑其權術，又因其對手都是無能之輩。

司馬懿少年時篤於儒學，有知人之稱的楊俊，說他是「非常之器」。西元二〇一年（建安六年），時任司空的曹操徵召他出來任職，他看不起出身宦官家庭的曹操，不願應召，便以有瘋癱病為辭。曹操在夜間派人將刀架在他的脖子上，驗他的瘋癱病是真是假，他卻堅臥不動，才免於死。曹操任丞相，又徵召他，派人去警告他，如不應召，就要殺頭，司馬懿才不得不出來就職。

司馬懿出來就職後，曹操發現這人不簡單，聽人說他有狼顧相，便親自驗證，使他前行叫他回頭看，他的臉轉向後，而身子不動。這更引起曹操對他不放心，曾對長子曹丕說：「司馬懿非人臣，必干預你家事。」曹丕因跟他相好，便為他說好話，而司馬懿「勤於史職，夜以忘寢」，逐漸改變了曹操對他的看法，從疑慮而放心，給予信任。

曹操死後，曹丕代漢稱帝，對司馬懿更加重用，任為侍中、尚書。曹丕出征，常命他鎮守，內扶百姓，外供軍資，對其一直很器重。

曹丕病危，司馬懿與曹真、陳群三人被召見，受顧命輔政。明帝即位，司馬懿拒蜀有功，更受到重視。明帝在一次病重時急召他入見，親執其手，將幼主曹芳託付給他。司馬懿與大將軍曹爽並受遺詔，輔佐幼主曹芳。

曹爽雖是個碌碌庸人，但在爭權奪利上是不會讓步的。當時司馬懿任侍中、侍節、都督中外諸軍、錄尚書事，掌握著軍政大權，曹爽便暗中奏請曹芳升司馬懿為太傅，位雖高卻無實權。曹芳削去司馬懿實權，可見曹氏對他的疑慮和不信任。司馬懿心中不滿，也不好公開抗爭，便裝病在家伺機反撲。

曹爽雖獨掌大權，對於司馬懿還是不放心，正好河南尹李勝被調任荊州刺史，曹爽便命他去向司馬懿辭行以探聽情況。司馬懿一聽說李勝來，也知他與曹爽的關係較密。便詐裝病篤，使兩婢扶侍，才請李勝入見。

李勝拜見過後，說：「一向不見太傅，誰想病到這般。現在小子調做荊州刺史，特來向太傅辭行。」

司馬懿佯答：「并州靠近北方，務必要小心啊！」

李勝說：「我是往荊州，不是并州！」

司馬懿笑著說：「你從荊州來的？」

李勝大聲說：「是山東的青州！」

司馬懿笑了起來：「是并州來的？」

李勝心想：這老頭兒怎麼病得這般厲害？都聾了。

「拿筆來！」李勝吩咐，並寫了字給他看。

司馬懿看了才明白，笑著說：「不想耳都病聾了！」以手指指口，侍女即給他餵湯，他用口去飲，又瀉了滿床，噎了一番，才說：「我老了，病得又如此沉重，怕活不了幾天了。我的兩個孩子又不成才，望先生訓導他們，如果見了曹大將軍，千萬請他照顧！」說完又倒在床上，喘息起來。

李勝拜辭回去，將情況報告給曹爽，曹爽大喜，說：「如果這老東西死了，我就可以放心了。」從此對司馬懿不加防範。

司馬懿見李勝走了，就起身告訴兩個兒子說：「從此曹爽對我真的放心了，只等他出城打獵的時候，再給點利害讓他嘗嘗。」

不久，曹爽護駕，陪同明帝拜謁祖先。司馬懿立即召集昔日的部下，率領家將，佔領了武器庫，威脅太后，削除曹爽羽翼；然後又騙曹爽，說只要交出兵權，並不加害他。等局勢穩定了，就把曹爽及其黨羽統統處斬，掌握了魏朝軍政大權。

在上述一系列行動中，司馬懿採用的是「假癡不癲」的權術謀略。顧名思義，假癡不癲就是假裝呆癡但並不瘋癲，或者說是外表呆癡而內心卻如同明鏡。再說得簡單一點，就是聰明人裝糊塗。

聰明人為什麼要裝糊塗呢？老子說：「大巧若拙。」孔子說：「寧武子那個人，在國家政治清明的時候便聰明能幹，在國家政治黑暗的時候便裝糊塗了。他那聰明能幹是別人趕得上的，他那裝糊塗的本領卻是沒有人能趕得上的。」

這種假癡不癲，這種難得糊塗，其實也就是一種韜晦之計，是一種故意示弱以麻痺敵人的以退為進、以柔克剛的鬥爭智慧。

【連環計】

連環計也是《三十六計》中最狠、也是最富智慧內涵的一計。《三國演義》第八回「王司徒巧使連環計，董太師大鬧鳳儀亭」中，就繪聲繪色地描寫了司徒王允巧施連環計的整個過程。

董卓專政後，殘害忠良，禍國殃民，司徒王允一直想為國除害，搞掉董卓。一天晚間，他執杖信步來到後園，正為無計可除董卓而仰天垂淚。忽聽有人在牡丹亭旁長吁短歎。王允過去一看，原來是府中歌伎貂蟬。貂蟬自幼被王允收養於府中，學習歌舞，美麗聰慧，王允待若親女。王允起初以為她是為兒女私情而深夜於此長歎。後經詢問，方知她是蒙王允養育之恩，常思報效。

王允見狀，妙計上心來，便把貂蟬請到畫閣中，向她流淚跪拜說：「漢家天下全寄託在您的身上了！奸臣董卓，陰謀篡位；朝中文武，束手無策。董卓有一義兒，姓呂，名布，驍勇無比。董、呂二人都是好色之徒。我打算用連環計：先將你許嫁呂布，然後獻給董卓。你便從中找機會離間他二人反目成仇，讓呂布殺掉董卓，為國家除掉大患。不知您同意否？」貂蟬當即表示甘願獻身實施「連環計」。

第二日，王允便請良匠以家藏寶珠數顆嵌飾金冠一頂，使人密送呂布。呂布受冠大喜，即親到王允宅致謝。酒至半酣，王允叫貂蟬盛妝而出，與呂布相見。呂布仗著幾分酒意，與貂蟬眉來眼去。王允乘機指著貂蟬對呂布說：「我想將小女送給將軍為妾，不知將軍同意否？」呂布大喜過望，拜謝而回，只盼王允早送貂蟬過來圓房成其好事。

幾天後，王允趁呂布不在，便請董卓來家中赴宴。王允又喚貂蟬出來以歌舞助興。董卓自然又為貂蟬絕妙的舞姿和嬌美的容顏所傾倒，稱賞不已，垂涎三尺。王允便說：「這是我家歌伎貂蟬。我想將她獻給太師，不知太師肯收留否？」董卓聞言大喜，再三稱謝。席散後，王允即命人先將貂蟬送到相府，然後親送董卓回府。

等到呂布前來打探，王允又騙呂布說：「太師已經帶貂蟬回去與你完婚。」

熬了一夜，次日晨，呂布匆忙到相府打探消息。董卓侍妾告訴呂布：「昨夜太師與新人共眠，至今未起。」呂布聞言大怒。董卓一日入朝議事，呂布執戟相隨。呂布趁董卓與獻帝交談的機會，策馬徑到相府來見貂蟬。貂蟬請呂布至後園鳳儀亭互訴衷腸。

貂蟬淚汪汪地對呂布說：「自初見將軍，我即暗暗以身相許。誰想太師起不良之心，將我佔有。自入相府，我即痛不欲生，只因未與將軍一訣，故忍辱偷生至今日。今日既已與您相見，我當死於君前，以明我志！」說罷，手攀曲欄，往荷花池便跳。呂布慌忙抱住貂蟬。

董卓在殿上，回頭不見了呂布，心中懷疑，忙辭了獻帝，登車回府。尋入後園，見呂布正與貂蟬在鳳儀亭下共話。畫戟倚在一邊。董卓勃然大怒，大喝一聲。呂布忽見董卓來到，慌忙便跑，董卓搶過畫戟，挺著趕來。董卓體胖趕不上，便擲戟刺呂布，呂布打戟落地，奪門而逃。

董卓回後堂問貂蟬說：「你為何與呂布私通？」貂蟬又淚汪汪地說：「我在後園看花，呂布突然而至，我見其居心不良、動手動腳，便欲投荷池自盡，卻被這廝抱住。正在生死之間，幸虧太師趕到救了性命。」董卓說：「我想將你賜給呂布，何如？」貂蟬聞言大驚，哭道：「妾寧死不辱！」邊說邊抽下壁上的寶劍就要自殺。董卓連忙勸住。

董卓即日帶貂蟬欲回郿塢，百官俱拜送。車已去遠，呂布凝望車塵，歎息痛恨。王允裝作驚訝地問道：「這麼長時間，太師還未將小女送給您？」呂布狠狠地說：「已被老賊占為己有了！」王允佯裝不信，呂布便將前事一一說給王允聽。

王允聽罷，半晌不語，良久才說：「想不到太師做出此等禽獸之行！」即請呂布到家中商議。商議間，王允又激呂布說：「太師淫我之女，奪將軍之妻，誠為天下恥笑。然而我是老朽無能之輩，無所謂；可惜將軍蓋世英雄，亦受此污辱！」呂布怒氣沖天，拍案大叫：「誓殺董賊，以雪我恥！」王允見時機成熟，便說：「將軍若扶持漢室，便是忠臣，當流芳百世；若助董卓，便是反臣，當遺臭萬年。」呂布聞言即拔刀刺臂出血，誓殺董卓。王允跪謝說：「大漢天下，全仰仗將軍了！」

隨即，二人又請僕射士孫瑞、司錄校尉黃琬共商誅除董卓之策。最後決定請當初為董卓勸降呂布的李肅奉漢獻帝詔書前往郿塢請董卓入朝議事。同時讓呂布奉漢獻帝密詔，帶領甲兵伏於朝門之內，待董卓入朝時誅殺之。

李肅因怨董卓不遷升其官，慨然依計來到郿塢，奉詔宣董卓入朝。董卓即排駕回朝，群臣迎謁於道。到北掖門，董卓所帶軍兵盡被擋在門外，只讓董卓及其車夫進入宮內。呂布率伏兵一擁而上，手起戟落，將董卓刺死於殿門之前。隨後，王允、呂布等又派人擒殺董卓死黨李儒等人，並派軍前去查抄董卓家產人口。

連環計是《三國演義》裏寫得最精彩的計謀故事之一。王允想除掉董卓，但無法與董卓正面對抗，於是便以養女貂蟬為釣餌，離間董卓與呂布之間的關係，最後導致呂布殺掉董卓。

這個計謀是由許多小計謀連在一起而實現的，小的計謀環環相扣，每個小計謀都包含著智慧。這個連環計與龐統進曹營獻的連環計不同，龐統所獻之計只是將曹操的戰船連接在一起，為火攻創造條件。而這裏的連環計，是計和計之間環環相扣的意思。

《兵法圓機．迭》中說：「大凡用計者，非一計之可孤行……百計迭出，算無遺策，雖智將強敵，可立制也。」意思是採用兩個以上的計謀，環環相扣，周密決策，那麼即使智謀再高、力量於強的敵人也可以被制伏。司徒王允正是因為「百計迭出，算無遺策」，才置不可一世的董卓於死地。

運用連環計，一定要佈局周密完整，沒有破綻漏洞。若其中有一環一計之失，則可能造成牽一環而動全局，缺一計而棄前功的後果。只有思慮周到，組織策劃能力強，能充分結合主客觀因素者，才不會因百密一疏而造成功虧一簣。所以，非大智慧者應慎施連環計。

【反間計】

反間計也是《三十六計》中之一計，原文的大意是說：在疑陣中再布疑陣，使敵內部自生矛盾，我方就可萬無一失。說得更通俗一些，就是巧妙地利用敵人的間諜反過來為我所用。在戰爭中，雙方使用間諜是十分常見的。《孫子兵法》就特別強調間諜的作用，認為將帥打仗必須事先了解對方的情況。要準確掌握敵方的情況，不可靠鬼神，不可靠經驗，「必取於人，知敵之情者也」，這裏的「人」，就是間諜。

《三國演義》中赤壁大戰前夕，周瑜巧用反間計殺了精通水戰的叛將蔡瑁、張允，就是個非常有名的例子。

曹操率領號稱的八十三萬大軍，準備渡過長江，佔據南方。當時，孫權和劉備聯合抗曹，但兵力比曹軍要少得多。

吳主孫權命周瑜為大都督，領軍應戰，雙方對峙於三江口南北兩岸。

一天，周瑜乘坐樓船前往江北探看曹軍水寨，發覺曹操水軍陣營十分嚴整，深得水軍之妙，不禁大吃一驚，便問曹軍水軍都督是誰？左右回答說是荊州降將蔡瑁、張允。周瑜聽罷心想：蔡、張二人久居江東，十分熟悉水戰，如不設法先除掉他們，將很難攻破曹兵！

第二天，周瑜正在軍中議事，忽然接到軍報，說是曹操軍中有故人蔣幹前來拜望。周瑜一聽，笑著對在座的眾將說：這是曹操的說客到了。於是，靈機一動，計上心來，對著眾將如此這般地吩咐了一番，就帶領數百隨從，前呼後擁，走出寨門迎接蔣幹。

原來這蔣幹在曹操面前誇下海口，說自己與周瑜是同窗好友，願憑三寸不爛之舌遊說周瑜投奔曹操。因此奉曹操之命前來。

周瑜把蔣幹迎到軍中，寒暄一番後，便大張筵席，盛情款待，還請了數十員文官武將出席作陪。席間，周瑜命令部將太史慈擔任監酒官，交代說：今日我與故人相會，只敘友情，不談軍旅之事，但有違反者，立斬不赦。

蔣幹聽了這話，嚇了一大跳，心裏捉摸著：我本是奉主公曹操之命，以故舊之情前來勸說周瑜歸降的；誰料他一下就把門給封死了，這卻如何是好？他看到周瑜對太史慈下令時，神情嚴肅，又不敢造次，只好懷著一肚子鬼胎，硬著頭皮，坐在那裏飲酒。一時間，滿座文武，杯觥交錯，談笑風生，一直鬧到夜深。這時，周瑜佯裝酒醉，對著蔣幹說：「子翼（蔣幹的字），難得今日老友相聚，今晚就與我同眠一榻吧！」邊說邊拖著蔣幹，朝自己的大帳走去。

到了帳裏，周瑜躺在榻上，只一會兒，便呼呼地「睡熟」了，蔣幹卻睡不著，聽到軍中已打二更，便借著帳內殘燈起身張望，猛然見到書案上堆著一卷文書。「這其中定會有些軍事機密哩！」蔣幹心裏這樣想著。於是，便悄悄起來翻閱偷看，果然看見其中一封信是曹軍水軍都督蔡瑁、張允寫來的。信上竟寫著這樣一段話——

「某等降曹，非圖仕祿，迫於勢耳。今已賺北軍（指曹軍）困於寨中，但得其便，即將曹賊之首獻於麾下，早晚人到，便有關報。先此敬覆……」

不看便罷，一看之後，蔣幹的心不由得猛然往下一沉，心想：好險，原料蔡瑁、張允竟是暗通東吳的奸細！想著，便把信藏在衣袋裏，再回頭看看周瑜，依然躺在那裏深睡未醒，還在說著夢話：「子翼，數天之內，我教你看看曹賊的首級……」說完又打起鼾來了。蔣幹聽了這些夢話，更是又急又氣，卻不敢聲張，只得再和衣躺下，假裝入睡，也想在暗中再探個究竟。

到了四更時，朦朧中，忽見外面有人進入帳內，將周瑜輕輕叫醒，悄悄說道：「江北有人到此……」周瑜連忙示意來人住口，並起身與那人走出帳外。蔣幹又模模糊糊聽到那人在帳外對周瑜說：「蔡、張二將說，『急切下不得手』……」

不一會兒，周瑜回到帳內，走到榻前叫了蔣幹幾聲，蔣幹只顧蒙頭假睡，不予理睬。周瑜見蔣幹不「醒」，自己又躺下睡著了。到了五更天時，蔣幹眼看天將大亮，便偷偷起身，走出大帳，帶上隨從，一溜煙兒駕船回到曹軍大寨。

回到大寨之中，曹操詢問此行去江北遊說周瑜歸降情況如何？蔣幹回報說：周瑜心志很高，非言詞所能說動。曹操聽了老大不高興。蔣幹便接著又說：主公且勿憂慮，這次過江，雖然遊說不成，卻為您打探到一件極重要的機密！說著，便拿出從周瑜帳中偷來的信給曹操看，並將昨夜所見所聞一一向曹操稟報。

曹操不聽則已，一聽勃然大怒，立即命人將蔡瑁、張允叫來帳中，厲聲說道：「我命你二人今日進軍東吳！」蔡、張二人不知底裏，便回稟道：「目下水軍尚未練熟，不宜輕進。」曹操聽罷大怒，喝道：「等到水軍練熟，我的首級早已獻給周瑜了吧！」蔡、張聽了這話，一時摸不著頭腦，慌忙之中，也不知如何對答，正在猶豫之間，曹操已下令將二人立即推出轅門斬首了。

但曹操是何等聰明，見兩顆人頭落地後，一時猛省過來，知道是中了周瑜反間計，卻是為時已晚，後悔莫及了。

周瑜的這一計是很厲害的，反間成功，借曹操之手殺了曹操訓練水軍的骨幹，除了自己的心腹大患。

【空城計】

《三國演義》第九十五回「馬謖拒諫失街亭，武侯彈琴退仲達」中寫道：

由於馬謖的武斷，街亭、列柳城相繼失守後，為了避免更大的損失，諸葛亮立即做出退兵漢中的決策。當時軍情十分緊急，在司馬懿十五萬大軍緊追掩殺下，退兵也並非易事。如何在大撤兵時不遭受任何損失，必要時還能予敵以堅決的回擊，這是歷代軍事家認為最棘手的問題。

諸葛亮這次撤兵應當算是主動撤退，但如果處理不當就會出現「旗鼓參差，士卒亂奔」的混亂局面，此時司馬懿將乘機驅動大軍乘勢掩殺，蜀軍將一敗塗地。所以諸葛亮在退兵問題上，一是求穩求妥，二是以進攻掩護退卻。

諸葛亮將撤退安排妥當後，身邊僅有兩千多人，且「別無大將，只有一班文官」。探馬接連飛報司馬懿統兵十五萬從西城蜂擁而來，諸葛亮決心親自獨守空城，以虛示虛，嚇退司馬懿。

諸葛亮披鶴氅，戴綸巾，端坐城樓，笑容可掬，焚香操琴。四面城門大開，二十餘百姓，灑掃街道，旁若無人。難怪司馬懿見之大疑，立即望北山路而退。

諸葛亮這種以虛示虛的計策，就是人們樂道的「空城計」。空城計之所以能夠成功，主要取決於諸葛亮熟知司馬懿的稟性，以及司馬懿對諸葛亮平時一貫所做的判斷。司馬懿熟知諸葛亮生平處事、用兵的習慣，知道諸葛亮一生謹慎必不弄險，當他看到諸葛亮端坐城樓靜心撫琴，城門大開，自然會產生城內必有埋伏的判斷。而諸葛亮也早就掌握司馬懿是一個「猜忌多權變」的人，故意一改慣例，反常弄險用兵，「使敵望而憚。憚則城有所不敢攻，軍有所不敢擊，途有所不敢由。軍心惶惶，思為走計。」

然而，空城計畢竟是一種敗戰計，是不得已而為之的應急計謀。它的實質內涵是在兵力空虛面對強敵的情況下，再故意顯示不加設防，這樣反使敵人疑竇橫生，讓敵人不了解到底是剛是柔。所謂「剛柔之計」也是兵法上一種詐計，表面上懦弱可欺，實際上隱藏精銳，目的在於——「請君入甕」。

在敵強我弱的形勢下，我方根本無剛可言，如果遇到的是魯莽之敵長驅直入，一下子便能置於死地。所以，實施空城計的時候，一定要看準對象，揣度對方心理，把敵人的思路引向「剛柔之計」的撲朔迷離的境地，使敵把我方的虛弱誤以為「強而示之弱」的誘餌。

諸葛亮早就吩咐關興、張苞，各領兵三千於武功小路埋伏，如遇魏軍「不可大擊，只鼓噪吶喊，為疑兵驚之。」等到魏軍全部撤離，再南下去陽平關會合。果然司馬懿被諸葛亮的空城計嚇退後，往武功中小路而去。忽然聽到山坡後喊殺連天，鼓聲震地，這就是關興、張苞的疑兵發揮了作用，使司馬懿感到——「吾若不走，必中諸葛亮之計矣！」魏軍行不到一程，又聽見「山中喊聲震地，鼓角喧天」，龍驤將軍關興的大旗，使得魏軍且顫且疑，盡棄輜重而去。

諸葛亮又令馬岱、姜維斷後，令其先伏於山谷之中，待諸軍退後方可起兵。在兵微將寡的情況下，只好利用埋伏使敵不知虛實。果然當魏將曹真聽說諸葛亮退兵後，引兵追趕，突然「山背後，一聲炮起，蜀兵漫山遍野而來」，使得曹真驚惶失措，鼠竄而退。諸葛亮事先就安排張翼統兵去修劍閣棧道，準備好歸路，密傳號令，全軍暗暗收拾行裝，準備起程。同時分頭派心腹去天水、南安、安定三城通知那裏的百姓官兵一齊遷入漢中，又派心腹到翼縣搬取姜維慈母護送到漢中！

諸葛亮的撤退安排真是周密之極，絲毫不漏。使自己的兵馬在十五萬強敵面前從容不迫，穩穩收齊共回漢中，真是「泰山崩於前而色不變，麋鹿興於左而目不瞬」，這是多麼卓越的膽識和智謀。

如果說《三國演義》是一部智慧經典，那麼諸葛亮則是這部智典中的智慧化身！

丙 智者妙用

【清太宗皇太極：借鑒《三國演義》創大業】

明清鼎革之際，在我國最後一個封建王朝——清王朝的創建過程中，《三國演義》成為大清朝締造者手中須臾不離的「教科書」。在文治武功、廓清寰宇以及協調中華境內各民族間的和睦關係諸多方面，《三國演義》智謀均曾產生過很大作用。可以說，《三國演義》在一定程度上推動了清代歷史的進程。

滿清開基於「大金」政權（史稱「後金」）。大金的開創者努爾哈赤（一五五九～一六二六年），史稱「天錫智勇、神武絕倫。」（《清史稿・太祖本紀》）用兵三十餘年，「未有抗顏行者」。在戎馬倥傯之際，他「延攬大度」、「廣交漢人，愛讀《三國演義》和《水滸傳》，深受漢族封建文化影響。」（見《清史簡編》）

天命十一年（一六二六年）努爾哈赤病逝，由兒子皇太極繼承汗位，改元天聰。天聰九年，設置文館，以通曉滿漢文義、被滿洲人「推為聖人」的達海等領具事。在達海的主持下，文館翻譯為滿文的許多漢族經典中，就有《三國演義》。皇太極於聽政之暇，「觀覽默會，日知月積，身體力行，作之不止。」內中，皇太極對三國故事尤其喜愛，故爾臣僚們奏疏中屢次提到「皇上深明三國志傳」、「汗嘗喜閱三國志傳」。

皇太極是一個允文允武、雄才大略的傑出人物，他以東北為舞臺，縱橫馳騁，肇建基業。他所處的時代，與群雄逐鹿、三國鼎立的漢末有驚人的相似之處：滿洲崛起於東北，李自成、張獻忠的農民起義軍轉戰西北，而明王朝虎傷威在、困獸猶鬥。皇太極從事的事業，則是要對內統一女真各部並撫綏蒙古各旗，交好西藏、青海兄弟民族，待時而進，問鼎中原。特殊的歷史機遇，使皇太極的宏大抱負、艱難創業，亦與三國時代的英雄人物劉備、曹操、孫權有驚人的相似之處。

因之，以三國興亡為題材的《三國演義》既是李自成、張獻忠酷愛的玉帳祕本，也成了後金大汗、親王、郡王、貝勒、貝子人手必備的兵法智慧寶典。

皇太極正是以《三國演義》中的人和事為借鑒，又根據自己所處的特殊時代環境，創造性地運用其中智慧而勵精圖治，定鼎中原的。

1．仿效「桃園三結義」，加固滿蒙關係

早在後金建立之前的明萬曆二十二年（一五九四年），努爾哈赤與蒙古科爾沁部就開始交往。為了加強同科爾沁的聯繫，努爾哈赤父子又像孫（權）、劉（備）聯姻那

樣，多次與蒙古和親。

萬曆四十二年（一六一四年），皇太極娶了科爾沁莽古思貝勒的女兒，即孝端文皇后。天命十年（一六二五年），皇太極娶科爾沁寨桑貝勒的女兒，即孝莊文皇后，她是孝端文皇后的侄女。天聰八年（一六三四年），孝莊的姊姊又與皇太極成婚，後稱宸妃。同時，滿洲皇族的金枝玉葉也嫁至蒙古。

據《滿洲實錄》記載：「丁巳天命二年（一六一七年）二月，以皇弟達爾漢巴圖魯郡主遜戴與蒙古喀爾喀巴約特部恩格德爾台為妻。」《清太宗實錄》記載：「天聰元年（一六二七年）十二月乙卯，以哈達公主下嫁敖漢部落瑣諾木杜稜。」

通婚聯姻而外，皇太極又仿劉關張桃園結義的形式，進一步歃血為盟、約為兄弟，使滿蒙一體的觀念從家室推廣到整個民族。皇太極與蒙古交往中，不僅利用了兄弟結盟的形式，且在祭禮儀式上也模仿桃園結義的行動。

天命十年，後金派巴克什庫兒禪、希福為全權代表，前往科爾沁與鄂巴洪台吉等會盟。他們宰牛馬，置白骨、血、土、酒、肉各一碗，焚香而誓。誓詞說：後金與科爾沁兩國，因為同受察哈爾的欺凌（當時蒙古察哈爾部與明朝修好，在內部欲統一各小部落，建立大蒙古汗國），願同心合意，既盟之後，後金如有為察哈爾饋贈所誘惑，中其巧計，不告知科爾沁，而事後與之和好，穹蒼不佑，降以災殃，就象擺著的骨暴，血出，土掩而死。如科爾沁為察哈爾饋贈所誘惑，中其巧計，不讓後金知道，先與之和好，穹蒼不佑，降以災殃，亦一樣骨暴，血出，土埋而死。如履行盟約，天地保佑，益壽延年，子孫萬世，永享榮昌。」

天聰九年，察哈爾部兵敗前來歸順後金，皇太極對其首領額哲「懾之以兵」後，又「懷之以德」，賞賜甚豐，還把自己的女兒固倫公主許配給他為妻。統一了漠南蒙古，進而漠北蒙古也於崇德三年遣使通款，臣服大清。

通過和親、結盟，蒙滿兩族日益親善。由於蒙族信奉西藏喇嘛教，崇德三年（一六三八年），皇太極下令在盛京城西三華里建成實勝寺，皇太極親率王公大臣前往參拜。在實勝寺內東西兩端各立石碑，東一碑前鐫滿文，後鐫漢文；西一碑前鐫蒙文，後鐫藏文。極力增進滿漢蒙藏的聯繫。以後不久，達賴喇嘛派使至盛京「修好勿絕」。

在這一過程中，忠勇絕倫、義薄雲天的三國英雄關羽，儼然成了各族人民共同信奉的「戰神」。皇太極將《三國演義》頒發給統兵的諸王和滿蒙大將。因關羽在結義中是二弟，皇太極的寓意很深遠，即滿族是老大劉備，而蒙古則是二弟關羽。所以，蒙古人於信仰喇嘛外，惟尊關羽，關廟香火甚盛，窮邊絕塞亦然。關羽的廟客觀上在形成中華各民族共同心理狀態上發揮了積極作用。由於這種作用，產生了民族凝集力，使蒙古「誠心歸附，以障藩籬」。

2. 仿效劉備，「思賢若渴」延攬天下人才

天聰十年（一六三六年）四月，皇太極正式即皇帝位，改元崇德元年，定國號大清。史稱清太宗。

皇太極鑒於魏、蜀、吳三國的興起時，曹、劉、孫都擁有一大批「藏器在身」的文臣武將，在他們重用的人才中，不少是從敵對營壘中來歸的將領，如關羽收廖化、周倉，黃忠、嚴顏、姜維歸順劉備，張遼、徐晃、張郃效忠曹操。

皇太極深知：滿族和漢族相比，是一個人口稀少，經濟文化遠為落後的民族，要想入據中原，長治久安地統馭疆域遼闊、人口眾多的漢民族，沒有漢族地主官僚集團的支持，光憑武力征服，是根本不可能的。

皇太極表現出像劉備那樣「思賢如渴」、延攬人才的政治家風度。天聰七年，明將孔有德、耿仲明率官兵數千人自山東登州航海來歸時，皇太極率諸貝勒出盛京德盛門十裏，到渾河岸熱烈歡迎。進入帷帳相見時，諸貝勒不同意他以滿族最隆重的禮儀——抱見禮接待孔、耿。清太宗對貝勒們說：從前張飛尊上而凌下，關公敬上而愛下。今天朕以恩遇，豈不更好！元帥、總兵（指孔、耿）曾取登州，攻城掠地，正當強盛而納款輸誠，三次遣使來，率其兵民航海禦敵，來歸於我，功勞沒有比這更大的了。朕意行抱見禮，以示優隆之意……（見《清太宗實錄》卷十四）隨後，又命孔有德入朝時與八大貝勒同

列第一班，其部眾稱為「天佑兵」。這些記載，具體描繪了清太宗學習三國英雄敬上愛下、虛懷若谷的胸懷。

清太宗禮遇、優待降將，傳揚開去，此後不斷有明朝將領文臣前來歸順。明王朝內一些士大夫「知明運之傾危、時勢之向背」，紛紛向大清「獻策相助」，使滿漢地主階級很快結合在一起，從而加速了清王朝對關內的統一步伐。

3．仿效周瑜，設離間計殺袁崇煥

在一些具體戰術、巧計妙算上，皇太極同樣從《三國演義》中獲得過教益。皇太極智設離間計，使得崇禎誅殺袁崇煥一事，與赤壁之戰中「蔣幹盜書」故事驚人的類似。

袁崇煥（一五八四～一六三〇年）字元素，廣東東莞人，萬曆進士。天啟二年（一六二二年）單騎出關，考察形勢，還京自請守遼。他修築寧遠（今遼寧興城）等城，屢次擊退後金軍的進攻。天啟六年（後金天命十一年）獲寧遠大捷，努爾哈赤受傷死，明朝授袁崇煥為遼東巡撫。次年袁崇煥寧錦大捷，皇太極又大敗而去。袁被崇禎帝任為兵部尚書，督師薊遼。袁崇煥橫阻遼西，成了皇太極進取中原的不可逾越的障礙。同時，在皇太極的背後，還有一個明將毛文龍統兵數萬據守宋皮島（島在朝鮮西朝鮮彎內）及遼東沿海島嶼，後金兵不習海戰，又缺乏戰船，對他無可奈何。

皇太極通過了解，知道袁崇煥與毛文龍有矛盾：毛文龍曾黨附魏忠賢，而袁崇煥曾受魏忠賢的迫害。「先是降將李永芳獻策於大清主（太宗）曰：『兵入中國，恐文龍截後，須通書崇煥，使殺文龍，佯許還遼。』大清主從之。崇煥答書密允。」（計六奇《明季北略》）崇禎二年六月，袁崇煥以犒賞吏卒為名，親赴雙島發餉。趁文龍不防，執而斬之。袁崇煥殺毛文龍，天下聞之驚詫，崇禎「意殊駭」。表面上崇禎雖安撫崇煥，而內心深處卻播下了猜忌的種子——皇太極一箭雙雕的計策達到了預期的效果。

利用明廷的內部矛盾，皇太極抓緊時機擴大戰果。他又出奇謀，避開寧錦防線，繞道內蒙古，突襲北京。牽著袁崇煥的鼻子，一同來至京畿。後金兵從喜峰口入塞內，陷遵化，入通州，直逼北京，袁崇煥匆忙由山海關回師拱衛。崇禎二年十一月十六日，袁抵左安門，後金兵遊哨亦抵城下。皇太極遣人謠傳：「崇煥召敵」，輿論大嘩。京師人民因誤解而痛恨袁崇煥。

崇禎帝不讓袁崇煥軍入城，令他結營城東南隅。皇太極則與袁對陣結營。這時，他的兵營裏俘獲了明朝的兩名太監。夜裏，距太監入睡處不遠的地方，傳來了後金將領的低語聲：「今天撤兵是汗的大計……袁巡撫有密約，此事可以馬上成功。」兩名太監記在心裏，乘隙逃出金營（實際上是皇太極有意放他回去傳話），入城叩見崇禎，奏稟袁崇煥通敵的絕密情報。

陰刻寡恩、猜忌偏狹的崇禎，在京城危急、人心惶惶、疑雲四布之際，當然分辨不了這是「蔣幹盜書」的花樣翻新，傳旨將袁崇煥投入錦衣衛。次年八月，袁崇煥被處以磔刑。

清朝開國的奠基人皇太極在騎馬彎弓射大雕的歲月裏，學習、借鑒《三國演義》，消古溶今，邁越前人，為清王朝的創立，奠定了堅實的基礎。

這一錚錚歷史事實雄辯地證明：《三國演義》不僅是一部傑出的文藝作品，而且是一部關乎治亂興亡的智慧教科書。

【毛澤東：「要研究故事裏的辯證法」】

毛澤東的一生，有幾部書，伴他走過了光輝的一生。毛澤東從小到老讀了一生的古典名著之一，就是《三國演義》。

他愛讀的《二十四史》中，有一部就是《三國志》；毛澤東愛讀的古典小說中，有一部就是《三國演義》。《三國志》是史書，也是文學；《三國演義》是小說，也有史事。毛澤東一生不離《三國演義》。

據有關書刊紀錄，毛澤東是一九〇六年接觸《三國演義》的。他少年時代就是韶山村公認的「三國迷」。他讀《三國演義》和《水滸傳》手不釋卷。一九一〇年，在赴東山學堂讀書時，就攜帶這兩部書。他講三國頭頭是道，對答如流，因此被同學公認為

「三國故事大王」。後來在湖南師範讀書時，還與蔡和森、蕭子升並稱是「三豪傑」。就和《三國演義》中的劉、關、張一樣。

一九一二年，毛澤東在湖南一師期間，接觸了《三國志》。從此，他在論述和講演裏，也經常將《三國志》和《三國演義》摻合引用，揮灑自如。

井岡山時期，他想起《三國演義》，當從茶陵譚延闓家找到一部《三國演義》時，正是欣喜無加，他說：「這真是撥開雲霧見青天，快樂不可言。」

20世紀50年代，毛澤東多次讀《三國演義》。

毛澤東也不放過他人研究三國的成果。50年代末，在《北京日報》讀了作家吳組緗的《關於〈三國演義〉（三）》，就囑咐祕書去找前載的兩篇。

中國有句民諺：老不讀三國。但在20世紀70年代，毛澤東患老年性白內障，仍然讀《三國演義》，經常在書房翻閱各種版本的《三國演義》，有平裝的，也有線裝的；也讀有關三國的史傳，如《晉書》的《羊祜傳》、《杜預傳》。

從有記載的文字中考證，毛澤東至少讀了七十年的《三國演義》。

《三國演義》是小說，《三國志》是史書。毛澤東做了界定，他說：「兩者不可等同視之。」

一九五八年11月，毛澤東在武昌，他滿有興趣地對李井泉、柯慶施等說：「今天找你們來談談陳壽的《三國志》。」他說：「《三國演義》和《三國志》，雖然是兩部不同類別和不同文體的著作，但從內容上來說，這兩部著作具有密切的關係。」

毛澤東經常用《三國志》印證《三國演義》，使《三國演義》增強真實感；也習慣用《三國演義》解釋《三國志》，使人形象生動，使史事栩栩如生，兩者互補，相得益彰，以豐富自己的思維，穿插在報告、文章談話中。

毛澤東給《三國演義》以最恰當、正確的評價。並且終生號召人們去續這部奇書。毛澤東說，讀《三國演義》這類書，能使人聰明，能「對社會了解多一些，也會對事物增強分析能力。」

毛澤東向高級將領和普通戰士都提出讀《三國演義》。指導他們：「不要去注意那些演義式的描寫，而要研究故事裏的辯證法。」

毛澤東多次借用劉備所說的與諸葛亮間魚水關係，「水可以沒有魚，魚不可以沒有水」。還常引用有辯證內涵的《三國演義》文字，如「天下大勢，分久必合，合久必分」；「天有不測風雲，人有旦夕禍福」。

一九三六年，毛澤東在給當時的國民黨陝西省政府主席邵力子寫信時，引用《三國演義》云：「天下大勢，合久必分，分久必合」。在《實踐論中》引用《三國演義》上所謂「眉頭一皺，計上心來」，形象地說明「人在腦中運用概念以做判斷和推理的工夫」。在《中國革命戰爭的戰略問題》一書中，講到「雙方強弱不同，弱者也讓一步，後發制人，因而戰勝的」，舉了中國古代六個有名的戰例，其中袁曹官渡之戰、吳魏赤壁之戰、吳蜀彝陵之戰，這3次戰役，是《三國演義》中用濃墨重彩著力渲染過的。

一九五二年2月10日，河北省特別法庭判處腐化墮落分子劉青山（天津地委書記）、張子善（天津專署專員）死刑。在此以前，華北局將「劉、張事件」上報中央，毛澤東和劉少奇、周恩來、彭真、薄一波等書記處領導在頤年堂開會，專門研究殺不殺的問題。毛澤東說：「非殺不可。揮淚斬馬謖，這是不得已的事情。」

成都武侯祠譚良嘯館長曾回憶說，一九五八年，毛澤東在成都會議期間，來武侯祠參觀。他問講解員，你知道諸葛亮一生坐過幾次車，騎了幾次馬？這說明他讀三國很仔細，往往為人所忽視的細節，也引起他的注意，提出新穎的見解和觀點。

一九五九年7月初，廬山會議前，毛澤東心情舒暢，在同周小舟和作者幾個人談話，談到「大躍進」高指標時，由於他的「發號施令」，要「三大元帥掛帥」，而引起經濟形勢的紊亂，他也不便於隨意指責「元帥」搞亂了局面。於是引了《三國演義》中蔣幹過江的故事，那麼「元帥」會感慨得很：「曹營的事難辦得很哪。」引得大家都大笑起來，他本人也大笑起來。

毛澤東還曾用人們熟悉的三國人和事做比喻，教育黨員幹部。如以劉備彝陵之敗談統一戰線重要；說「張飛在古城相會時，懷疑關雲長，是有高度的原則」，以說明審幹重要；用「少講『過五關斬六將』」，開導赴越的韋國清等；講對孟獲，諸葛亮能七擒七縱，說我們「為什麼就不敢來個八擒八縱」？用張松獻地圖故事比喻汪精衛之流賣國求榮……

薄一波曾回憶毛澤東對他談到《三國演義》，說：「看這本書，不但要看戰爭，看外交，而且要看組織。你們北方人——劉備、關羽、張飛、趙雲、諸葛亮，組織了一個班子南下，到了四川，同『地方幹部』一起建立了一個很好的根據地……外來的幹部一定要同地方的幹部很好地團結在一起，才能做出一番事業。」

古今中外，沒有一個人像毛澤東那樣善於運用三國故事，闡述自己的思想觀點，賦予《三國演義》以時代意義；也很少有人像毛澤東那樣，終生宣導人們閱讀《三國演義》這部國學經典名著。

丁 智語集萃

1. 話說天下大勢，分久必合，合久必分。

——第一回 宴桃園豪傑三結義 斬黃巾英雄首立功

2. 念劉備、關羽、張飛，雖然異姓，既結為兄弟，則同心協力，救困扶貧；上報國家，下安黎庶；不求同年同月同日生，只願同年同月同日死。皇天后土，實鑒此心。背義忘恩，天人共戮！

——第一回 宴桃園豪傑三結義 斬黃巾英雄首立功

3. 操往見之，問曰：「我何如人？」邵不答。又問，邵曰：「子治世之能臣，亂世之奸雄也。」操聞言大喜。

——第一回 宴桃園豪傑三結義 斬黃巾英雄首立功

4. 肅笑曰：「『良禽擇木而棲，賢臣擇主而事』，見機不早，悔之晚矣！」

——第三回 議溫明董卓叱丁原 饋金珠李肅說呂布

5. 宮曰：「知而故殺，大不義也！」操曰：「寧教我負天下人，休教天下人負

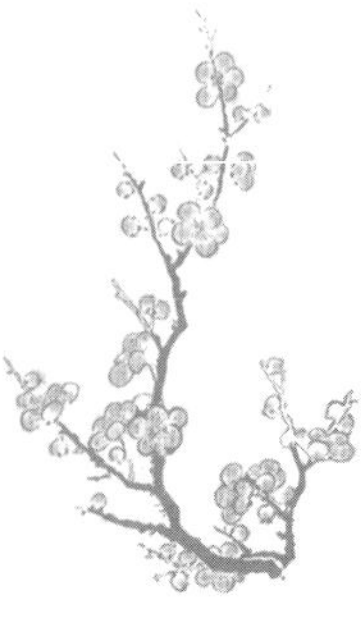

我。」

——第四回 廢漢帝陳留踐位 謀董賊孟德獻刀

6. 操曰：「夫英雄者，胸懷大志，腹有良謀，有包藏宇宙之機，吞吐天地之志者也。」

——第二十一回 曹操煮酒論英雄 關公賺城斬車冑

7. 豐曰：「袁將軍外寬而內忌，不念忠誠。若勝而喜，猶能赦我；今戰敗則羞，吾不望生矣！」

——第三十一回 曹操倉亭破本初 玄德荊州依劉表

8. 嘉曰：「兵貴神速。今千里襲人，輜重多而難以趨利。不如輕兵兼道以出，掩其不備。但須得識徑路者為引導耳。」

——第三十三回 曹丕乘亂納甄氏 郭嘉遺計定遼東

9. 庶曰：「以某比之，譬猶駑馬並麒麟、寒鴉配鸞鳳耳。此人每嘗自比管仲、樂毅；以吾觀之，管、樂殆不及此人。此人有經天緯地之才，蓋天下一人也！」

——第三十六回 玄德用計襲樊城，元直走馬薦諸葛

10. 將軍既帝室之冑，信義著於四海，總攬英雄，思賢如渴，若跨有荊、益，保其岩阻，西和諸戎，南撫彝、越，外結孫權，內修政理；待天下有變，則命一上將將荊州之

兵以向宛、洛，將軍身率益州之眾以出秦川，百姓有不簞食壺漿以迎將軍乎？誠如是，則大業可成，漢室可興矣！

——第三十八回　定三分隆中決策　戰長江孫氏報仇

11. 將軍欲成霸業，北讓曹操占天時，南讓孫權占地利，將軍可占人和。先取荊州為家，後即取西川建基業，以成鼎足之勢，然後可圖中原也。

——第三十八回　定三分隆中決策　戰長江孫氏報仇

12. 玄德曰：「吾得孔明，猶魚之得水也。兩弟勿復多言。」

——第三十九回　荊州城公子三求計　博望坡軍師初用兵

13. 欲破曹公，宜用火攻；萬事俱備，只欠東風。

——第四十九回　七星壇諸葛祭風　三江口周瑜縱火

14. 周郎妙計安天下，陪了夫人又折兵

——第五十五回　玄德智激孫夫人　孔明二氣周公瑾

15. 既生瑜，何生亮。

——第五十七回　柴桑口臥龍弔喪　耒陽縣鳳雛理事

16. （孫權）乃問曰：「公平生所學，以何為主？」統曰：「不必拘執，隨機應變。」

——第五十七回　柴桑口臥龍弔喪　耒陽縣鳳雛理事

17. 操以鞭指曰：「生子當如孫仲謀！若劉景升兒子，豚犬耳！」

——第六十一回　趙雲截江奪阿斗　孫權遺書退老瞞

18. 寧自此鄙歆之為人，遂割席分坐，不復與之為友！

——第六十六回　關雲長單刀赴會　伏皇后爲國捐生

19. 修曰：「以今夜號令，便知魏王不日將退兵歸也：雞肋者，食之無肉，棄之有味。今進不能勝，退恐人笑，在此無益，不如早歸：來日魏王必班師矣。故先收拾行裝，免得臨時慌亂。」

——第七十二回　諸葛亮智取漢中　曹阿瞞兵退斜谷

20. 陸遜聽畢，掣劍在手，厲聲曰：「僕雖一介書生，今蒙主上託以重任者，以吾有尺寸可取，能忍辱負重故也。汝等只守隘口，牢把險要，不許妄動。如違令者皆斬！」

——第八十三回　戰猇亭先主得仇人　守江口書生拜大將

21. 孔明喚到帳中，盡去其縛，撫諭曰：「汝等皆是好百姓，不幸被孟獲所拘，令受驚唬。吾想汝等父母、兄弟、妻子必倚門而望；若聽知陣敗，定然割肚牽腸，眼中流血。吾今盡放汝等回去，以安各人父母、兄弟、妻子之心。」

——第八十七回　征南寇丞相大興師　抗天兵蠻王初受執

22. 殿陛之間，禽獸食祿；狼心狗行之輩，滾滾當道；奴顏婢膝之徒，紛紛秉政。以致社稷丘墟，蒼生塗炭。

——第九十三回 姜伯約歸降孔明 武鄉侯罵死王朗

23. 瑤琴三尺勝雄師，諸葛西城退敵時。十五萬人回馬處，土人指點到今疑。

——第九十五回 馬謖拒諫失街亭 武侯彈琴退仲達

24. 孔明歎曰：「『謀事在人，成事在天。』不可強也！」

——第一百零三回 上方谷司馬受困 五丈原諸葛禳星

25. 孔明喚至榻前，授與一錦囊，密囑曰：「我死，魏延必反；待其反時，汝與臨陣，方開此囊。那時自有斬魏延之人也！」

——第一百零四回 隕大星漢丞相歸天 見木像魏都督喪膽

26. 炎大怒曰：「此社稷乃大漢之社稷也。曹操挾天子以令諸侯，自立魏王，篡奪漢室。」

——第一百一十九回 假投降巧計成虛話 再受禪依樣畫葫蘆

27. 昭令蜀人扮蜀樂於前，蜀官盡皆墮淚。後主嬉笑自若。酒至半酣，昭謂賈充曰：「人之無情，乃至於此！雖使諸葛孔明在，亦不能輔之久全，何況姜維乎？」乃問後主曰：「頗思蜀否？」後主曰：「此間樂，不思蜀也。」

——第一百一十九回 假投降巧計成虛話 再受禪依樣畫葫蘆

28. 卻說王濬班師還，遷吳主孫皓赴洛陽面君。皓登殿稽首以見晉帝。帝賜坐曰：「朕設此座，以待卿久矣！」皓對曰：「臣於南方，亦設此座以待陛下。」帝大笑。

——第一百二十四回 薦杜預老將獻新謀 降孫皓三分歸一統

《曾國藩家書》——近代世人修身的典範

甲 智典概貌

【成書背景】

「家書」，就是「家信」，有點像今天給家人之間發的「伊妹兒」，這其中一般涉及到個人隱私，一般人當然是不願將之公諸於眾的。而作為大清「中興第一名臣」的曾文正公，在他生前就著手整理自己多年來寫給父兄子弟們的書信，並準備刊行，是為了「作秀」，還是為了賺一筆稿費呢？或者有別的原因呢？

整理家書時，曾國藩聲名如日中天，他當然用不著用「作秀」來提升知名度；此時作為清廷重臣、新疆大吏的他，俸祿豐厚，當然也不是為了賺一筆稿費。其真正的原因，說來話長。

大凡稍讀過中國歷史的人，都知道「飛鳥盡，良弓藏；狡兔死，走狗烹」這一古訓。中國歷史悠久，上下五千年，可是自秦以後的兩千多年，代代開國皇帝，為防功臣功高難制甚至篡權奪位，幾乎都設法將其屠戮淨盡。在中國歷史上不殺功臣的開國皇帝

也許只有兩個人，一個是唐太宗，一個是宋太祖。可宋太祖雖不殺功臣，卻也盡解功臣的兵權，所謂「杯酒釋兵權」，後世皆知。所以，一部二十四史，歷代皇帝真正善待功臣的，恐怕只有唐太宗李世民一人。

曾國藩由於下死力氣剿滅太平天國，建下大功，被清廷委任為兩江總督節制四省軍事以來，清廷是又要用他，又對他不放心。越是接近太平天國失敗，清廷的疑心就越重。一會兒突然無來由的指責，一會兒又施以安慰，就是清廷這種心理的具體體現。曾國藩熟讀史書，又精明透頂，經驗豐富，對這些事，內心當然非常明白。正因為如此，如何處置太平天國剿滅以後他與清廷的關係，就是一個要妥善處理的極為重要的問題。

不過，曾國藩早就有心理準備。一八五九年重新出山以後，他就常常把戰場的勝利，一半歸於人事，一半歸於天意。他說：「凡辦大事，半由人力，半由天事。」

官職越來越高，權力越來越大，曾國藩不僅沒有絲毫得意忘形之意，反而時時懷著警惕之心。尤其是清廷讓他節制四省軍隊後，他更加小心翼翼。如咸豐十一年十二月初六日的日記就寫道：「日內想家運太隆，虛名太大，物極必衰，理有固然，為之悚惶無已！」曾國藩始終保持著清醒的頭腦，他曾多次請求解除節制四省軍隊的大權，或由朝廷派大員重臣與他共同負責軍事，只是清廷想儘快消滅太平天國，不能再造成互相掣肘以致失敗的情況，才一直堅持讓曾國藩全權負責。

一八六五年，曾國藩攻克太平天國都城天京，被封為一等毅勇侯，加太子太傅。曾家兄弟的權勢已達峰巔，但所謂功高震主，清廷對他的猜忌也達到了頂點，咸豐帝曾在湘軍克復武漢時歎道：「去了半個洪秀全，來了一個曾國藩」，可見對曾國藩的疑忌之深。在此特殊時刻如果稍微處理不慎，會帶來無法預計的危險。

也在這個特殊的時候，中國傳統的思想特別是道家的智慧，給了曾國藩很大的幫助和啟發。《易傳》中就說：「日中則昃，月盈則虧。」聯繫到人事，當一個人的地位、權勢、聲望達到頂點的時候，當他的人生事業最輝煌的時候，也就是要走下坡路的時候。道家的老子提出過著名的命題：「禍兮福之所倚，福兮禍之所伏。」禍與福雖然是對立的東西，但卻是可以互相轉化的。禍可以轉變為福，福也可以轉化為禍；禍裏面埋藏著福，福裏面也埋藏著禍。按照老子的學說，如欲趨福避禍，須清淨無為，凡事順其自然，不可強求。對於這些進退自保的智慧，曾國藩當然比誰都清楚。

在位高權重、如日中天的時候，如何趨福避禍、趨吉避凶呢？

飽讀典籍，且具有豐富的政治經驗和諳熟歷代掌故的曾國藩採取了多項措施，主要包括自裁湘軍，自請朝廷降低自己的官爵和權力，還有一項可謂前無古人的特殊的舉措，就是著手整理家書。

曾國藩意在借一封一封家書所表露的忠君謙退之情，來委婉地表明自己的忠心，以塞弄臣之口，以清除皇帝的疑忌，以示自己心中無隱，潔身自保。此外，作為一個受中國傳統文化，特別是儒學思想濡染的人物，曾國藩更看重身後的名譽。而刊刻家書，流傳後世，則是向後世最坦率地表明心跡，是一種足以使自己留芳百世的大智慧。

遺憾的是，曾國藩生前家書只是在小範圍內流傳，曾國藩沒有親眼看到家書的公開刊行，就去世了。在他去世後七年，即一八七九年，他的弟子李鴻章、李鴻章兄弟親自編校了《曾文正公家書》，由傳忠書局刻印發行。從此風靡不已。這部《曾文正公家書》，後世多稱作《曾國藩家書》。

曾國藩成功了，他身前善終，身後贏得了讚譽。在21世紀的今天，也許人們不知道曾國藩其人，但很少有不知道《曾國藩家書》的。《曾國藩家書》時至今日，仍然風靡不衰，幾乎是家藏一本。

【曾國藩其人】

曾國藩（一八一一～一八七二年），大清同治朝大學士。字伯涵，號滌生。湖南湘鄉人。曾國藩是清朝後期名臣，文武兼備，為官清正，多有建樹，尤以訓練湘軍、剿滅太平軍最為突出，且有不少著述傳世。《曾國藩家書》就是其中最傑出的代表。曾國藩以其才能和人品被目為人臣楷模。死後諡「文正」。

曾國藩出生於一農民家庭，父親曾麟書為縣學生，以孝聞名。曾國藩年輕時，在為人處世以及思想信仰等方面，深受其祖父曾玉屏之影響。道光十八年（一八三八年），曾國藩中進士，隨入翰林院，廣交當代名宿。道光二十三年，曾國藩主持四川鄉試，因公正廉明受到道光帝嘉獎，升遷內閣學士、禮部侍郎等職。

咸豐元年（一八五一年），洪秀全領導的太平軍從廣西起事並迅速發展到湖南、湖北，沿江而下，直取南京。清軍自廣西追擊太平軍，一直追到南京郊外，前後達三年之久，絲毫無損於太平軍。咸豐帝下詔讓群臣各抒己見，爭言得失。曾國藩奏陳事務，深得咸豐帝看重。

咸豐二年，曾國藩前往江西，主持該省鄉試。但當他南下時，其母去世，遂獲准還鄉，丁憂守制。其時，太平軍聲勢浩大，清綠營軍追擊太平軍不力，而由江忠源和羅澤南所組織之鄉勇卻勝過正規軍，在咸豐二年防守長沙的戰役中戰績尤為突出。解長沙之圍後，咸豐帝敕曾國藩組建湖南鄉勇，經過多方勸導，曾國藩於咸豐三年一月決定承擔這一使命，並以「一不貪財，二不怕死」自勉。

曾國藩首先組建了湖南軍，即「湘軍」，也稱「湘勇」。它由羅澤南的「湘勇」、江忠源的「楚勇」以及其他各部組成。曾國藩預見到這場戰爭的性質，訂出訓練士卒的嚴密計畫，並著手整頓紀律、完備組織。這些措施為他最終取得勝利奠定了堅實基礎。

數月之後，曾國藩又接受江忠源和郭嵩燾的緊急建議，建造炮艦，訓練水軍。曾國藩訓練湘軍以及後來的作戰，均遇到了極大的阻力，經受了數次失敗的考驗。比如，他訓練湘軍就遭到與太平軍作戰而徒勞無功的綠營將領的非難，甚至遭到皇帝的訓斥。但他堅持初衷，毫不動搖。地方官不給經費，作戰時不予配合，也使曾國藩處境艱難。但曾國藩最終以他的戰績贏得了各方支持。

咸豐三年（一八五三年），洪秀全定都南京後，太平軍開始向兩個主要戰場進軍：一路北伐華北，另一路西進安徽、江西及湖北。當時，雖然各方一再向曾國藩求援告急，但他確實無力派兵往救湖北。當時大部湘軍已馳援江西，其餘部分留在湖南平剿地方動亂，而「水師」尚在籌建之中。

幾個月後，太平軍自湖北向湖南的湘軍壓來，曾國藩於咸豐四年二月二十五日動用新建水師二百四十艘船隻及五千水軍，然而由於暴風雨的襲擊，船艦無法行動，加之軍隊缺乏水戰的經驗，致使曾國藩在湖南兩次敗北，一在岳州，一在靖港。曾國藩羞憤至極，竟欲自盡，幸被人救起。幸而其他幾路清軍獲勝，曾國藩後來也在田家鎮獲得大捷，北伐的太平軍才被阻遏。

咸豐五年（一八五五年），曾國藩命水軍南下九江，不料一部分水軍被困於鄱陽湖，在長江的另一部湘軍水軍被擊敗，甚至曾國藩的座艦亦為太平軍俘獲，餘下的艦隻又大多毀於一場風暴之中。由於連遭失利，曾國藩部士氣低落。曾國藩為此心灰意冷，再次投水自殺，但又被人救起。

咸豐五年四月三日，太平軍為削弱清軍對九江之攻擊，第三次攻佔武昌。但曾國藩不顧武昌失守，命塔齊布繼續攻打九江，另派羅澤南及胡林翼前往攻取武昌，而自己則坐鎮南昌，吸引太平軍主力。不久，塔齊布及羅澤南雙雙戰死，曾國藩自己也遭到太平軍無敵將領石達開的侵擾，幾乎面臨絕境。但曾國藩早有預見，不為所動沉著應對，加之知人善用，胡林翼與李續賓終於在咸豐六年（一八五六年）十二月十九日最後一次收復武昌。由於彭玉麟之協同作戰，曾國藩之弟曾國荃又率軍自湖南來援。曾國藩在南昌之困境，得以緩解。

咸豐七年（一八五七年）二月二十七日，曾國藩因父親逝世，暫時離職奔喪。但是，他的那些才幹出眾的部將們按照他的部署，於咸豐八年（一八五八年）五月十九日收復九江。然後進攻安慶，以便最後收復南京。咸豐十年（一八六〇年），曾國藩被授任兩江總督，加授欽差大臣統領江南軍事。至此，他已擁有處理軍務的全權，其中包括籌集軍餉。

咸豐十年間，曾國藩又一次處境艱難。咸豐十一年（一八六一年）四月，曾國藩所處困境達於極點，但他下定決心誓死不退。直到左宗棠及其部隊增援祁門，形勢才開始好轉。弟弟曾國荃終於在咸豐十一年九月五日，攻佔安慶。

此後，曾國藩即以安慶為基地，準備收復南京。為避免在南京一線集結過多的軍隊，以防止太平軍趁機奪取清軍後方地盤，曾國藩建立起三個戰區：一在江蘇，由李鴻章統轄；另一在浙江，由左宗棠統轄；第三為安徽，由他自己統轄。

經過長期圍困及殊死戰鬥，曾國荃於同治三年（一八六四年）七月十六日攻克南京。兩年後，太平天國餘部徹底被剿滅。

對於最終剿滅太平軍，論功首推曾國藩，清廷賜他一等「毅勇侯」封號，成為大清文官中獲此封爵的第一人。

平定太平軍之後，曾國藩繼續任兩江總督，駐留南京數月。其間他致力於安定城鄉，在飽受十五年戰亂之苦的江南地區恢復學術活動。同治三年初，曾國藩在安慶大營建立起官辦學局，重印經史典籍。戰亂平定以後，他延聘著名學者主持書局，事後他遣返大部分湘軍回鄉歸農，軍中某些文職官員則受僱擔任書局校對。這年，他頒布條例，在南京、蘇州、揚州、杭州及武漢各建書局。此即「官辦五局」。同時，他於該年十二月二十日恢復南京鄉試。在太平軍佔領期間，該地鄉試已中斷多年。

同治四年（一八六五年）六月，朝廷急令曾國藩前往山東征剿撚軍。曾國藩受命統領山東、直隸及河南軍事。由於未取得令人滿意的戰果，李鴻章於當年十二月十二日代其任，曾國藩返回南京原任。

早在同治二年，容閎曾向曾國藩建議，在上海籌建鐵工廠，此即後來的江南造船廠。容閎經曾國藩同意後從國外購進機器。同治五年（一八六六年），江南製造局成立。同治七年（一八六八年），該局建成中國第一艘輪船，並駛至南京請曾國藩驗看。興辦江南製造局是曾國藩對中國未來發展做出的最重要的貢獻之一。

同治六年，曾國藩拜大學士。同治七年九月，出任直隸總督。任內，曾國藩清理出一大批長期未決的案件，改進了辦事效率，並制訂出一項建立常備軍的方案。

同治九年（一八七〇年），曾國藩奉令調查並處理「天津教案」。由於他在處理此案中，對有關的西方列強採取謀求和解的策略，遭到北京朝廷中強硬派的非議。在此案接近解決之際，曾國藩因年老多病，於同治十年（一八七一年）調回南京原任，不久直隸總督由李鴻章繼任。

同治十年八月十八日，曾國藩與李鴻章聯名上疏，建議派遣青年學生赴海外留學。此項建議於同治十一年（一八七二年）實施。就在學生啟程出洋之前數日，曾國藩病逝。身後清廷追贈太傅。

曾國藩立志求學，要求極嚴，抱負很高。他受儒家思想影響很深，從不放棄自己的品德修養，至其年衰，政治思想成熟，也不放棄對自己的行為進行反省和自責。他的一生是「修身齊家治國平天下」的真實寫照。他極重擇師交友，立志向聖賢看齊。他終生勤儉謹慎，修學不斷。清政府稱他是——「學本有源，器成遠大，忠誠體國，節勁凌霜」，讚揚他是——「中興第一名臣」。

【內容結構】

中國自古就有立功（完成大事業）、立德（為世人的精神楷模）、立言（為後人留下學說著述）「三不朽」之說，而真正能實現者卻寥若晨星，曾國藩就是其中之一。

曾國藩打敗太平天國，保住了大清江山，是清朝的「救命恩人」，他「匡救時弊」，整肅政風，學習西方文化，使晚清出現了「同治中興」，這是「立功」；他克己唯嚴，崇尚氣節，標榜道德，身體力行，獲得上下一致的擁戴，這是「立德」；他的學問文章兼收並蓄，博大精深，是近代儒家宗師，「其著作為任何政治家所必讀」，這是「立言」。曾國藩一生，實現了儒家修身、齊家、治國、平天下，立功、立德、立言「三不朽」事業。

曾國藩的「立言」，即他的著作和思想影響深遠。一部《曾國藩家書》足以體現他的學識造詣和道德修養。這部家書使其贏得「道德文章冠冕一代」的稱譽，並成為中國封建社會最後一尊「精神偶像」。

曾氏家族，向來治家極嚴，也很有章法。曾國藩受家風薰陶，對子弟也要求極嚴，並諄諄加以教誨。這些教誨就集中體現在他親筆寫就的一封封家書中。

《曾國藩家書》記錄了曾國藩從道光三十年至同治十年，前後長達30年的翰苑和從武生涯，近一千五百封，是歷史上家書保存下來最多的。全書分為治家類、修身類、勸學類、理財類、濟急類、交友類、用人類等十大類。曾國藩的家書內容十分廣泛，涉及到了當時的政治、軍事、社會生活的許多方面，也談到了官場、僚屬、朋友、鄰里之間的種種關係，還說明了為學、讀書、作文等方面應遵循的原則和方法。這些書信都圍繞著一個中心：一個人應當怎樣修身、做人、處世。其行文從容鎮定，娓娓道來，形式自由活潑，隨想而至，揮灑自如，沒有虛偽和造作，於平淡中蘊涵的真知良訓，凝聚人生思考、修身、齊家、處世、治軍、理政的精闢見解，具有極強的說服力和感召力。

讀曾國藩的家書，可以發現這位為清王朝立下汗馬功勞、已經大紅大紫的欽差大臣，竟有「居官不過偶然之事，居家乃是長久之計」，「凡有盛必有衰，不可不預為計」這樣的告誡，透露出曾氏的精明和清醒，蘊涵著他對「狡兔死，走狗烹」的警覺。他教誨子侄「有福不可享盡，有勢不可使盡」，「將相無種，聖賢豪傑亦無種」，這些話也十分耐人尋味。讀曾國藩的家書，好像聽一位寬厚長者在你耳邊娓娓道來，沒有絲毫「厚黑」、狡詐，也不會覺得他是一個古板的道學家。

《曾國藩家書》中收集的家書從曾國藩由翰林院庶起士初授官職到去世前不久，跨越近30年。除了思想漸趨成熟外，他的志趣仍然和少年讀書時一樣，始終以讀書人自居，這決定了他對周圍事物的看法，也成為他一生成功的基石。他在信中表述的對為學、作文、歷史等的認識，有很多經驗值得後人學習，按現在的話說，即是他有非常好的學習方法和領悟能力。他科舉出身，卻深得教育大義，因此他在家書中對自己官場得失談得較少，而始終牽掛在心的是子弟的學習。同時，他官學並舉，胸懷大略，時時刻刻警戒自己：做官清廉、做人謙遜、做事勤勞。對弟弟、兒子曉之以理，動之以情，功夫力透紙背，非一般官宦人家所能及。

《曾國藩家書》是一個思想者對世道人心的觀察體驗，是一個學者對讀書治學的經驗之談，是一個成功者功名事業的奮鬥經歷的記載，更是一個胸中有著萬千丘壑的大人物心靈世界的袒露。處在變革時期而浮躁不安的中國人，特別需要來自本民族智慧的滋潤，尤其需要從這種文化所培育出的成功人物身上獲取啟迪。這啟迪，因同源同種同血脈的緣故，而顯得更親切，更實用，也更有效。所以，今日，你要成功，就不能不去讀一讀《曾國藩家書》。

【後世影響】

曾國藩對中國影響相當深遠，特別是中國近代史。中國近代史從一八四〇年開始到一九四九年結束，長達一〇九年。在這千年未有之大變局中，多少英雄人物粉墨登場，很多都或多或少受到曾國藩的影響，都拜讀過《曾國藩家書》。從清末至民國，《曾國藩家書》一直被豪門官家乃至平民百姓奉為家庭必藏寶典。

曾國藩之後是李鴻章，李鴻章是曾國藩的學生，言傳身教，獎掖提攜，沒有曾國藩就沒有李鴻章。李鴻章是《曾國藩公家書》編輯者之一，自然深受其影響。

蔣介石對曾國藩推崇備至，一生服膺曾國藩。對《曾國藩公家書》，蔣介石也愛不釋手，無論在南京「總統府」，還是在溪口「豐鎬房」，案頭可以沒有南北果品，卻不能沒有《曾文正公家書》。

蔣經國回國後，蔣介石要他讀《曾國藩家書》和《王陽明全集》。蔣介石說：曾國藩對子女的訓誡可作模範，要認真體會，並且依照曾氏家訓去踐行。蔣經國常寫信向父親請安，蔣介石有時無空回覆，就指定以曾文正公家訓的第幾篇代替回信，要他細細參閱。蔣經國偶爾身體有病，蔣介石回信就說是他沒有好好地讀《曾國藩家書》的緣故，因為那書裏對於如何保持健康，是說得很詳盡的。

受益於《曾國藩家書》的近代著名人物，還有文人梁啟超、武將蔡鍔等。

青年時期的毛澤東對其鄉賢曾國藩很崇拜，說：「愚於近人，獨服曾文正，觀其收拾洪楊一役，完滿無缺，使以今人易其位，其能如彼之完滿乎？」

毛澤東在《講堂錄》中直接記有《曾國藩家書》中提到的「八本」，其中便有「作詩文以聲調為本」（《毛澤東早期文稿》，第593頁）一項，並談到——「作文有法，……病在氣單」。

毛澤東一九一九年寫的《祭母文》，為當年塾師譽為——「脫盡凡俗，語句沉著，筆力矯健，至性流露」，其中「愷惻慈祥，感動庶匯」兩語，即取自《曾國藩家書》。

一九一五年6月25日，毛澤東致湘生信中談到治學方法時再次講到曾國藩：「於是決定為學之道，先博而後約，先中而後西，先普通而後專門。質之吾兄，以為何如？前者已矣，今日為始。昔吾好獨立蹊徑，今乃知其非。學校分校獎勵之虛榮，尤所鄙棄，今乃知其不是。嘗見曾文正家書有云：吾閱性理書時，又好作文章；作文章時，又參以他務，以致百不一成。此言豈非金玉！」（《毛澤東早期文稿》，第7頁）。

毛澤東在這裏說的是曾國藩咸豐七年（一八五七年）12月14日《致沅弟》信中的一段話，原文是——

「凡人做一事，便須全副精神注在此一事。首尾不懈，不可見異思遷，做這樣想那樣，坐這山望那山。人而無恒，終身一無所成。我生平坐犯無恒的弊病，實在受害不小。當翰林時，應留心詩字，則好涉獵他書，以紛其志。讀性理書時，則雜以詩文各集，以歧其趨。在六部時，又不甚實力講求公事。在外帶兵，又不能竭力專治軍事，或讀書寫字以亂其志意。坐是垂老而百無一成。」

這些話，是被青年毛澤東是奉為「金玉」之言！

《曾文正公家書》的各種版本，在舊社會便極為流行。毛澤東讀過的《曾文正公家書》，係光緒年間傳忠書局的木刻本，現韶山紀念館尚收藏有該書的第四、六、七、九卷，每卷的扉頁上都有毛澤東手書的「潤芝珍藏」四字。

《曾國藩家書》中的一些見解觀點，可以在毛澤東的《講堂錄》裏看到，例如：

「治軍總須腳踏實地，克勤小物，乃可日起而有功。」

「精神愈用而愈出，不可因身體素弱過於保惜；智慧愈苦而愈明，不可因境遇偶拂遽而摧沮。」

「心常用則活，不用則窒；常用則細，不用則粗。」

毛澤東是把這些當作格言摘錄下來的。年輕時，這些觀點給毛澤東留下了很深的印象。後來在延安，他還向一些幹部提議閱讀《曾文正公家書》（李銳：《為什麼「獨服曾文正」》，載《讀書》1992年第9期），可見對此書的重視。

在《講堂錄》裏，毛澤東對曾國藩做過這樣的評價——

「有辦事之人，有傳教之人，前如諸葛武侯（諸葛亮）范希文（范仲淹），後如孔孟朱（熹）陸（九淵）王陽明等是也。宋韓、范並稱，清曾、左並稱。然韓、左辦事之人也，范、曾辦事兼傳教之人也。」（《毛澤東早期文稿》，第591頁）。

在毛澤東看來，范仲淹、曾國藩不僅建立了事功，而且文章思想亦是可以為後世取法的人。直到晚年，毛澤東在一次談話還說：「曾國藩是地主階級最厲害的人物。」（1969年1月毛澤東的一次談話。）

自上世紀90年代來，在唐浩明長篇歷史小說《曾國藩》推波助瀾下，曾國藩再一次走紅全國，《曾國藩家書》再一次風靡神州大地。有人總結出了這樣的口號「從政要學曾國藩，經商要學胡雪岩」，曾國藩被政界人士奉為「官場楷模」，《曾國藩家書》被奉為「為官寶典」、「處世指南」。毫無疑問，《曾國藩家書》對中國人精神世界的塑造和處世智慧的啟迪，必將持續下去。

乙 智慧精華

【明強為本，剛介自立】

自強不息，是中華民族的本色，是民族精神之核心。《周易》即謂：「天行健，君子以自強不息。」朱熹說：「天行甚健，故君子法之以自強不息。」

曾國藩繼承了傳統文化中的自強精神，並將它發揚光大，將此視為自立之基。在致弟弟的信中，他說：「從古帝王將相，無人不由自立自強做出，即為聖賢者，亦各有自立自強之道，故能獨立不懼，確乎不拔。」

曾國藩在家書中說「凡辦大事，以識為主，以才為輔」。「大抵莅事以『明』字為第一要義」。曾國藩認為「明」有兩種：一種是「高明」，即遠見卓識，「同一境而登山者獨見其遠，乘城者獨覺其曠，此『高明』之說。」一種是「精明」，即窺事精細，「同一物而臆度者不如權衡之審，目巧者不如尺度之確，此『精明』之說」。

他認為——「凡高明者欲降心抑志以遽趨於平實，頗不易易。若能事事求精，輕

重長短一絲不差，則漸實矣。能實，則漸平矣！」帶兵之道，「廉」、「明」、「勤」三者缺一不可。「明則是非不淆，賞罰公道」。作為將官，須常記「勤恕廉明」四字，「明以應務」。

怎樣才能獲得「明」呢？按照儒家的說法，人的才智都是天分，非人力之所能及。所以曾國藩認為——「明字不可強而至」，甚不易學。但他從「功可強成，名可強立」的觀念出發，認為——「人材高下，視其志趣。」

因而，人的「明」可以通過「培養磨鍊」獲得，他提出，「必凡事精細考究，多看、多做、多問、多想，然後漸做成個『明』字。」求「明」之訣，「不外從『勤』字下功夫」，因此，「又惟『勤』字最要緊」。由此，他把「陶熔造就」當作「一種樹人之道」，即培養人才的方法。

強毅並非一味橫蠻，任性使氣，必須明曉事理，否則將惹出事端。曾國藩告誡一味要強的弟弟曾國荃說：「強字原是美德」，但「明強二字斷不可少」，「強字須從明字做出，然後始終不可屈撓」。如果全不明白，一味橫蠻，「待他人折之以至理，證之以後效，又複俯首輸服，則前強而後弱，京師所謂瞎鬧者也。」他向弟弟承認自己也是「要強之人」，因「耳目太短，見事不能明透，故不肯輕於一發」。尤其是在「鼎盛之時」，不可「專尚強勁，不少斂抑」。

曾國藩認為——「強毅與剛愎有別」。古語云：「自勝之謂強」，即強制和強恕。曰強為善，「皆自勝之義」。他還告訴弟弟培養強毅的方法「不慣早起，而強之未明即起；不慣莊敬，而強之坐屍立齋；不慣勞苦，而強之與士卒同甘苦，強之勤勞不倦。是即強也。不慣有恆，而強之貞恒，即毅也。」若「捨此而求以客氣勝人，是剛愎而已矣。二者相似，而其流相去天壤，不可不察，不可不謹。」

曾國藩給曾國荃寫信，分析「倔強」與「忿怒」之別，說：「肝氣發時，不惟不和平，並不恐懼，確有此境。」不僅曾國荃處於盛年有此種情況，即使自己漸入衰老，「亦常有勃不可遏之候」。但當出現這種情況時，則「強自禁制，降伏此心，釋氏所謂降龍伏虎」。龍即「相火」，虎即「肝氣」。「多少英雄豪傑打此兩關不過」，其要「在稍稍遏抑，不令過熾。降龍以養水，伏虎以養火。」古聖所謂「窒欲」之說，即「降龍」；所謂「懲忿」，即「伏虎」。儒釋之道不同，「而其節制血氣，未嘗不同，總不使吾之嗜欲戕害吾之軀命而已。」但是，降龍伏虎，不能流於懦弱，「倔強二字，卻不可少。」功業文章，「皆須有此二字貫注其中，否則柔靡不能成一事」，孟子所謂「至剛」，孔子所謂「貞固」，「皆從倔強二字做出」。他認為他們兄弟幾人「皆稟母德居多，其好處亦正在倔強」，「若能去忿欲以養體，存倔強以勵志，則日進無疆」。

強毅倔強，是成就事業的前提，然必須與「明」結合起來。要擔當大事，「全在明強二字。《中庸》學、問、思、辨、行五者，其要歸於愚必明，柔必強。」他屬曾國荃「不可因位高而頓改」向來所有的「倔強之氣」，「凡事非氣不舉，非剛不濟，即修身齊家，亦須以明強為本。」尤處逆境之時，「困心橫慮，正是磨練英雄玉汝於成」。曾國藩「嘔氣從不說出，一味忍耐，徐圖自強」，以「好漢打脫牙和血吞」為「咬牙立志之訣」。他自己在家書中說：道光三十年、咸豐元年間為京師權貴所唾罵，咸豐三、四年為長沙所唾罵，咸豐五、六年為江西所唾罵，以及岳州之敗、靖江之敗、湖口之敗，「打脫牙之時多矣，無一次不和血吞之。」同治五年，曾國荃兵敗失地，「頗有打脫門牙之象」，總怪「運氣不好」。曾國藩批評他「不似好漢聲口」，囑他「惟有一字不說，咬定牙根，徐圖自強而已！」

晚年，曾國藩提出，「以能立能達為體，以不怨不尤為用。」所謂「立者」，指的是「發奮自強，站得住也」。他還以自己為例啟發弟弟，自咸豐八年以來，「痛戒無恒之弊。看書寫字，從未間斷，選將練兵，亦常留心」，「此皆自強能立工夫」。

由於能強明自力，所以使曾國藩具有堅忍不拔的意志，其建功立業，在很大程度上得益於此。江蘇巡撫何璟說：曾國藩「於困苦難堪之中，立堅忍不拔之志，卒能練成勁旅，削平逋寇。」他「於群言淆亂之時，有三軍不奪之志，枕戈臥薪，堅忍卓絕，卒能以寡禦眾，出死入生。」曾國藩歷盡坎坷艱辛，「當成敗絕續之交，持孤注以爭命；當危疑震撼之際，每百折而不回；蓋其所志所學不以死生常變易也。」

【勤學精進，治學有法】

曾國藩是個非常複雜、很有爭議的歷史人物，但作為一個深受中國傳統文化浸染的封建文人，他已經做到內儒外將卻沒有多大的爭議。古來便有儒將之說，按照顧炎武的說法，世間有兩種讀書人，一種是通儒，一種是俗儒。曾國藩可以稱得上是「通儒」，也就是說，他先從學問上下功夫，融會貫通，身體力行，擴充而及於立身、處世、治家、為政、帶兵等，構建了他的所謂「完全人格」。治學幾乎伴隨了他的整整一生。

早年，曾國藩曾經立下——「不為聖賢、便為禽獸；不問收穫、只問耕耘」的誓言。然而，有春播必有秋收，一分耕耘必有一分收穫。曾國藩勤奮治學，留下了大量的著述。他的弟子黎庶昌在《曾國藩年譜》中做了總體歸納。他的奏摺、書箚、批牘、雜著、詩文、家書、日記等，匯成了一部千餘萬字的《曾國藩全集》，引起了後代學人的關注。步入官場，捲入軍事之後，他雖然沒有時間系統地鑽研學問，因而也就未能成為有系統思想的大學問家，然而他在內聖外王、經世致用等方面所做出的不懈努力，所形成的諸多成果，不能不令後人望其項背而感歎折服。

曾國藩認為，治學必先立志，而且要立大志——

「譬如樹木，志之不立，本則拔矣，是知千言萬語，莫先於立志也。」「蓋志不能立時易放倒，故心無定向，無定向則不能靜，不靜則不能安，其根只在志之不立耳。」

「人苟能自立志，則聖賢豪傑何事不可為？若自己不立志，則雖日與堯舜禹湯同住，亦彼自彼，我自我矣！」

「凡人無不可為聖賢」，「讀書立志，須以困勉之功，志大人之學。」

在京做官的曾國藩寫給家中諸弟的信中，曾國藩認為治學有三要素，第一位的是要有志——「蓋世人讀書，第一要有志，第二要有識，第三要有恆。有志則斷不甘為下流；有識則知學問無盡，不敢以一得自足，如河伯之觀海，如井蛙之窺天，皆無識者也；有恆則斷無不成之事。此三者缺一不可。」

他還對諸弟強調說：立志應立「民胞物與」的大志。

「君子之立志也，有民胞物與之量，有內聖外王之業，而後不忝於父母之生，不愧為天地之完人。故其為憂也，以不如舜，不如周公為憂也，以德不修學不講為憂也。」

民胞物與，講的是內聖，內聖為的又是外王。內聖而外王，是曾國藩所立之志，他之所以有識，廣泛地博採眾學，之所以有恆，一直堅持學習到生命垂危，皆源於這一遠大志向的驅策。

讀書治學，在確定了遠大志向之後，最重要的是要有行之有效的方法，曾國藩也有很多關於學習的「方法論」。

咸豐八年（一八五八年）七月二十一日，他在給兒曾紀澤的信中寫道：「讀書之法，看、讀、寫、作，四者每日不可缺一。」為此又提出具體要求——

首先是看。

治學第一是要看書，這是毫無疑問的。看什麼書，怎麼看書，本身就是一門學問。對這門學問，曾國藩有他自己的見地。

「看者，如爾去年看《史記》、《漢書》、韓文、《近思錄》，今年看《周易折中》之類是也。」曾國藩在看書方面往往有相當翔實的規劃，對於看什麼，怎麼看，看多少，都有相當的規定。他所開列的看書的清單，看了實在令人咋舌。

咸豐九年（一八五九年）四月二十一日，他在給曾紀澤的信中，開了一個長長的書單，其中有：《逸周書》、《戰國策》、《史記》、《漢書》、《管子》、《晏子》、《墨子》、《荀子》、《淮南子》、《後漢書》、《老子》、《莊子》、《呂氏春秋》、《韓非子》、《楊子》、《楚辭》、《文選》17種；還有《易經》、《尚書》、《詩經》、《周官》、《儀禮》、《大戴禮》、《禮記》、《左傳》、《國語》、《公羊傳》、《穀梁傳》、《爾雅》12種。這些書都是被曾國藩稱為「善讀古書者」的江蘇高郵人王念孫父子讀過的，王氏父子學識淵博，古今少有，所讀的書也不滿30種，可見選擇之重要。因而曾國藩囑咐曾紀澤要採取泛讀與精讀相結合的辦法，通過泛讀之後，選擇自己所喜歡的、有價值的書去深讀熟讀，領會大經大義。

曾國藩多次提出——「看生書宜求速，不多閱則太陋。」、「涉獵宜多、宜速。」為此，他具體規定了曾紀澤的讀書進度。

「紀澤看《漢書》，須以勤敏行之，每日至少亦須看二十頁，不必惑於在精不在多之說。今日半頁，明日數頁，又明日耽擱間斷，或數年而不能畢一部。如煮飯然，歇火則冷，小火則不熟，須用大柴大火乃易成也。甲五經書已讀畢否？須速點速讀，不必一一求熟。恐因求熟之一字，而終身未能讀完經書。」

與此同時，曾國藩特別強調了用功若掘井的看書道理。早在道光二十二年（一八四二年），他就在給四位弟弟的信中說道：用功譬若掘井，與其多掘數井而皆不及泉，何若老守一井，力求及泉而用之不竭乎。故此，凡看書只宜看一種，一種未畢而另換一種，則無恒之弊，終無一成。而且無論什麼書，都應當從頭到尾通看一遍。如果只是亂翻幾頁，摘抄幾篇，對這本書的整體內容和精妙之處就會茫然無知。「窮經必專一經，不可泛騖，讀經以研尋義理為本，考據名物為末。讀經有一耐字訣。一句不通，不看下句；今日不通，明日再讀；今年不精，明年再讀。此所謂耐也。」按這種方法看書，當然是很累的，但要掘井及泉，這樣做，恐怕也是惟一的方式了。

曾國藩還主張「不動筆墨不看書」。咸豐八年（一八五八年）十月二十五日，他給曾紀澤的信中寫道：讀書要重視做紀錄，自己認為精彩而吸引人的地方，則要用紅筆畫出。對有疑問的地方，則可另外放置一小條，把疑問寫上，或者提出自己的觀點，時間久了，就可集中一本。這樣學，肯定會有進步。那些很有名的經學大師，都是從做箚記積累起來的。因此，看書時一定要動筆墨，留下痕跡。

其次是讀。

「讀者，如《四書》、《詩》、《書》、《易經》、《左傳》諸經、《昭明文選》、李杜韓蘇之詩、韓歐曾王之文，非高聲朗誦則不能得其雄偉之概，非密詠恬吟則不能探其深遠之韻。」將讀分為「高聲朗誦」與「密詠恬吟」兩種，是曾國藩的切身體驗。

為了進一步強調看與讀的重要與互補，曾國藩在家書中寫道：

「譬之富家居積：看書則在外貿易，獲利三倍者也；讀書則在家慎守，不輕花費者也。譬之兵家戰爭：看書則攻城掠地，開拓土宇者也；讀書則深溝堅壘，得地能守者也。看書如子夏之『日知所亡』相近，讀書與『無忘所能』相近，二者不可偏廢。」

這裏，他一口氣用了三個比喻，從不同的角度論證了既要讀，也要看。

第三是寫。

這裏的寫，是指寫字：

「至於寫字，真行篆隸，爾頗好之，切不可間斷一日。既要求好，又要求快。餘生平因作字遲鈍，吃虧不少。爾須力求敏捷，每日能作楷書一萬則幾矣！」

曾國藩對兒子寫字幾近苛求。一要樣樣能寫；二要不間一日；三要求好求快；四要每天寫上一萬字小楷體，才算差不多了。

第四是作。

即作文章。曾國藩在家書中說：

「至於作諸文，亦宜在二三十歲立定規模；過三十後，則長進極難。作四書文，作試帖詩，作律賦，作古今體詩，作古文，作駢體文，數者不可不一一講求，一一試為之。少年不可怕醜，須有狂者進取之趣，過時不試為之，則後此彌不肯為矣。」

到了咸豐十一年（一八六一年）七月二十四日，曾國藩又給曾紀澤寫信，再次談起治學「四法」。

「去年在營，余教以看、讀、寫、作四者闕一不可。爾今閱《通鑒》，算看字工夫；鈔《說文》，算讀字工夫。尚能臨帖否？或臨《書譜》，可用油紙摹歐、柳楷書，以藥爾柔弱之體，此寫字工夫，必不可少者也。爾去年曾將《文選》中零字碎錦分類纂鈔，以為屬文之材料，今尚照常摘鈔否？已卒業否？或分類鈔《文選》之詞藻，或分類鈔《說文》之訓詁，爾生平作文太少，即以此代作文工夫，亦不可少者也。」

說了這番話，尚覺意猶未盡，又補上一句：「爾十餘歲至二十歲虛度光陰，及今將看、讀、寫、作四字逐日無間，尚可有成。爾語言太快，舉止太輕，近能力行遲重二字以改救否？」這種寓愛於嚴、寓愛於教的家訓方式，現在讀之，也讓人感動不已！

【順應自然，養生有法】

曾國藩不僅治學做學問有過人的一套，帶兵打仗有自己的一套，做官理政有自己的一套，就是在保健養生上，也頗有心得體會，可概括為「曾文正養生法」，他的家書中亦常常向諸弟及兒子們傳授養生之法。

道光二十四年三月初十，他在致曾國荃的信中，特地加上了一個附錄，主張以仁、義、禮、智、信養肝、肺、心、腎、脾——

一陽初動處，萬物始生時，不藏怒焉，不宿怨焉。（右仁所以養肝也）

內而整齊思慮，外而敬慎威儀。泰而不驕，威而不猛。（右禮所以養心也）

飲食有節，起居有常。作事有恆，容止有定。（右信所以養脾也）

擴然而大公，物來而順應。裁之吾心而安，揆之天理而順。（右義所以養肺也）

心欲其定，氣欲其定，神欲其定，體欲其定。（右智所以養腎也）

在養生上，曾國藩很受老莊「道法自然」思想的啟發，他在致兒子曾紀澤的信中說：

「爾雖體弱多病，然只宜清淨調養，不宜妄施攻治。莊生云：『聞在宥天下，不聞治天下也。』東坡取此二語，以為養生之法。爾熟於小學，試取『在宥』二字之訓詁體味一番，則知莊、蘇皆有順其自然之意。養生亦然，治天下亦然。若服藥而日更數方，無故而終年峻補，疾輕而妄施攻伐強求發汗，則如商君治秦、荊公治宋，全失自然之妙。柳子厚所謂名為愛之其實害之，陸務觀所謂天下本無事庸人自擾之，皆此義也。東坡遊羅浮詩云：『小兒少年有奇志，中宵起坐存黃庭。』下一『存』字，正合莊子『在宥』二字之意。蓋蘇氏兄弟父子皆講養生，竊取黃老微旨，故稱其子為有奇志。以爾之聰明，豈有不能窺透此旨？余教爾從眠食二字用功，看似粗淺，卻得自然之妙。爾以後不輕服藥，自然日就壯健矣！」

曾國藩從莊子「在宥」二字中，體悟到的是「順其自然」的養生之法。值得注意的是，曾國藩在此信中提出養生保健應「不輕服藥」，其實，「不信藥」是曾國藩一貫的態度，他在致曾紀澤的另一封信中，說得更明白——

「爾體甚弱，咳吐鹹痰，吾尤以為慮，然總不宜服藥。藥能活人，亦能害人。良醫則活人者十之七，害人者十之三；庸醫則害人者十之七，活人者十之三。余在鄉在外，凡目所見者，皆庸醫也。余深恐其害人，故近三年來，決計不服醫生所開之方藥，亦不令爾服鄉醫所開之方藥。見理極明，故言之極切，爾其敬聽而遵行之。每日飯後走數千步，是養生家第一祕訣。」

在此信中，曾國藩將「飯後走數千步」，視為「養生家第一祕訣」。這一祕訣，是曾國藩從《周易》乾坤二卦中悟出的，乾為君，坤為臣，曾國藩認為——「養生之道，以『君逸臣勞』四字為要。」減少思慮、排除煩惱二者用來清心，這就是「君逸」，所以曾國藩的「八本」中有「養生以少惱怒為本」之說。「飯後走數千步」，是活動筋骨，屬於「臣勞」。

曾國藩在致曾國荃的信中還說：「身體雖弱，卻不宜過於愛惜。精神愈用則愈出，陽氣愈提則愈盛，每日作事愈多，則夜間臨睡愈快活。若存一愛惜精神的意思，將前將卻，奄奄無氣，決難成事。」這段話，概括為兩個字，就是「臣勞」，臣愈勞，則體愈健。

在給曾紀澤的信中，曾國藩還說：「身體雖弱，處多難之世，若能風霜磨鍊、苦心勞神，亦自足堅筋骨而長識見。沅甫叔向最羸弱，近日從軍，反得壯健，亦其證也。」

他認為經歷世事的風雨滄桑，能夠鍛鍊筋骨，強身健體。

曾國藩在家書中闡釋的「順應自然」、「不輕服藥」、「君逸臣勞」、「風霜磨鍊」、「苦心勞神」的養生之道，對於今日迷信各種保健藥品、貪得無厭、貪圖安逸享樂的人們，無疑敲響了警鐘。

丙　智者妙用

【梁啟超：「偶讀《曾文正公家書》，猛然自省」】

梁啟超（一八七三～一九二九），先生早年求學過程中，受其師康有為的思想啟迪頗大，但是戊戌變法後他逃亡日本，以至最後病逝於北京，曾國藩對他起了極具關鍵性的作用。換言之，康梁維新失敗後亡命海外，分道揚鑣之後，《曾國藩家書》成為梁啟超日日必讀之書，曾國藩在德性修養方面的克己慎獨工夫，長隨伴梁啟超左右，也因此使梁啟超在幾次重大挫折與情感的激憤中，能很快地恢復平靜沉著。就此而論，曾國藩對梁啟超的無形影響，實甚於其師康有為。

光緒二十六年春夏間，梁啟超旅居美國檀香山，籌辦保皇會勤王事，在三月二十六日致其師康有為信函，提到讀《曾國藩家書》之感想與內觀自省之愧疚：「弟子日間偶觀《曾文正公家書》，猛然自省，覺得不如彼處甚多，覺得近年以來學識雖稍進，而道心則日淺，以此斷不足以任大事。因追省去年十月、十一月間上先生各書，種種愆戾，無地自容，因內觀自省，覺妄念穢念，充積方寸，究其極，總自不誠不敬生來……」

在同年四月二十一日寫信給友人葉湘南、麥孺博等，梁啟超也提到以曾國藩為自己修養之圭範，並有意矢之終身：「弟日來頗自克萬，因偶讀曾文正家書，猛然自省，覺得非學道之人，不足以任大事。自顧數年以來，外學頗進，而去道日遠，隨處與曾文正比較，覺不如遠甚！今之少年，喜謗前輩，覺得自己偌大本領，其實全是虛偽，不適於用，真可大懼。養心立身之道，斷斷不可不講。去年長者來書，責以不敬誠，切中其病，而弟不惟不自責，乃至不受規，有悻悻之詞色。至今回思，誠以狗彘不如，慚汗無極，其大病又在不能慎獨戒欺，不能制氣質之累也。故弟近日以五事自課：一曰克己，二曰誠意，三曰立敬，四曰習勞，五曰有恆，蓋此五者，皆與弟性質針對者也，時時刻刻以之自省，行之現已五日，欲矢之終身，未知能否？然習染已深，今力洗之，覺大費力。甚矣！弟近年之薄窮時名，眾皆悅之，自以為是而不知其墮落，乃至如是之甚！近設日記，以曾文正之法，凡身過、口過、意過皆記之……」

梁啟超先生用以「自課」的「五事」：克己、誠意、立敬、習勞、有恆，都是曾國藩在家書中不厭其煩地教諭兄弟及子侄的修養要點。

光緒三十一年十一月，梁啟超完成了《德育鑒》一書，此書內容分為辨術第一、立志第二、知本第三、存養第四、省克第五以及應用第六。

丙　智者妙用

值得注意的是，此書引曾國藩之言頗多，梁啟超在書中盛讚曾國藩道：「即曾文正生雍、乾後，舉國風習之壞，幾達極點，而與羅羅山諸子，獨能講舉世不講之學，出道自任，卒乃排萬險冒萬難，以成功名，而其澤至今未斬，今日數甚踸踔敦篤之士，必首屈指三湘，則曾、羅諸先輩之感化力，安可誣也！由是言之，則曾文正所謂轉移習俗而陶鑄一世之人者，必非不可至之業，雖當舉世混亂之極點，而其效未始不可觀，抑正惟舉世混亂之極，而志士之立於此漩渦中者，其卓立而湔拔之，乃益不可已也。」

這番話中，對曾國藩忻慕景仰之心，溢於言表！

到了宣統年間，梁啟超效法曾國藩修養鍛鍊之法，由許多書信中，即已見端倪。如在宣統元年七月二十四日致其弟梁啟動的信中，提及他取法曾國藩每日練字，書法進步神速，以致於其弟竟無法辨識其筆跡，以為請人捉刀，說：「來自有『孟哥代筆書』一語，可謂奇極，孟哥並不在日本，何從為兄代筆，且兄致弟之書，亦何至倩人耶？兄三月以來，頗效曾文正每日必學書二紙，宜弟之不復能認吾墨蹟也。」

宣統二年二月，梁啟超致友人徐佛蘇先生的信中，則透露出生活在極端困頓之下，猶能心境不受拂逆干擾，常保舒泰平和，實是拜曾國藩的修養鍛鍊方法之賜：「今每日平均作文五千言內外，殊不以為苦……文大率以夜間作，其日間一定之功課，則臨貼一點鐘、讀佛經一點鐘、讀日文書一點半鐘、課小女一點鐘，此則自去年七月初一至今未歇者也（從是日起每日用日記，逝持以毅力，幸至今未間斷），心境常泰，雖屢遇拂逆（弟生平於事雖盡力謀所以應之，然力已盡而無如何者，則惟聽之，若以憂傷心，弟斷不肯為此愚舉），未嘗以攖吾胸，精神尤充足，過於前此（湘鄉言精神愈用則愈出，此誠名言，弟體驗而益信之），吾兄勿為我多慮矣……」

梁啟超先生每日有定課，且能持續以恒，一直維持到晚年，仍然力行不輟。一位曾聽過任公在南京講學的學生回憶道：「他治學勤懇，連星期天也有一定日課（工作計畫），不稍休息。他精神飽滿到令人吃驚的程度——右手寫文章，左手卻扇不停揮，有時一面在寫，一面又在答覆同學的問題。當他寫完一張，敲一下床面，讓他的助手取到另室，一篇華文，打字機印稿還未打完，第二篇稿又擺在桌面了，無怪梁啟超是一個多產作家。其實還不止此，他每天必得看完『京滬日報』和一本與《新青年》等齊厚的雜誌，還得摘錄必要材料。每天固定要讀日文和中文書籍，縱在百忙中也全不偷懶。」

一九一八年五月十日致友人蹇秀常書信提及起居生活的規律，可見晚年任公仍自律不稍鬆懈，若無光緒年間效法曾文正克己工夫，豈能如此呢？其書曰：「弟頃早起已成新習慣，每日起居規則極嚴，惟晚飯之酒，亦隨而成習，頗自知不可，未自克也，所著書日必成二千言以上，比已然巨帙，公來時可供數日消遣也。字課則大減矣！」

梁啟超晚年，學識與智慧已臻於成熟圓融，在給其孩子們的書信中，談到做學問的進境，很客觀靜氣地說他一生受到曾文正的助益非淺：「我生平最服膺曾文正兩句話『莫問收穫，但問耕耘』，將來成就如何，現在想他則甚，著急他則甚？一面不可驕盈自慢，一面又不可性弱自餒，盡自己能力做去，做到那裏是那裏，如此則可以無入而不自得，而於社會亦總有多少貢獻。我一生學問得力專在此一點，我盼你們都能。」

「莫問收穫，但問耕耘」一語正是曾國藩在家信中對弟弟們的教誨。

一九二七年八月二十九日，梁啟超在家書中說：「我國古來先哲教人做學問的方法，最重『優遊涵飲，使自得之』，這句話以我幾十年之經驗結果，越看越覺得這話親切有味。凡做學問總要『猛火熬』和『慢火燉』兩種工作，循環交互著用去，在慢火燉的時候，才能令所熬的起消化作用，融洽而實有諸己！」

這與曾國藩在致諸弟的信中所謂的——「先須用猛火煮，然後用慢火溫」，幾乎是翻印而來。由此可見，梁啟超先生效法踵武曾國藩非僅是德性修養方面，即以做學問的方法而言，亦是達到亦步亦趨、形神畢肖的境界！

國家圖書館出版品預行編目資料

品智慧5堂課／盧志丹 著　初版，新北市，
新視野 New Vision，2021.7
面；　公分 --
ISBN 978-986-99649-9-9（平裝）
1.推薦書目

012.4　　110006398

品智慧5堂課

作　　者　盧志丹
出　　版　新視野 New Vision
製　　作　新潮社文化事業有限公司
電話 02-8666-5711
傳真 02-8666-5833
E-mail：service@xcsbook.com.tw

印前作業　東豪印刷事業有限公司
印刷作業　福霖印刷有限公司

總 經 銷　聯合發行股份有限公司
新北市新店區寶橋路 235 巷 6 弄 6 號 2F
電話 02-2917-8022
傳真 02-2915-6275

初版一刷　2021 年 09 月